日本と西欧の五〇〇年史

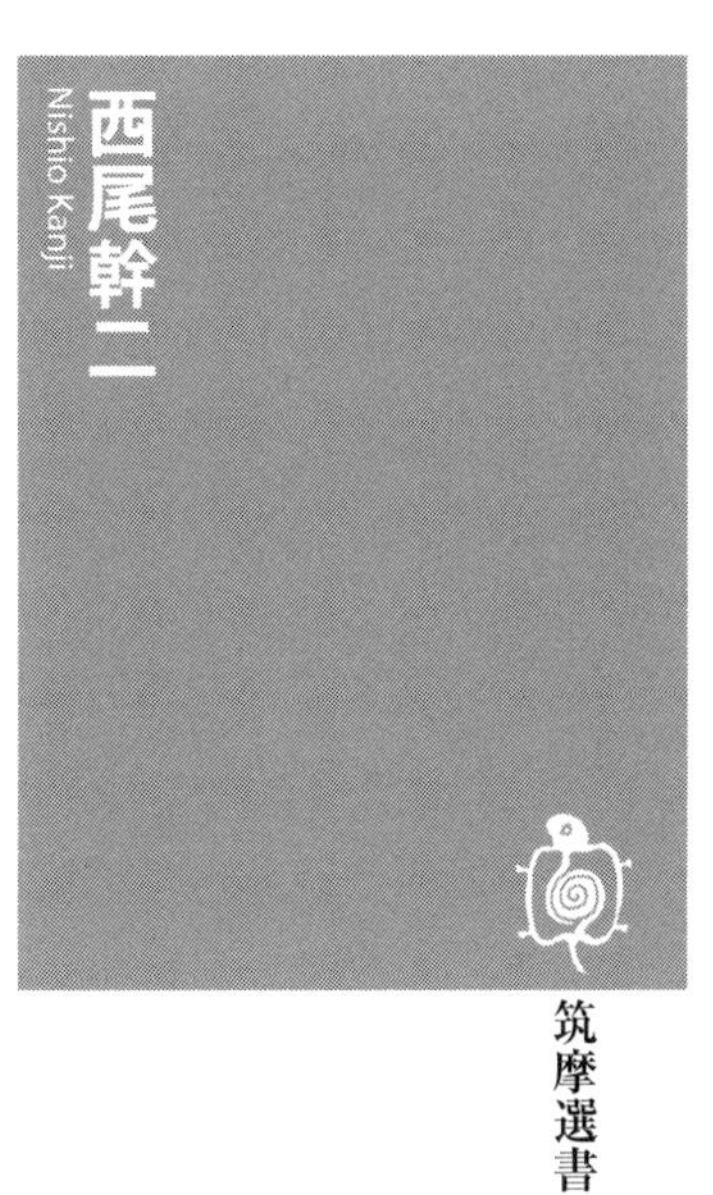

筑摩選書

日本と西欧の五〇〇年史　目次

ための孤独な戦い／実行家ラス・カサスによる魂ゆさぶる衝撃／異端と異教徒は別次元の存在／キリスト教的近代西洋の二つの大きな閉ざされた意識空間／ラス・カサス評価の浮き沈み

「海」から「陸」を抑えるイギリスの空間革命／イギリスが守った欧州二〇〇年の平和／北西航路か北東航路かのつば競り合いが始まった／アフリカの海では魚釣りのように気楽にニグロを捕まえる／アメリカ大陸が「島」に見えてくるまで眼を磨かなくてはならない／掠奪は当時の西欧の市民社会では日常の経済行動だった／他人の痛みに対する感覚が今とはまるで違っていた／「フロンドの乱」と秀吉の「刀狩り」／西欧内部の暴力はアジア、アフリカ、中東へ向かった／中世ヨーロッパの拡大意志から太平洋への侵略が始まる／宗教内乱を経験しなかった日本／キリスト教国でそもそも「世の終わり」とはいったい何か／前千年王国論、後千年王国論、無千年王国論／ピューリタン革命始末記／『ヨハネの黙示録』の一大波紋／カトリック教会の七つの「秘蹟」の矛盾から起こること／ドストエフスキーの「大審問官」／人間は無意識という幻の中を漂って生きている／ルター＝エラスムス論争と私の青春／救いの根源は神の「選び」のみにある／ルターからカルヴァンに進む心の甘さの追放劇、これが西欧「近代」の門戸を開いた／宗教改革はもう一つ

日本と西欧の五〇〇年史

地図製作　アトリエ・プラン

はじめに

筆者自身の個人全集（全二二巻、補巻二冊）の完結が近く、いよいよあと二冊を残すのみとなりました。それを仕上げようと忙しくしている今日この頃ですが、ここ数年間は病床にあり、その最中に、月刊誌『正論』に連載していた約七〇〇枚（四〇〇字詰め）の長編評論「日本と西欧の五〇〇年史」が事実上終わっていることが最近分かりました。

病中には出版を諦めていました。元筑摩書房の湯原法史さんというベテラン編集者が長年じっと見つめていました。私の入院中に『あなたは自由か』（ちくま新書）を出して下さった方です。病気はほぼ治ってガンは克服されたと判明してから、「日本と西欧の五〇〇年史」はすでにまとまっていて、完了といってもいいので、できるだけ早く本にしたいと、彼から申し入れがありました。ありがたいことです。

ご覧の通り四〇〇頁は超える大部の本で、地図や図版もたっぷり入れ、小見出しを作り直してこれを目次に立て、目次を見れば内容の勘所はざっと分かるようになっているはずです。参考文献にも心を込めました。

今年、私は米寿を越え、正真正銘これが最後の心意気と思って下さい。『ヨーロッパ像の転換』と『ヨーロッパの個人主義』で世に出たことを思えば、必然としか言いようのない符合を感じます。

この本より先に、全集のほうが出来上がってしまうかどうかはきわどい所です。「日本と西欧の五〇〇年史」は、日頃「長編評論作家」を自認している私の一連の作品群――『ニーチェ』（全二冊）を筆頭に、『教育文明論』、『少年記』（全二冊）、『国民の歴史』（全二冊）、『全体主義の呪い』、『江戸のダイナミズム』、『天皇と原爆』等々のどれも長い作品群の掉尾を飾るものになるでしょう。

そして、この本の従来にない新しい観点の一つは、日本と西欧ないし欧米の最初の出会いとしてペリー来航と黒船到来を置いていた従来の習慣に対し、それが意味を失うことになりかねないことです。「文明開化」は条件付きでしか用いられなくなるでしょう。西欧と日本のどちらが文明で、どちらが野蛮であったでしょうか。簡単に答えられない難問が歴史の新たな扉を開きます。

もちろんこれは少し早く言い過ぎていて、熟慮をやや欠いているということは私も承知しています。それならこう言い直したらどうでしょう。

ヨーロッパの中世とヨーロッパの近代の関係を闇と光ととらえてきた長い歳月があります。日本はその後追い国家でした。今度の私の本では、ヨーロッパの中世は（一）信仰、（二）暴力、（三）科学の三要素が絡み合った巨大にして複雑な観念体系でありながら、中世全体は無目的的に前進する一つのニヒリスティックな政治体制であったように見えると論じました。旧ソ連や現代中国のように（これを「新しい中世」と名付け、その再来を恐れ憂慮する警告が、思想家ニコライ・ベルジャーエフから一九二三年に発せられたことは、私の記憶にも深く刻まれています）、内部の「異端」には厳しく振る舞い、外部の「異教徒」には硬軟とり混ぜた外交戦略をくり広げ、まるで初めから計画国家のように行動し、暴力や科学がそれに従属していたように見えることです。ことにインノケンティウス四世が君臨していた時代のローマ教皇庁はそう見えます。

いったい「中世」とは何であったか。それが、私のこの本で渦を巻いている中心主題の一つです。

この二〇二三―二四年の今、地球の表面には暗雲が重く垂れこめています。気候変動のことではありません。まさに「中世」が燃えさかっているのです。

「……十字軍という聖地イエルサレム奪還の運動は、教皇権力のこの強化とそこからの熱い呼び掛けがなければ起こらなかったろう。だが、キリスト教徒たちの間に世界の終末は近いという切迫感がみなぎっていたからこそ呼び掛けは成功したのである。キリストの死後一〇〇〇年が過ぎてからそういう空気は一段と増していた。

最初の十字軍は一〇九六年である。もし世界の終末が到来するのなら、その破局と最後の審判の日をイエルサレムで迎えたい。そして至福千年王国の民となりたい。キリスト教徒たちはそう思い詰めた。だからこそ群れをなし、聖地への軍勢に加わったのである。

……これは理解できない行動だった。重い武器を身につけて危険な道のりを歩む。武器も食糧も自分持ち、全資金は自己調達、うまく現地に辿り着いても人を殺す仕事であり、殺される可能性のほうが高い。（略）

キリスト教徒たちはイエルサレムに近づくことを拒まれていたのではない。居住も許されていた。巡礼も認められていた。それなのにキリスト教徒たちは大軍でイスラム国家に襲いかかったのだ。ある神殿に押し入って一万人を打ち首にしたという記録もある。イスラム教徒は婦女子を含め一人も生きることの許されない場所が、イエルサレムのいたるところに生じた。まさに大虐殺が相次いだのである。

終末の日の接近に戦（おのの）いていたキリスト教徒は、罪を背負ったまま死に臨むのを恐れていた。教会はその恐怖を利用した。イスラム教徒をひとりでも多く殺害すれば、あなたは罪を赦される、との教皇からのご託宣は、キリスト教徒たちを狂気に走らせた。」（本書225―227頁）

「十字軍は大きなテーマで、こんな簡単な叙述で済まされないと思うが、このキリスト教的終末意識と閉ざされた「聖戦」の観念は十字軍だけでなく、本書で再三述べてきた通り、コロンブスやヴァスコ・ダ・ガマを動かし、ピューリタン革命のクロムウェルや南北戦争のリンカーンに取り憑いていた想念に通底している。

……十字軍は一六―一八世紀の宗教戦争とも、東アジアや太平洋への侵略とも決して無関係ではない。（後略）」（同227頁）

思い過ごしかもしれませんが、そういえば二〇二三―二四年はキリストの死から二〇〇〇年を過ぎ、そのあと何年か経っている歳月であります。十字軍の残虐は事実としても、今地上で起こっている戦争で、ハマスが正しく、イスラエル軍は残虐そのものだというような簡単なことは言えません。ハマスが先に大虐殺に手を染めているのです。つくづく思うのは、パレスティナ国家とユダヤ国家の両立は不可能ということです。最初の十字軍から約一〇〇〇年経って、ますますその感を深くします。それなのに現代のテレビや新聞は、必ず解決の出口はありますと言わんばかりです。その出口は「平和」への期待なのだと毎回簡単なことを言いつづけています。

戦争の原因として現代人は経済、人種、領土、技術、金融、核、無人機、人工知能まで計算に入れる。しかし戦争は機械がするのではありません。どこまでも人間がするのです。本書においてはメインモチーフは、信仰、信念、信条、正義、救済のための各種の理念、ありとあらゆるイデオロギー、例えば敵の将軍の名と顔立ち、大統領が誰かということ、彼をめぐる伝説、国土の歴史に関する誇りある言い伝えがあるかないか、素朴な郷土愛とかそれに類するものへの反感があったか否か、要するに相手の自尊心は十分に守られたか、祝祭日への民衆挙げての喜びと興奮があるかないか……。これまで戦争の原因は余りに物理的な要因で考えられ過ぎてきました。それに対して本書では「信仰」の一点に絞りました。拙著『天皇と原爆』で日米戦争を宗教戦争と断じたように、あるいはそれ以上に、です。

特に信仰の心にこだわる西欧文明と正面から取り組んでいる本書では、キリスト教徒の終末意識を特段に問題にしないわけにはいきません。

少し長いのですが、次の引用は問題の核心です。

「……千年王国論はこの時代に特有のものではなく、古代からずっとあるものである。そもそもキリスト教教会が誕生したとき以来の二律背反、組織と信仰、集団と個人、権力と救済、ひと口でいえば正統と異端の対立が宿命的に抱えている矛盾がときとして奔流のごとく爆発する中世史の中の一こまのように思える。例えばアッシジの聖フランチェスコの清貧運動が口火となって、一三世紀中ごろ純粋な使徒的生活を忘れたカトリック教会に対する批判的感情が民衆の間に野火のごとく広がり、教会の手に負えなくなるのも、それ以前からくり返されてきた各種の修道会の純粋な宗教運動の再来でもあった。中世ヨーロッパ社会には救済への激しい欲求と甦(よみが)った新たな秩序に対する現実的で弾力ある対応、すなわち反逆と帰服のくり返される伝統がずっとある。外からの迫害や侵略にさらされたときなど、終末論的感情が社会的に一気に高まり、異様な興奮の雰囲気がかもし出されることが珍しくなかった。教会はそのつど危うくなり、一一世紀後半のグレゴリウス改革(グレゴリウス七世によるカトリック教会の改革)など大胆な改革を取り入れては、信仰を回復し、権威を守ってきた歴史がある。」(同235—236頁)

当時の人は「純粋」であることを何よりも強く望んでいました。他人より少しでも「純粋」でありたい。それが救いにつながるからです。しかし自分だけ「純粋」であろうとすることは「我欲」ではありませんか。一方、教会は初めから自己にとっては対決の相手です。矛盾した「集団」の城です。どう折り合いをつけたらよいのでしょうか。

個人と集団、個人の自由と集団の意志――これは永遠にうまい解決策の見つからない矛盾撞着した概念です。当時の人も、今の人同様に悩んだはずです。救済の祈りはエゴイズムだと言われてぼんやりしているわけにはいきません。

本書の第三章に次の六つの小節が掲げられています。「キリスト教国でそもそも「世の終わり」とはいったい何か」「前千年王国論、後千年王国論、無千年王国論」「ピューリタン革命始末記」「『ヨハネの黙示録』の一大波紋」「カトリック教会の七つの「秘蹟」の矛盾から起こること」「ドストエフスキーの「大審問官」」の六つのうち、「カトリック教会の七つの「秘蹟」」とはいったい何でしょう。歴史書ではあまり聞きなれない言葉なので興味がつのります。

カトリック教会の七つの秘蹟を言葉だけ並べると、洗礼、堅信、聖体、悔悛、終油、叙品、婚姻の七つですが、このうち矛盾が噴き出したのは洗礼と叙品からでした。カトリックでは洗礼は主として幼児のうちに与えられます。信仰の自由も、自覚も端（はな）から無視されています。本人の選択の意思はどう考えるのかなどと言おうものなら異端扱いされてしまいます。

「幼児洗礼は四―五世紀のアウグスティヌスの時代から教会側が一貫して問責されてきた主

題の一つであった。カトリック教会は神の恵みの器であり、秘蹟を持ち、聖霊に導かれる場所、恩寵の宝庫なのであるから、教会の営みに加わることはそのまま恩寵への参与を意味するのである。異教徒の教会へは人は改宗して参加するのだが、カトリック教徒は教会の中で生まれる。教会のこの上ない聖性はそこに属する個人の人間的聖性のいかんによるのではない。秘蹟と聖霊によるのである。秘蹟はそれを授ける人間の聖性とは関係ない。三位一体の名において手続きを踏んでなされればすべて有効である。また一度行われたらそれは有効でありつづける。それがアウグスティヌスの判断だった。

恩寵が与えられるかどうかは個人の意識的努力、自覚とは関係ない。人間を越えた、人間よりもはるかに大きな何ものか、目に見えぬ聖霊への帰依が前提とされている。しかもそれは教会という「場」を必要とする。」(同246―247頁)

もちろん問題はそんなことでは片付きません。司祭の中には「純粋な心」を持った人ばかりとは限りません。教会はその区別を明確にはしませんでした。というより人間の善悪・美醜の区分けは簡単にはできないものだと言ってよいと思います。当然悪い心が外見にも見えて、失格の烙印を捺されていた司祭が新たに再任されて、ミサの祈りや洗礼を授ける儀式にも顔を出すことがしばしば起こるようになりました。これが信徒たちから批判を浴び、怒りや反発を買ったのは当然のことでした。また、彼らから叙品を受けた弟子たちもミサに参加するようになり、それはネズミ算式に増えて膨大な数になっていきました。

組織の運営ということを考えると、事は確かに容易ではありません。明らかに悪を犯した司祭を止めさせるのは当然のことと考えられます。しかしその司祭がミサを授けたことはどうなるのか。「幼児洗礼」を受けた幼児は一生救われないのではないか。しかし、それは「叙品」の一部を無効にすることで間に合うのか、「叙品」そのものを全部やり直せ、そういう非難の声が澎湃として沸き起こり、日に日に高まりを見せ始めたのです。組織としての教会の一大危機です。

さて、ここでカトリック総本山の中心人物だった聖アウグスティヌスはどういう態度をとり、どう発言したのでしょうか。ここで本書に戻ります。

「この点でもアウグスティヌスの与えた解釈は明解だった。兵士や貨幣や羊に常に印が刻まれているように、洗礼と叙品の秘蹟は、各キリスト教徒に「主の印」を刻んでいる。たとえ背教者であろうと、聖なるその印は消えるものではない。消えるという者は秘蹟と秘蹟の効果を区別していないのである。秘蹟とは神の恩寵を信徒に与える際の儀式のことで、恩寵そのものは神みずからによってか、聖者によってかしか与えられない。一方恩寵の秘蹟はそれゆえ悪人を介してでももたらされる、と。」(同248―249頁)

「兵士や貨幣や羊」の例示は、われわれ現代人にはやや詭弁めいて聞こえるかもしれませんが、四、五世紀の古代人は必ずしもそうではなかったのでしょう。ただ、ここから西洋中世社会の全体を推理するに、私は一つの大きな大胆な解釈を提起したいと思います。

「私は中世ヨーロッパは神と聖霊に守られた巨大な政治体制であったとあらためて思う。一六世紀にルターやカルヴァンが登場するよりはるか前に、否、原始キリスト教会の誕生のそのときから、各人の自覚や魂の救済を社会組織より上位に置くプ、ロ、テ、ス、タ、ン、ト、的な告発や、弾劾はずっとあった。ただ一五〇〇年間抑止されていた。時代と共に抑止が効かなくなり、人はそれを「自由」と呼んだ。ピューリタン革命もフランス革命も反カトリック暴動にほかならない。」(同249頁)

これに続く次の小節はドストエフスキーの「大審問官」からで、あのイワン・カラマーゾフの大胆な独演です。先立つ私の書いた小節は、拙いながら、ドストエフスキーの人生と文明の根源にかかわる大疑問の前座の役割を十分に果たしていることを信じつつ、筆を擱きます。

(二〇二三年一二月二〇日了)

第一章

そも、アメリカとは何者か

わずか三五〇年ほど前のことだった

日本の歴史は大略二〇〇〇〇年、この列島に人間が住み始めてからはもっとはるかに長く、おそらく一万六〇〇〇年ぐらい前、あるいはそれ以上前になるだろう、と推定されている。日本だけではない、東アジアの歴史はどこも古いし、文化も豊かで、多様である。大きな海原があり、互いに離れた大陸や島々があり、太平洋を越えた遥か東側の大陸にも、やはり同じぐらい古い民族と文化があった。二万五〇〇〇年ぐらい前にユーラシアを西から東に移動し、ベーリング海峡を渡って、アラスカを通り抜けて南下し、そこに住みついた人々がいて、彼らは、前に日本列島に流れ込んだのと同じ系統の民族だったらしい。その種族はひょっとして同一同根ではないかということも言われている。言うまでもなくインディオやインディアンのことである。

その大地にわずか三五〇年ほど前に異変が起こった。わずか三五〇年である。東アジアの民の長い歴史からすると、ほんの束の間に見える。予想もしない異変。把握しがたい別系列の人種の出現。別系統の文化、自然信仰ではない一神教教徒の集団。わずか三五〇年は一瞬の出来事かもしれない。だから、今から後そう長く続かないのかもしれない。厄介な相手で、江戸時代の前期、ちょうど水戸光圀（一六二八―一七〇一）の頃に出現したこの異質集団は、どんなにはた迷惑でも、こちらに押し寄せてくるから無視するわけにもいかない。こんな隣人の存在は正直言ってわれわれにとっては迷惑である。不運であり、しかし当分のあいだ、われわれはその存在形式を見極めて耐え忍ばねばならないのも現実である。うまくいけば次の三五〇年が経ったらいなくなるのかもしれない。否、少なくとも大きく変質するということはあり得るだろう。

そも、アメリカとはいったい何者か。アメリカはいったい一つの国だろうか。そういう疑問を抱くことはしばしばであった。イギリスやフランスやオランダやタイやエジプトやチリやその他などはみな国であるが、そういう意味での国家なのであろうか。アメリカ自身は最も代表的な国家のような顔をしているのだけれども、果たしてそうであろうか。第一命題、アメリカにとって、国際社会は存在しない。このタームをしばらく置いといていただきたい。これはある意味でたいへんな驚くべき現実を示唆してもいるのである。

今この本を書き出したのは先の大戦の終結から六八年、米ソ冷戦の終結からも二二年を経ていて、少しずつわかってきたことがある。米軍が主にヨーロッパ、ペルシャ湾岸地域、東アジアの三地域に駐留していた理由を、私たちは長い間、いや、世界中は長い間、ソ連に対する脅威のせいだと思い込まされてきた。けれどもソ連が解消されてこれまでの連邦の圧力は著しく弱くなったとしても、米軍は撤兵しない。世界中の基地を維持しつづけている。そもそも日本の本土などは兵力がほぼ空っぽなのに、基地は返還されない。日本のケースは政治的に憲法九条のいびつな問題があるので例外かもしれないが、しかしこれは日本ばかりの話ではないと思う。

わが国は一五〇年ほど前からアメリカに対してだけではなく、ヨーロッパ諸国にも窓を開いて、広い国際社会との付き合いをしてきた。第二次世界大戦の終了でヨーロッパの諸国は植民地の独立を認めざるを得なくなり、大国・小国の違いはあるが、先頭を切って国民国家、主権国家、これはウェストファリア体制と言うのだが、そういうものに立ち戻ったはずである、と思っていた。冷戦が終わって、つまり再びまた世界はウェストファリア体制に立ち戻った、と。

だけれども、どうもそうじゃない。アメリカは自分をそういう国々の一つだとは思っていないみたいなのだ。長い間、ソ連支配が一方にあったので、アメリカのこの特別な地位、特権的地位はあまり意識されなかった。冷戦が終わって今になって、三〇年以上経って、私は「おや、これはおかしいぞ」と思い始めている。

新世界の「純潔」、旧世界の「頽廃」

アメリカが独立した当時は、スペインやイギリスやフランスなどが世界に拡大し植民地を広げていた時代であった。アメリカはそのヨーロッパを醜いものと見立て、若い自分を純粋な存在だというふうに意識しつづけていたようだ。第三代大統領、独立宣言を書いたかのジェファーソンは、ヨーロッパというところはフランスの知識人ヴォルテールの言うとおり、人間がハンマーか鉄床(かなとこ)かのどちらかに分かれている。打つほうと打たれるほう、少数の支配者と大多数をなす被支配者の二階級に分かれていて、打たれるほうは肉体的精神的圧迫のもとに苦しんでいる、というようなことをしきりに言っていた。ヨーロッパという旧大陸が既に健全さを失い、驕慢に溺れ、肉欲にふけっている。ヨーロッパは既に老成し、頽廃し、病んでいる、新大陸の野蛮人たるわれわれの素朴、健全、無垢を見よ、と。

この言葉はジェファーソンだけではなくて、おおむねすべてのアメリカ人の胸中に今も宿っている。憲法に「平等」を掲げて独立し、ヨーロッパというものに他者として出会って以来の長い間、絶えず意識し、ヨーロッパと自分は違うぞと主張してきたアメリカ人の原点のようなものである。すなわちナイーブなアメリカとすれっからしのヨーロッパ、若々しい無垢なアメリカに対する老いたる頽廃のヨーロッパ、こういう基本主題のバリエーションがアメリカ人のヨーロッパ観の中に長く生きつづけてきた。

私が最近知った本に、一九六八年に出た宗教学者のアーネスト・リー・テューブソンという人の *Redeemer Nation* がある。"Redeemer" とは救済者、救世主であるから、救い主国家、救済する国家、つまりキリスト教的な救済の国家アメリカという意味であって、副題には「アメリカ至福千年の役割の理念」とついている。ヨーロッパはもう駄目、アメリカこそ人類の救い主だ、そういう自己認識あるいは自負心からスタートした理念を、歴史の中のさまざまな人の言葉の中から拾い出し、跡づけている本である。本書では後でも何度か引用するが、その序文にいきなり出てくる "**deep and persisted trait of the American mind**"、アメリカの心の深いところにあるしたたかな特質というものは、"**the belief in Old World corruption**"（旧世界の頽廃）、"**and New World innocence**"（新世界の純潔）だというのである。くっきりと対比しているこういう観念が第二次世界大戦後もなおアメリカの基本にあるということを、これは半世紀余り前の本ではあるが、あらためて認識しておきたい。

これを、もう一つの命題、第二命題と思っていただきたい。アメリカ人のこの自己認識、現実にアメリカ人が自分をそう思っているらしいということは前から薄々感じてはいたが、堂々とここまで言われると、びっくりしてしまうのである。アメリカは一つの国であるが、また一つの世界であると、そう常に主張しているかに見える、というのが先程述べた第一命題であったが、アメリカは今もヨーロッパに比べいささかも頽廃していない、純潔そのものの国だ、という自己認識に生きてきた、というのが第二命題というふうに見立てることができる。

アメリカは戦争するたびに姿を変える国である

ジェファーソンの時代から二一世紀の今日まで、アメリカはどういう経路を辿ってここまで来たのだろうか。歴史において未来が見えないのは、個人も国家も同じである。アメリカも実はいきなり、今日われわれが知る指導国家の立場に立ち至っているわけではない。迷いつつ、その都度選択してここまで来たのだろうと思う。アメリカも弱い時代、弱小国の時代があった。

アメリカという国は何か戦争のたびに決定的に変化してきた国、戦争するたびに国家の体質を変えてきた国と思えてならない。戦争は何度もあった。独立戦争（一七七五―八三年）はもちろん、一八一二―一四年のイギリスとの戦争、これが重要であり、米墨戦争（一八四六―四八年）、南北戦争（一八六一―六五年）、米西戦争（一八九八年）、そして第一次世界大戦（一九一四―一八年）、第二次世界大戦（一九三九—四五年）……であるが、アメリカはいきなり強い国になったわけではない。最初は臆病な国でもあった。一九世紀の初め頃、アメリカはまだ実力のない新興国であった。国力に余裕がなくて、イギリスの尻馬に乗って、アジアに向かってもその侵略を利用して、自らは一発の砲火も放たずに、貰うものだけを貰おうとするずるい態度に終始していた。

　イギリス軍の勝利を手伝うのは不名誉なことではあったが、驥尾（きび）に付しているほうがアメリカには得だったので、そのときどきの情勢に甘んじて従っていた時期があった。日本が幕末に開国（一八五四年）した頃のアメリカは、ある程度そうだった。イギリスの武力的略奪が目立つ時代に、アメリカは温和な優しい表情を見せようと努力することが度々あった。関門海峡が封鎖されて英仏蘭米が報復砲撃を加えた馬関戦争（一八六四年）に際し、幕府は三〇〇万両の賠償金を取られた。この三〇〇万両というのは大型汽船三隻を造るくらいの大金だったそうだが、アメリカの駐日公使だったハリスは、これを日本に返そうじゃないかというようなことも言っている。アメリカの奪ったものだけは返したい。つまり英仏のような悪質なことはしないよ、純潔の国アメリカは、と言いたかったようだ。

　アメリカがある時期にそういう初々（ういうい）しいところがあったというのは、おもしろいと思うし、以後もアメリカだけがきれいごとを言う場面、いい子ぶるふうがあるシーンは歴史の中でしばしば見受けられた。当時もハリス公使に対してイギリスのオールコックという公使は辣腕で相当したたかな人物で、ハリスとオールコックはいつもぶつかっていたといわれる。それでええかっこうをするアメリカの公使の目の前で平然と悪いことをするイギリスの振る舞いに、アメリカはおたおたしていたと言われる。

今日の指導国家アメリカが最初からリーダー的であったのではない。アメリカも自分が分からない時期を永くずうっと迷いつつ歩んできた。しかしその迷いの中で、ある意味で一貫していたものが、くり返しになるがイギリスの“corruption”、アメリカの“innocence”、という例の自己認識である。最初のうちはそれも良かった。いい印象を与えたし、外交的だった。自己美化が強国のイメージと結びつくときの危うさについては昔は意識されなかったし、日本人も意識しなかった時代が長く続いた。岩倉使節団がアメリカ訪問で熱烈歓迎されたことなどは良い記憶として心に刻みつけられた。戦前の日本人はアメリカ人が好きだったし、概してずっとアメリカびいきだった。当時世界を支配する超大国はイギリスだった。アメリカは戦争をするたびに姿を変える国なのである。

アメリカの戦争というと私たちは自分たちの知る先のあの戦争をすぐ意識してしまうが、この第二次大戦においても――ここからこの章のテーマに入るのであるが――始まったときと終わったときとでは、アメリカの姿勢、位置がすっかり違っていた。日本人はなぜ負けると分かっていた戦争をしたのかとよく言う人がいるが、開戦時と終戦時とでアメリカは同じアメリカではなかったことをみな忘れている。

昭和一八年を境に日米戦争はがらりと様相が変わった

戦争の初期と終わり頃とでは、アメリカの戦争の仕方、内容、規模ががらっと変わっていた。日本と米英の戦争が始まって間もないシンガポール陥落の知らせは、世界中をあっと驚かせた。日本の同盟国ドイツとイタリアが歓声をあげたのは当然であるが、イギリスは狼狽し、アメリカは沈黙を守った。イギリスの不甲斐なさにアメリカは失望の色を隠さなかった。アルゼンチンやチリなどは昨日まで考えていた対日国交断絶を取り止めようと言い出した。つまり戦争の行方は分からなかったのだ。アメリカにもイギリスにも恐怖があった。

図1－1　1942年2月15日、英軍パーシバル中将との降伏交渉に臨む山下第25軍司令官

　シンガポールが陥落した日（一九四二年二月一五日）、朝日新聞のベルリン支局が各国の特派員に国際電話をして、その記事を新聞に載せている。私は他のところでもこの件は紹介しているが、ブルガリアの首都ソフィアの特派員から次のような言葉が述べられた。「最近こんな話があるよ、ブルガリアの兵隊二人が日本公使館を訪れて、突然毛皮の外套二着を差出しこれをシンガポール一番乗りの兵隊と二番乗りの兵隊

に送ってくれといふんだ、山路公使は面喰って御志だけは有難く受けるが、シンガポール戦場は暑くてとてもこの外套を着て戦争は出来ないからと丁重に礼を述べて帰らせた」と。そうしてその特派員は、同盟国ブルガリアの――ブルガリアは同盟国だった！――歓声の声を伝えている（『西尾幹二全集』第一五巻、国書刊行会、平成二八年）。

みんな忘れているけれど、スペインも同盟国だった。しかし私が興味深かったのはこの一番乗り、二番乗りという言葉遣いである。まるでオリンピックの一着、二着が報ぜられるかのごとくである。一番乗り、二番乗りから思い浮かべるのはもう現代の戦争ではなくて、『太平記』や『平家物語』に近い感覚である。戦争には自尊心とか功名心とか、忠勇無双のわが兵士の意気だとかが付きものだと、第二次大戦初期の頃は世界中で考えられていた証拠である。どこの国でも国民の意識は同じようなものであったと思う。

だから空中戦で一〇〇機叩き落とした撃墜王とか、そういう話は日本にもあったし、アメリカにもあった。日本軍の南京攻略戦（一九三七年）における例の「百人斬り」もいわば勇者を讃える戦意高揚の武勲譚、つまりつくり話であって、それを戦後になって事々しく問題にするのはおかしい。問題にするんだったら、アメリカの撃墜王だって問題にしなきゃいけない。戦争というものは私たちの中に物語として存在する要素をもつ行動世界で、大東亜戦争もある程度までは、というよりかなりの程度までは、こういう万国共通の人間の心理で飾られた世界であった。

昭和一六年（一九四一）にあの戦争に日本人が突入したというのは、自尊心というものがある意味で決定的な役割を果たしていたと私は思う。日本人は生身（なまみ）のアメリカ兵を憎らしい敵としてはほとんど意識していなかった。だいたい日本人の大半はアメリカ人を見たことがなかった。

でも驚くようなことがやがて起こるのである。私はその大きな転機は、いろんなものを読んだ結果わかったのだが、一九四三年、昭和一八年だったと思う。戦争はその性質を大きく変えた。昭和一八年が曲がり角であったのだ。今言ったように軍も国民もそれまでは、戦争については第一次大戦ふうの意識で戦っていた。だから兵が発砲する場合にも正確さとか精密さとか命中精度というようなものが非常に尊重されていたし、知的な戦略も大いに幅を利かせた。

しかし一九四三年以降、アメリカの戦争はがらりとその様相を変えた。酷薄で無慈悲になった。大量の弾薬を乱費するようになった。銃弾を前方にばら撒く作戦に変わった。集中砲火、絨毯爆撃というようなことが行われるようになった。火炎放射器が登場した。火炎放射器の使用はイギリスが最初だそうだが、アメリカがガダルカナル、パラオ、サイパン、硫黄島（いおうとう）、沖縄で盛んに使った。われわれの記憶にも、また映像にも残されている話である。

戦争の性格がというよりも、アメリカという国家が、戦争によって質が変わったということが言いたいのである。これは過去の戦争においてもそのつど起こっていたことだが、第二次大戦においてもやはりそういう端倪（たんげい）すべからざる面があったということを指摘したいのである。

戦争の初期には、空爆によって行動中の戦艦を撃沈することは不可能というのが定説であった。でもアメリカは秘かに実験を試みていた。あとでわかった記録によると、第一次大戦の後、敗戦

図1－2　1941年12月、マレー沖海戦で日本の航空部隊に撃沈された戦艦プリンス・オブ・ウエールズ（上）と巡洋戦艦レパルス

国ドイツから戦艦を捕獲して、それを海に浮かべて、アメリカ海軍が飛行機で爆弾を落とすという公開実験をした。沈没するかどうか試みたのだ。簡単にいかなくて、二度目にやっと成功したという話である。アメリカ海軍もそれぐらいのレベルだった。

しかしマレー沖海戦（一九四一年一二月一〇日）で、行動中のイギリスの戦艦プリンス・オブ・ウェールズと巡洋戦艦レパルスは日本海軍の航空部隊によって撃沈された。これは戦史をくつがえす、世界をあっと言わせた出来事だったのだ。事実上それでイギリス海軍は全面敗北を認め、アジアの海域から撤退せざるを得なくなる。しかし一方これを契機にアメリカはがらりと戦争の方法を変えた。これからは飛行機だぞということになったのではないか。アメリカによる空の利用は前からあったが、大規模利用に転じた。

アメリカの脱領土的世界支配——金融と制空権を手段として

基本的にアメリカは植民地を持たないことを国是としていた。これは歴史の一つの特色をなしている。脱領土的な世界支配という方式。これもアメリカという国家を考えるときの命題の三番目と言ってもいいであろう。脱領土的各国支配、他者の遠隔コントロールというのがアメリカの方式だが、具体的方法の一つは金融である。今でもそうである。領土を直接支配しないかたちの遠隔からの他国操作。一つは金融、すなわちドルの投資である。もう一つは制空権の掌握である。空の利用ということ。昭和一八年、一九四三年を境に軍事国家アメリカは体質を変えた。

先駆となった代表例がＢ29の出現だったと思う。Ｂ29といえばもう私は子供のときから憎たらしくてしょうがない存在だったが、初飛行は一九四二年九月だった。日本本土のほぼ全域に対する戦略爆撃が開始されたのは一九四四年一一月以後だった。この航空機の全面使用は日本の大東亜会議（一九四三年一一月）に対する報復だったという説を読んだことがあるけれど、確たることは分からない。

Ｂ29というのは、乗組員が密閉された窓のない、計器類でいっぱいの密室に詰めこまれて運ばれるシステムである。乗組員はバラバラに座らされる。大きすぎる飛行機である

図1－3　航続距離8500キロ以上を誇り、爆弾1トンを搭載して日本空襲に用いられた長距離爆撃機 B29

から、お互いにコミュニケートするのをみんな計器を使ってやるしかない。今は普通になったこのシステム、しかし当時としては初めての構造で、そういう非人間的なレベルに一歩進んだ。つまり戦争を機械化、無人化、ロボット化する世代へと一歩進めたのがＢ29だった。これが東京大空襲を引き起こし、その剝き出しの戦略爆撃が原爆投下にまでつながったと考えることができる。

アメリカの戦争の仕方というものの動的性格がここにある。戦争によって国家体質が変わるということ、しかも戦争のたびに変わるということ、戦争を始めてから途中で大幅に変わるということ、こんな国は例がない。第二次世界大戦が終わって以降のこの七〇年余りに及ぶ地球支配の構造をもこれが決めている。すなわち人工衛星の打ち上げから宇宙開発に進むすべての方向、そしてまた現在のあの無人航空機の攻撃、これらがＢ29によって先取りされている。

無人航空機をテレビで見ていて、これはひどいものだと思った。非人間性の極である。アフガニスタンの上空へ無人航空機を飛ばして爆撃するのだが、攻撃者はアメリカ本土で計器を動かして操作している。支配、操作の遠隔化はついにここまで来た。アメリカ本土からのボタン戦争、戦争のゲーム化、遊戯化、こんなことが起こるようになった。もはや自尊心とか功名心とか忠勇無双のわが兵士といった「人間」の入る余地はない。戦争によって国家体質が変わり戦争の仕方も変わったけれども、他の国には例のないこのような抽象的なあり方につながったことは想定外であり、いわば歴史の疎外、人間の消滅、虚無の露呈である。

ここで本書の冒頭の話を思い出してほしい。三五〇年前に出てきた異質の集団が、なんでそこまでするのか、ということである。私たち自然を愛し、仏様を信仰していたこの民族にとって、関係のないものが突然出現し、そして追い立てられて、手も足も出せず呆然としているという思いは避けられない。

私たちは空間的な拡大や移動を求めない民族だった。私たちだけではない、アジアの多くの民、大海原の向こうのインディアンたちも広がりを求めず、過剰を求めず、バッファローと共に暮らし、次の世代のために余分な狩りはしない民族、空間ではなく時間に自足していた民族であったに違いない。白人は彼らを追い詰め、抵抗に手が負えなくなってバッファローを大量虐殺することで民族としての息の根を止めた。ここでも戦いの途中で戦術をがらりと変えている。

よく日本はみすみす負けると分かっていた戦争に準備不足で突入した、愚かだと言われるけれども、私はそうではないと申し上げたい。むしろ声を大にして言いたい。相手が戦い半ばにして突如姿を変えたのである。子供向きのテレビドラマや映画にある話、突然「ヘンシーン」といって、格闘中の人間がぱーっと両手を広げて羽根のある怪物になるなんていうのと同じで、一九四三年にアメリカは変身したのだ。イギリスやフランスが相手だったら日本は負けなかった。陸から海、海から空へ、戦略の様相の急激な変化に日本は追いつけなかった。零戦を造ったわが国航空技術も間に合わなかった。

よく物量の差で負けたということが言われる。物量の差ということは確かにあったと思う。さっき言ったように爆弾をどんどん前方にばら撒けばいいという戦争と、命中精度ばかりを考えてきた戦争とは自ずと違う。物量の差というのをしみじみ思ったことが何度もある。アメリカは南の島々の兵隊にアイスクリームを届けるために、冷凍技術がなかったあの時代に飛行機を成層圏に飛ばして冷やしたまま前線まで運んだという話がある。それに対してわが国の将兵は、南の島々で皆バタバタと餓死して倒れていった。アメリカ・インディアンの西部の戦いがいわば大規模に再現される。

この日本軍の悲劇は疑いを入れないのであるが、しかし開戦時には予想できなかった軍事国家アメリカの体質の変化、戦後は宇宙開発にまでつながった空軍の出現、これらの一部は戦前には部分的には日本人の想像力の中にもあり、原爆その他はすでに着手していたとはいえ、そのスピードと規模が予想をはるかに超えていた。そこにはなにか哲学の違いがある。われわれ日本人は自分を卑下してはいけない。自虐的になる必要もまったくない。アメリカが戦後の日本に航空機産業を長期間にわたって封じてきたことに、むしろ彼の国の恐怖が現われている。それよりもあの異常な国家の異常さとは何なのか、わずか三五〇年前からの変身は何なのか、彼らの時間観と空間観は何なのかと、それを改めて歴史に遡って考えていくことのほうが大事なのではないか。

東アジアにはもともと無関係な国であった。しかもアメリカは本来は助っ人のはずであった。ヨーロッパ戦線ではあくまで助っ人にとどまっていた。それがアジアではいつの間にか日本の正面の敵になった。彼らは時間の充足を知らない。キリスト教文明はみなそうだが、アメリカはなかでも特殊な極端例だった。戦前の日本が、開戦三年目（一九四三年）の敵国の大変化を予測できなかったのを責められるべきではない。わが国が鎖国を解き、西洋に学び、近代化を始めたとき、イギリスをはじめヨーロッパ諸国とは平仄（ひょうそく）が合っていた。馬が合った面がある。ギブ・アンド・テイクの合理的な外交も理解し得た。

しかしアメリカは別であった。一九〇七―〇八年頃にアメリカは突如変化した。私がもう一つここで申し上げたいのは、第一次大戦へ向かっていくアメリカの変貌である。あのとき日本人には理解できないことが数多く起こりつつあった。日本は戸惑い恐れ、なんとか妥協し折り合いをつけようとしたが、アメリカは第一次大戦の最中にまたまた変身を遂げている。

なぜアメリカはくり返し戦争をする国なのか。戦争のたびに大きくなる国。少なくとも国家体質を大きく変化させる国。戦争が終わってではなく、戦争の真っ只中で変わる国。そしてそれで次の時代への適応を果たす国。第二次だけではなく、第一次大戦でもまさにそうであった。ヨーロッパも追いつけなくなって、総力戦で疲弊したイギリスなどはアメリカの前にあたかも平謝りするかのように平伏してしまった。そして日本と手を切ってから後のイギリスはもうアメリカの言いなりで、日本が和解相手として取り組んでどうこうするというようなことはまったくできない状況になった。

第一次大戦の始まる前から歴史の進行はほぼすべて決まっていて、どう考えてもあとは運命の神に魅入られたかの如く、日本は中国大陸の問題を口実に引きずられていくのをどうにも避けようがなかった。もうこのあとは問答無用だった。幣原（しではら）外交の弱腰（よわごし）がいけないと言ったり、統帥権干犯（かんぱん）で日本政治が方向を間違えていたか否かとか、日本がこうすればよかったとかああすればよかったなんて話を議論したり反省したりするのはすべて虚しいと私は思う。

「権力をつくる」政治と「つくられた権力」をめぐる政治の違い

すなわち、ここで一つ考えたいのは、権力と政治の関係である。権力をつくる政治というものがある。それに対してつくられた後の、つくられた権力をめぐる政治というものがある。二つは別である。権力をつくる政治は、剝き出しの暴力を基本としている。それに対して権力がつくられた後での、そのもとでの政治、あるいはつくられた権力をめぐる政治もある。われわれが議論している政治はみんな後者である。だから第一次大戦の後の、各国間の関係についていろいろな議論があって、なんだかんだと研究されてきたが、どこかで権力がつくられた後、その後追い解釈で、ワシントン会議（一九二一―二二年）がどうだったとかロンドン軍縮協定（一九三〇年）がどうだったとか、あれこれ議論しても、全部権力がつくられた後の始末というか、それをめぐる政治にすぎない。

権力をつくる政治はこれとは別である。権力をつくる政治は常に剝き出しの暴力であるということが、歴史の中で証明されてきた。それが二〇世紀の現実ではないかと私は考える。

そして現在もまた権力がどこかでつくられつつあるのである。

アダム・スミスの「見えざる手」は余りに楽天的に過ぎないか

何でも好き勝手にやらせておけば物事は一番うまく行く、という考えは人間社会の普通の話だが、アダム・スミスの思想はそれだろうか。各人が利己心を追求することによって社会の利益をかえって増進する、すなわち「私悪」が無意識のうちに社会公共の福祉に連なるという彼の思想のことである。見えざる手に導かれて自らは意図していなかった社会の公益が達成されるという考え方である。

それは人間の理性によって計画的に実現されるものではない。スミスによれば、人間の利己的本性に根ざす活動からさまざまな「徳性（ヴァーチュー）」が生まれる。節約、勤勉、敏活、慎慮（プルーデンス）などがそれである。人間のなし得ることはただひとつ、神が授けた「利己心」を十分自由に発揮して怠らないこと、そのことが神の意向であることを深く信ずることのほかにはない、と。

ここからマーケットというのは人工的に手を加えるものではなくて、自由競争に任せていると神の「見えざる手」がコントロールしてくれて、すべてうまく調和がとれるという自由放任の経済思想も生まれたのであろう。私はこれを知ったとき、スミスを深く理解していないせいかもしれないが、何という楽天的な人間観、限られた条件のうえでしか成り立たない世界観を簡単に一般化してしまう思想家なのだろうか、と思わずにはいられなかった。

私には不思議に思えて仕方がなかったのだ。資本主義というのは、一定のつくり上げられた権力の下で秩序ある体制が安定的にできあがった後では、マーケット・メカニズムに任せっぱなしでも見えざる手がうまく働いてくれるという、そういう話であろう。スミス自身も市民社会における経済生活が完全に自由であって、自由競争が一〇〇パーセント行われるような情況を前提としているとも断っている。

彼は『道徳感情論』（上、水田洋訳、岩波文庫、二〇〇三年）の冒頭で、「人間をいかに利己的なものと想像してみるも、なお明らかにその本性のうちには、他人の幸運について興じ、それは傍観する以外にもなんの利益もない場合でも、なお他人の幸福が彼自身に必要であるようなある原理が存在している」と言っているが、必ずしもすべての時代、すべての社会において人間がそのように生きているとは限るまい。酷薄な環境、劣悪な条件を人類はしばしば強いられてきた。

私は先に政治には二つあり、権力をつくる政治と、つくられた権力をめぐる政治とは別であると書いた。権力をつくる政治は剝き出しの暴力を基本としている。それに対しわれわれがつねづね議論している政治は、権力がつくられた後での、その下での政治である。アダム・スミスが前提としている、自由競争が一〇〇パーセント実行されているような幸福な資本主義は、どこまでも後者のケースであろう。それが行き詰まってすべてが立ち行かなくなると何が行われるか。もう一回権力のつくり直しが行われる。略奪が行われる。

例えば現在の世界がそろそろそうではないか。少し話が飛ぶかもしれないが、現代は私はそういう時代の敷居口にさしかかっていると思っている。五〇〇年つづいた資本主義の歴史が行き詰まって、金融資本主義が膨脹し、限界まで来た。スペインから始まり、イギリス、オランダ、フランスを経てアメリカに至る覇権競争は、生産力のない国から安い資源を買って商品化し、再びそれを高い値段で売る、すなわちイギリスのインドにおける綿花、ジャマイカにおける砂糖はいい例だが、安い資源に高い付加価値をつけて搾取する、という略奪のシステムがずっとつづいて、現代はいまだに基本的にその延長線上にあるといえる。

そのいちばんいい例は石油をめぐる争奪戦である。一九七二年にOPEC（石油輸出国機構）が原油価格を引き上げて、争奪戦に待ったをかけた。生産地が初めて反逆したのである。価格決定権を握ろうとした。略奪資本主義の歴史において初めて起こった驚くべき闘争であった。

五〇〇年の歴史の中で生産者側で起ち上がって実権を握ろうとした、革命にも似た最初の戦いだった。革命は成らなかったが、あの頃から資源を持つ国が有利になりだしている。先進国の企業がだんだん利潤が上がらなくなってきた。日本も含めて、今われわれの給与が下がっているのは、その分だけ資源を持つ国に利益を奪われている現われだということがいえるのではないだろうか。

OPECがやったことはスペイン、イギリス以来の覇権国の略奪のシステムに対して初めてチャレンジした、大変に新しい出来事だったのだと思う。しかしそれにつづけて、さらに驚くべきことは、いつの間にか「先物取引」という巧妙な金融政策によって石油の価格は再びニューヨークとロンドンが決めるようになって今日に至っていることである。日本もまたその驥尾（きび）に付して生きていることはいうまでもない。そこに至るまでに金融支配のシステムづくりに知力をしぼるすさまじい死闘が演じられたであろうことは想像に難くない。

五〇〇年続いた「略奪資本主義」の行き詰まり

二〇世紀は石油の時代、石油を支配したアメリカの時代であった。そのアメリカに挑戦したものが二つあった。一つは今言ったいわゆる産油国だが、もう一つは共産主義では必ずしもなかった。ある時期にアメリカは共産主義の良き理解者でもあり、これを恐れてはいなかった。武力に勝るアメリカがどうしても及ばなかったのは日本の工業生産力だった。

日本が戦後六〇余年、モノづくりの総力を結集してせっせと勤勉に働いてためた資産は一五兆ドル、仮に分かり易く一ドル一〇〇円とすれば一五〇〇兆円である。これだけあるから、政府が赤字国債を積み上げて一〇〇〇兆円を越えても、民間資金がまだまだそれを上回っているから何とか辛うじて破局にいたらないで済むのだとしばしば説明されるあの額、ひと頃世界からたいへんに羨ましがられた国民の血と汗の結晶の総額である。

ところがモノづくりで勝てないアメリカは金融資本主義の道をひた走った。そして産油国を尻目に、何とか新たに脱資源的システム支配をめざし、ＥＵ（欧州連合）をもまき込んで過去一三年の短い期間で何と一〇〇兆ドル、一ドル一〇〇円とすれば一京円、しかもレバレッジをかけて倍増させ二〇〇兆ドル、二京円の根拠なきカネを空につくり出した。日本から見れば目も眩むような話である。勤勉と地道な技術より以外に生きるすべを知らぬのがわが民族だ。第二次大戦以来初めてと言っていい方向感覚の喪失に追い込まれている。

アメリカと西欧諸国との間には今度も歩み方に微妙な違いがある。イラク戦争（二〇〇三―一一年）はユーロとドルの通貨戦争の趣きがあった。イラクの石油の直接支配は必ずしもアメリカの戦略の中になかった。アメリカの中東石油依存度は一〇パーセントぐらいで、決定的な大きさではない。中東の石油売買がユーロ建てになって、基軸通貨としてのドル支配が壊れるのは破局だという危機感がアメリカにはあった。これがイラク戦争の原因であろう。ユーロからドルを守るために、戦争を起こしながら、世界を間接支配しようとするアメリカ一流の戦略であったと考えられる。

アメリカは戦争が終わって、次の段階ではイギリスと日本と組んで、ドイツやフランスが主導するＥＵをゆさぶる戦法に出ているかにみえる。また石油産出国による「略奪資本主義」に対する革命的挑戦にどう対応するかも、目下のあだ疎（おろそ）かにできない焦眉（しょうび）の急である。もちろん日本を利用し、搾取し、かつ抑止することをも片ときも忘れたことはない。日本の生産力は二〇世紀の初頭からアメリカにとっては目の上のたんこぶであった。

地道なモノづくりから離れた金融資産はどんどん膨（ふく）らむ一方で、数字的に異常な規模になっていることは先に見た通りである。これが二〇〇八年のリーマン・ショックを招いたことも周知の事実である。ＥＵはアメリカ以上に空虚なカネづくりに精を出したので、ついに二〇一一年のギリシアに端を発する崩落寸前の危機に至った。

実体経済からかけ離れた空虚なカネが足許（あしもと）に逆流し、溺れかかっているのはアメリカも同様である。むしろアメリカに始まったのである。五〇〇年の歴史を持つスペイン帝国以来の「略奪資本主義」は間違いなく行き詰まっている。現代は近代以前からの歴史の大転換期と言っていい。日米戦争より前にすでにあったアメリカの病的な膨張拡大志向がこのままつづくか途絶えるかの屈折点である。

アダム・スミスは各人が利己心の赴くままにしておけば、見えざる手に導かれて公共社会の内に自由を達成し、すべてうまく調和ある秩序が保たれるというが、私に言わせれば――私ももちろん「見えざる手」は存在すると思うが――それは人類に不自由と偏頗（へんぱ）と破滅を運んでくる手かもしれないと考えざるを得ない。

最初の帝国主義者、スワード米国務長官の未来予見

アメリカの一極支配の覇権思想はそもそもいつから始まったのだろうか。いろいろな説があり、一七世紀の入植時代の宗教的動機にも謎が感じられるが、それはしばらく措（お）くとして、はっきり言葉と行動になって現われるのは、リンカーン時代の国務長官ウィリアム・ヘンリー・スワードである。スワードはリンカーンとジョンソンの二人の大統領に仕え、その国務長官在任期間は一八六一―六九年である。彼こそアメリカにおけるスケールの大きい最初の帝国主義者であった。

一八五三年に日本に渡来したペリーはスワードのほぼ同時代人で、彼もまたもとより同様な拡張主義者だった。ペリーは日本に近づくに当たり、学者や旅行家の乗船同行を許さず、乗組員の祖国への音信も禁止し、秘かに琉球占領を計画し、日本側の出方によっては列島近辺の島の一つや二つは軍事攻略する考えだった。そうまでするアメリカの最終の狙いは日本にあったのではなく、中国大陸への進出においてイギリスとの競争に勝利することにあったのである。

図1－4　アメリカの領土拡大に尽力し、1867年、ロシアからのアラスカ購入するウィリアム・スワード国務長官（中央左寄り）

その頃はまだ太平洋航路は開かれていなかった。提督のペリーはサンフランシスコ→小笠原諸島→琉球→上海に至る海路をつくるべしと、アメリカ海軍省に書簡を送っている。そんな情勢なのに、日本に彼が来た頃すでに、中国貿易の半分はアメリカの手に握られていた。イギリスを追い抜く急速な発展だった。理由は喜望峰めぐり、すなわちアフリカ、インド洋経由で中国大陸に向かう時代には、ニューヨークから向かうほうがロンドンからよりも距離が近いという、今からみると不思議な有利さがあったからである。ところが一九世紀の初めにイギリスに蒸汽船ができた。今までの帆船ではアメリカは太刀打ちできない。アメリカは焦った。

明治維新の翌年（一八六九年）にスエズ運河が開通した。東洋貿易はイギリスが圧倒的に有利になった。するとアメリカは、一転してパナマ運河の開鑿を企て、一気に起死回生を図ろうとする。そのためにはカリブ海を制覇しなくてはならないので、スペインとの戦争に進んでいく。

スペインとの戦争は一九世紀も末、三〇年も経ってからの話である。今取り上げているのは一八五〇―六〇年代のことであるが、それでもイギリスを模範にしつつイギリスから独立しようとするのがこの国すなわちアメリカの運命だった。

東洋の開拓をめぐっての英米対決はいずれにしても日本の運命に関係があり、ペリーの日本を経由しての中国大陸への野望は単に東洋開拓にだけ狙いがあったものではなく、イギリスを追い抜く目的、すなわち太平洋だけでなく大西洋の制覇をも視野に入れた、両睨みの態勢であったことが問題を考えるポイントである。

「国家はあらゆる海洋を支配せねばならぬ。このような国家のみが真実の帝国たり得るのだ」とは、一八五二年、ペリー来航一年前のスワードの叫びである。「太平洋、その沿岸、島嶼および対岸の広大な地域が世界の大いなる将来において主要な活動舞台となる場合に、アメリカの大西洋に関する利害は相対的に低下するであろう」と予測もしている。

彼が警戒したのはアメリカの準備が整わぬうちに中国及び日本が列強によって分割統治されることであった。国務長官になってから南北戦争が起こって約五年にわたり手足を縛られたことがこの拡張主義者には残念だったが、一八六七年にロシアと談判してアラスカを買収し、さらにアリューシャン列島を経て黒龍江に至る電信線の敷設を企てた。ただ、アメリカとしては当時あり余る土地に困っていた時代なので、新領土買収には国を挙げての反対が起こった。それでもスワードはひるまなかった。アジア全域に対するアメリカ海軍の前進基地としていち早くハワイに着眼し、併合を唱えたがこれも議会の反対に遭ってすぐにはうまくいかなかった（併合の実現は彼が退任して三〇年も経ってである）。一八六七年には太平洋の中心ミッドウェー諸島を占領した。さらに朝鮮に野心の眼を向け、フランスと組んで遠征隊を派遣しようとしたが、これも議会の同意を得られなかった。彼の企図は必ずしもすべて実現したわけではないが、南北戦争中、大西洋上に海軍基地を所有することがいかに肝要であるかを痛感していた苦い経験が、来たるべき太平洋攻略の時代に備えて、彼にハワイ併合をめざすなど数々の計略の手を打たせていたのである。

アメリカの膨張主義はもちろんスワードの登場以前に始まっていた。アメリカが一八〇三年にルイジアナを買収してから西部の開拓はしやすくなり、人の波がメキシコ北部へ進入し、テキサスの所属をめぐって米墨戦争（一八四六―四八年）を経過し、テキサスを併合し、アリゾナ、コロラド、ネバダ、ユタ、ワイオミング各州にあたる地域をメキシコから奪って、ニューメキシコとカリフォルニアを買収したのは一九世紀もまだ半ばであった。アメリカの勢力はこのように西海岸に辿り着いたとはいえ、そこからはみ出してさらに西へ、西へと太平洋にせり出して行くことをすぐに可能にするにはまだ国内の条件は整っていなかった。

しかしスワードのような人物が早くに出現していた意味は歴史の謎を解く鍵となる。歴史は最初から結果が分かって特定の目標をめざして動いていく合理的な鎖の帯ではない。歴史は人間が動かす世界である。人間にそのつどの未来は見えない。スワードは一八六七年にホノルルのアメリカ代表部に合法的で平和的な手続きによるハワイの「併合」を要請し、実現を図ったが、国内の議会に反対意見が多く成功しなかった。この頃ハワイはサトウキビの栽培で繁栄期を迎え、捕鯨の基地ではもはやなく、白人に都合のいい土地法や移民法も成立していて、混血も進み、経済の実権は事実上アメリカ人にほぼ完全に握られていた。そこで彼は同年ハワイと関税協定を結んだのであるが、これも上院による否決の運命に遭った。彼が朝鮮に野心の眼を向け議会の同意を得られなかったことは前に述べたが、一八六八年に自分の甥を特使として朝鮮に派遣し、開国を強要しようとさえした。あくまで海外へのアメリカの進出政策をめざす点において彼は一貫していた。その在職中、サン・ドミンゴ湾買収条約、デンマークよりヴァージン諸島を買収する条約、パナマ地峡支配条約の三条約を調印したが、これらはまたいずれも上院により否定されてしまった。海外に広がることを嫌う孤立主義勢力は当時のアメリカのもう一つの顔だった。

しかしスワードの拡張政策はその後のアメリカの歴史の方向を決める考え方の基礎となり、目標となり、不抜の影響を及ぼしている。ハワイからサンフランシスコ、並びにアラスカを経てアリューシャン列島へと連なる海上の「北方回廊」は、やがてアメリカの重要な外交基地となっていく。スワードはそれを見越していた。彼が去って以後、ハワイをめぐって日本とアメリカは反目するようになる。ハワイ王朝が日本に救いを求めて、明治天皇に王朝間の血縁の契りを願い出て来た有名な出来事は、一八八一年（明治一四）であった。他方からいえば、アメリカにとってハワイは海上権力（シー・パワー）の確立にとって不可欠だということにもなる。大隈重信外相の抵抗も空しく、一八九三年、アメリカ軍国主義者たちの手によってハワイ王家廃絶の革命が成就した。ハワイ国民はまったくの無力だった。

実際の「併合」が正式に成ったのはそれから五年経った一八九八年、米西戦争の勝利の勢いに乗じ、その混乱に乗じてのことであった。議会の反対者たちにハワイが防衛の要（かなめ）であることを示すために、ハワイより西方で戦いが発生しなければならなかった。キューバを落とすだけではなく、そのときスペイン領フィリピンを戦場にすることは拡張主義者たちにとっては予定された行動、理想のシナリオだった。かくて予（あらかじ）め香港に集結させておいたアメリカ艦隊に開戦と同時にマニラ湾を襲撃させた。フィリピンのスペイン艦隊はあっという間に壊滅した。

しかしフィリピンよりさらに西側に敵がいるということを暗示しておかなければ、マニラへの艦隊の長駆派遣は内向きの議会を納得させることはできなかったろう。いうまでもなくフィリピンより西側には仮想敵がいた。それは台湾で、すでに日本領だった。仮想敵国日本を可能な限り刺戟しないようにしておきたかった当時のアメリカは、日本政府が移民関連のトラブルで要求していた損害賠償をハワイ併合の直前に支払い、解決を図っていた。

フィリピンの陥落後、イギリス海軍は西太平洋をアメリカに引き渡し、艦隊を撤収した。スペイン帝国とイギリスとの積年の対決に終止符を打ったのはイギリスではなく、新興国アメリカだった。アメリカはこれによって一等国となり、太平洋はアメリカの海となった。以上は日清戦争（一八九四―九五年）と日露戦争（一九〇四―〇五年）の中間に起こった出来事である。日露戦争の勝利によって日本もまた一等国として台頭するに及んで、日米戦争は時間の問題となってくるのである。

ハワイ併合の事実は日本の朝鮮併合の先例となったことはいうまでもない。当時の世界政治において「併合」は一種の流行現象で、朝鮮併合は米英両政府その他の慫慂（しょうよう）に依るものである。もちろん、米英と日本との間にこの点における相互不干渉の約束ができた。ハワイ併合を踏み台にしてアメリカは太平洋国家として躍り出てきたが、ややもすると内向きになりがちな国際不干渉主義の国内感情の抵抗に遭いながら、これをくり返し撥（は）ねのけてきた先人、ウィリアム・スワードの「先見の明」が歴史を動かしてきたことは間違いない。

『海上権力史論』の著者アルフレッド・マハンと並んで、スワードはアメリカ近代史上における最初の最も傑出せる帝国主義者であった。世間ではアメリカの帝国主義政策がマッキンリー大統領（在任一八九七―九九）やセオドア・ルーズベルト大統領の時代（在任一九〇一―〇九年）から露骨になった観があるため、この国の覇権思想が一九世紀の末年に至って初めて起こったかのように思っている者も少なくないが、これは誤解である。一九世紀の前半からアメリカは大西洋と太平洋の双方に両にらみで覇権意識を持っていた。ただアメリカは西欧に対しては一方的に防衛姿勢で、西欧に対して干渉もしないが干渉もさせないというモンロー主義の原則内に留まっていたのに対し、東洋に対しては無制約に侵略する意志を当初から隠さなかった。そして、それはイギリスを追い越すという主要動機に支えられてもいた。

日本排除はアメリカ外交の基本方針だったのか

第二次世界大戦でアメリカはドイツを主要な敵と見立てていて、日本との戦争はそのための手段だったと見なす説があるが、私はそうは思わない。ドイツとの戦争は宗教がからむ西欧の「内戦」であり、日本との戦争とは質を異にするものの、世界政府志向の帝国にとって地域の覇権国（ドイツ、ロシア、日本、中国等）を許すまいと用心深く排除する点ではどちらも同じ位置にある。ただユダヤ系のアメリカ人にとってはナチス憎悪の念ははなはだ激しいものがあった。人種偏見に基づく憎悪はこれとは別種で、むしろ日本人に強く向けられたと思う。アメリカ国内にはドイツ系市民が戦前から多数いて、早くから人種偏見が向けられていたとは思えない。

戦意の形成の歴史はどちらが古かったろうか。日本に対するほうが古かったと思う。日本に対する戦意の歴史はアメリカ国家のハワイ併合時（一八九八年）にすでにあり、日露戦争後（一九〇六年）に一段と明確になった。日系市民の存在はドイツ系と違って、アメリカにおける敵意の発生、人種感情の最もホットな温床であった。

アメリカ外交の基調は（一）モンロー主義、（二）汎米主義（パン・アメリカニズム）、（三）門戸開放主義――の三つではなかったかと思う。モンロー主義はスワードやマハンの時代よりも古く、一八二三年の大統領モンロー（在任一八一七―二五年）の教書に発する。南北アメリカ大陸はともに西欧から独立した別天地であるから西欧の支配を受けないし、その代わりアメリカも西欧の事件や戦争に干渉はしないという原則のことである。それなら二度の世界大戦の参戦と戦後処理における口出しはどう考えるべきなのか。とりわけ第二次世界大戦中のアメリカの対英支援、対蔣介石支援は国際法の枠を超えて過度で、異常だった。大戦中、フランクリン・ルーズベルト大統領（在任一九三三―四五年）は、仏印（ベトナム、ラオス、カンボジア）はアジアの勢力範囲だからアメリカはこの地域について発言しない。一方、蘭印（インドネシア）はアメリカの国防と権益に関するからその処分について発言権を有する、と言い立てた。インドネシアは石油が出るからで、理屈にならないこの手のダブル・スタンダードは今日に至るまで数限りない。

パン・アメリカニズムはラテン・アメリカ諸国との協調を狙いとしていた。クーリッジ大統領（在任一九二三―二九年）は一九二七年に、アメリカがニカラグアに武力を用いるのは、警察が道路で通行人を整理するようなものだと豪語した。そしてパナマやニカラグアに軍隊を送って、主権侵害を平気で行った。近年もビン・ラーディンをパキスタン政府の承諾なしにパキスタン国内に急襲するという無法を犯した。モンロー主義もパン・アメリカニズムも露骨なる覇道外交（道徳に基づかない政治）になり果てている。

「門戸開放」の主張も中国大陸の利権に対する平等の要請であったが、アメリカは南米の利権を抱えていながら、それについては日本にも西欧諸国にも決して門戸を開放しようとしない手前勝手な言い分にすぎなかった。

一九世紀末にアメリカは中国大陸への関与に出遅れていた。イギリスはすでに香港を手に入れ、ドイツは山東半島に居坐り、ロシアは満洲に狙いを定めていた。列強に立ち遅れていた現実がアメリカを焦らせ、危機感となって、フィリピンとハワイの奪取に慌てて彼らを走らせた一面もあった。このようにフィリピン支配まではストレートに武力にものを言わせたアメリカの侵略行動が中国大陸をいよいよ目の前にしたときに、あるためらい、というより方針転換を余儀なくされたことは興味深い。各国の利害がすでに複雑に張りめぐらされている大陸では、武力を用いるのに有効な時期を失していることにアメリカははたと気づいた。ここで屈折し、足踏みした。

ハワイ、サンフランシスコ、アラスカ、アリューシャン列島という、スワードが思い描いた太平洋の弧をなす「北方回廊」はすでにアメリカの掌中にあった。そこで、三つのルートから中国大陸に迫ることとなる。（一）今述べた北方コースから満洲に入るルート。ロシアを追い払うためにとりあえずまず日露戦争で日本を応援した。しかし戦後、ロシアと日本が交替しただけで、満洲はアメリカの思うようにならないことが分かった。かくて（二）上海を中心とする中国の中央部に文化侵略するルートが選ばれた。義和団事件で清国からアメリカが得た賠償金の多くは学校、病院、教会の建設に使われた。日中の離間を謀るさまざまな手が打たれた。支那人の「日貨排斥」（日本商品ボイコットのこと）や排日デモ、抗日テロを裏から支援しつづけた。キリスト教宣教師は反日スパイの役割を演じた。

アメリカのこのときの日本敵視政策はすさまじく、現代中国の反日感情の底流としてつながっている。ただし一九二三年頃を境に、排日・抗日の演出家はアメリカの宣教師の手からソ連のコミンテルンの手に渡り、アメリカの大陸政策は革命直後のソ連の介入に逆に翻弄されるに至る。かくてやむを得ず、アメリカは（三）のルート、フィリピン、グアムを拠点にイギリス、オーストラリア、オランダとの合作による南太平洋の制覇を通じて、南方から一挙に軍事介入する方策を選ぶようになった。開戦前に蔣介石軍へのアメリカの支援は軍需物資だけでなく、飛行士等の人的支援さえもあった。

いま考えてみれば、（一）から（三）のいずれのルートでもアメリカにとって邪魔な障害物は日本であった。大陸へ向かう途中にあってみるみる実力をつけ台頭していた日本の海軍力が、ともあれ目障りだった。はじめ軽く考えていたが、容易ならざる相手であることに気づいた後も、インディアンやフィリピンを掃蕩（そうとう）してきた乱暴な遣（や）り方と同じ方針を根本的に変えるつもりはなかった。（三）のルートがもちろん日米衝突の最終局面である。

原則として拡大する必要のない国家アメリカの膨脹政策

白人文明はスペイン、ポルトガルの覇権時代から、自国の外に略奪の土地、奴隷的搾取の領土を求めることを常道とする。これをもってスペイン、ポルトガルは重商主義国家として、オランダ、イギリス、フランスの覇権時代には産業資本主義国家として勢威を確立した。植民地主義とはそういうものと理解できるが、アメリカはまったくの例外で、自国の外に奴隷の地を確保する必要がいっさいなかった。下層労働力は国内で充当されている。それに、アメリカはすでに最初から領土広大で資源豊富、しかも人口は西欧や日本に比べてなお稀薄で、移民を必要とすることはあっても、そもそも自国移民を外国に売り込むなどの膨張する必要のない国であった。内向きの孤立主義がもう一方に絶えず休みなく働くのはそのせいである。

膨張する必要がないのに「西進」という宗教的信条に基づいて膨張する国だった。西へフロンティアを求めて拡大することは「マニフェスト・ディスティニー（明白なる宿命）」という神がかりのことばで呼ばれていたが、これは厄介で危険な精神である。旧世界は corruption、新世界は innocence という例の彼らの、自分を神と直結させて絶対化する自己認識と深く関係している。

列強が中国大陸で争って根拠地を占めようとすることに、アメリカは冷淡だった。その必要がなかったからで、列強同士の競争はむしろアメリカには不都合でさえあった。そこでこの国は独自の対中政策を割り出し、脱領土的支配の方式、ドルの投資による遠隔統治の方針を考え出した。アメリカは二〇世紀の前半に三回、国際社会にこの方式を訴えて、軍事力で威圧しつつ、外交的勝利を収める結果を出している。第一回目が一八九九年の国務長官ジョン・ヘイによる三原則——中国における領土保全、門戸開放、機会均等の、日本を含む六カ国への提案である。第二回目は第一次大戦後のパリ講和会議（一九一九—二〇年）における大統領ウィルソンの民族自決主義の提唱。第三回目は第二次大戦中のルーズベルト＝チャーチル船上会談で結ばれた大西洋憲章の締結（一九四一年）である。どれもアメリカの「世界政府」志向の表現である。

一つ一つは事情を異とし、日本に与えた影響もそれぞれ異なるが、面白いのはイ、ギ、リ、ス、潰、し、ということで一貫して共通していたことが、今のわれわれの時代になってはっきり見えてきたことだ。すなわち、西欧列強の植民地主義を不可能にしていく有効な「毒薬」だった。しかもアメリカ一流の正義に基づく「きれい事」でこれを宣伝し要請した。イギリスを倒すのに武力を用いる必要はない。アメリカは自分が必要としない「領土」「下層労働力」「直接的搾取」を西欧各国に美しいヒューマニズムの名において封印することにより、にわかに「いい子ぶり」を示す明るいアメリカニズムの旗のもとに、西欧各国を弱体化させることに成功した。西欧諸国が二つの大戦で疲弊したという事情もある。ユダヤ金融資本がイギリスからアメリカへ移動したという条件の変化もあり、これが決定的だったかもしれない。

大戦前、日本の指導者にイギリスの行動は理解し易かったが――少し前まで日英は同盟国で、互いに利にさといギブ・アンド・テイクで結ばれていた――、アメリカの出方がまったく先読みできなかったのは、利害関係だけでは判断できない、覇権願望国の「心の闇」が見えなかったからである。イギリス人にも読めなかったアメリカの「心の闇」が日本人に読めるわけがない。日露戦争のあと、一九〇七年頃から日米関係が悪化したことはよく知られている。この頃からアメリカの行動に日本は戸惑いつづける。「白船艦隊」の到来で、すわ日米戦争かと世界が騒いだのは一九〇八年であった。ワシントン会議からロンドン軍縮会議（一九三〇年、三六年）を経て、日本は正義のきれい事を唱えるアメリカ、そのじつ武力と金融力とで世界を遠隔操作する新しいシステム支配をめざすアメリカに翻弄されつづけることになる。

大戦前、日本の指導者にイギリスの行動は理解し易かった。日本がイギリスのインド統治を認め、万一の場合に日本はインドに出兵する交換条件で、イギリスは日本の朝鮮併合を承認した。同じようなことは日本とアメリカとの間でも取り交された。日本がフィリピンのアメリカ統治を認める代わりに、日本の朝鮮統治に文句はつけない。この頃まではまだアメリカも西欧的に振舞っていたのである。「同盟」とか「協商」といったやり方はヨーロッパ的だった。日本にも納得がいく国際関係だった。

本書の冒頭に私はアメリカにとって国際社会は存在しない、という命題を掲げた。同盟とか協商といったヨーロッパ的なやり方をアメリカはほとんど必要としない国だった。第一次大戦のあたりから（いつとは明確に私には今言えないが）、アメリカは自らの新しいやり方を他国に押しつけ始めた。大戦後のウィルソンの登場がそれかもしれない。日本の外交官・政治家にはまったく理解できない突然の変化だったし、ヨーロッパ人も戸惑いつづけた。理想の仮面を被った「世界政府」的強権主義の出現、今でいえばグローバリズムの「謎」である。イギリス人にも読めなかった「心の闇」と私は言った。

パリ講和会議で日本は自ら出兵して得た山東半島を中国に返還するのを認めたが、いったん日本に帰属させ、若干の条件——鉄道のことなど——をつけて返還すると主張し、ロイド・ジョージもクレマンソーも理解を示したのに、アメリカは直ちに直接返還を要求する中国の肩を持ち、日本の出兵の労に報いず、自らの法律顧問団を中国代表に利用させるなどして、あくまで日本を排撃しつづけた。日米戦争はすでに一九一九年に始まっていたのである。アメリカは「領土」に要求を持たないアメリカ方式を世界全土に普及させようとしていたともいえる。やがて満洲が焦点にならざるを得ない所以である。日本はヨーロッパの外交方式を見習い、忠実に実行していたまでだった。

アメリカが中国大陸でしたことは商品経済ではなく、鉄道や橋や工場を作って、高利の利ざやを稼ぐ投資経済だった。ベストは鉄道建設だが、有利な路線はすべてイギリスが押さえていたし、満洲は日本とロシアが握っていたので、アメリカがしたのは金融による間接システム支配だった。が、必ずしも成功したとはいえない。あれほど大きな援助を惜しまなかった蔣介石政権を、戦後あっという間に見限って、大陸を毛沢東支配に委ねて知らん顔をしてしまった。このアメリカの行動の不可解さは、ひとえに「領土」に関心がないという歴史的に根の深い動機によるのではないだろうか。反共という政治の原理からは説明できないし、理解もできない。

他国の領土と住民を支配するのはたしかに容易ではない政治案件である。コストもかかるし血も流す。一九四五年以後も世界はその不合理にしばらく気がつかなかった。フランスやオランダは植民地支配の継続にこだわった。しかし金融資本主義の道をひた走っていたアメリカは脱領土的なシステム支配の方式をもって世界に範を示し、GNP（国民総生産）やGDP（国内総生産）といった経済指標が領土の広さに代わる国力の表徴であることを真っ先に証明してみせた。

スペインを皮切りに、オランダ、イギリス、フランスへと展開した資本主義は、基本的に「領土」に執着し、そのためにたびたび戦争が起こった。アメリカは領土の代わりに資源を押さえ、ドルの投資と制空権――やがてそれはIMF（国際通貨基金）や世界銀行、核ミサイルの開発と大型航空機の発達に席を譲ることになるが、力の増大とともに、自己の道徳と正義に合わないものを排除するという不寛容をも特徴とするようになる。例えばアメリカ式人権と民主主義の歴史以外は認めないという傲慢な方程式を世界に強いることにもなる。

こうしてその後の世界で、たしかに領土という空間軸の侵略は抑えられたかもしれないが、歴史という時間軸の侵略は戦後のわが国をも永く脅(おびや)かして今日に及んでいるのではないだろうか。

EU統合からふり返って二〇〇年前の「アメリカ統合」を再考する

アメリカの独立宣言は一七七六年だが、独立戦争は長くつづき、イギリスとの戦闘が終結したのは一七八三年だった。二〇〇年ほど時間は飛ぶが、EU（欧州連合）の歴史も長かった。本当に具体的な実行の段階に入ったのは一九九二年の市場統合の調印である。単一通貨ユーロが導入された一九九八年の通貨統合によって、これはいよいよ本気だなと世界中の人々を唸らせた。

多くの人はアメリカの独立とEUの成立とこの二つの政治案件は二〇〇年もの間を隔てていて

互いに関係がないと思っているであろうが、私たち日本人は確たる記録の残されただけでも二〇〇〇年の歴史の連続性の中に生きている民族である。わずか二〇〇年は目と鼻の先の最近の出来事である。木を見て森を見ずという言葉があるが、歴史は細目を見ることも大切だが、森の全体を見渡すこともまた大切なのである。

独立戦争が終わるとアメリカの中央政府の力は急速に衰え、植民地がそこに一三、残っただけだった。バラバラで一体感のあまりない国家らしきものが残存していたにすぎない。それらをどうやって一つの共和国にまとめるかということが、ジョージ・ワシントンをはじめアメリカの当時の政治家たちにとっては最重要の課題であった。

戦争終結に際しアメリカがイギリスと結んだ平和協定（一七八三年、パリ）の写しがいま私の手許にある。それを仔細に見ると、第一条にまずthe said United Statesという表現があり、まだ固有名詞ではなく、New Hampshire, Massachusetts Bay, Rhode Island and Providence Plantations……以下地名がずらずらっと並んでいて、イギリスはそれらひとつひとつがfree sovereign and independent（自由な主権を有し独立）していること、つづけてthat the Britannic Majesty treats with them as suchと、それらを複数形themで表わしているのが目を引く。the United Statesというときに今は単数扱いでitで表わすのが普通だ。複数表記は、一三のStatesはバラバラの互いに独立した、それぞれ主権をもつ「邦」であることを示していて、アメリカはまだ一つの単一国家ではない。イギリスはそういうものとしてこれら一三の小さなStatesを国際的に認めて交渉に当たることを承認した、と言って契約を結んだのである。

事実一三のStatesは当時バラバラで、独立戦争のさ中ですら心は一つではなく、独立に反対であったり乗り気でなかったりする所がいくつもあった。独立宣言採択から憲法発効までの期間の日本側の訳語にも「邦」が当てられ、すぐに「州」にするのにはためらいがある。アメリカ史においてStatesを憲法論としていかに位置づけるかは複雑かつ微妙な問題でありつづけたからである。Statesが先かthe United Statesが先かの優先順位をめぐっては、一九九〇年においてさえレーガン前大統領が各州のほうが先にできて、州が集まって連邦政府をつくったのだから、州のほうがより重要だという見解を述べているほどである。

独立後にフィラデルフィア憲法制定会議（一七八七年）というものが開かれ、憲法案作成が試みられたとき、議長をつとめたワシントンは革命はアメリカの独立に終わるのではなく、アメリカ人という国民を確立すべきであるとの考えを披瀝（ひれき）した。単なる国家連合ではヨーロッパ諸国に振り回され、軽蔑されるだけであって、the United Statesは複数ではなく単数とならなくてはならない、と。この意を受けたジェームズ・マディソン（第四代大統領。在任一八〇九―一七年）が中央主権的連邦主義とでもいうべきFederalismを唱え、会議の議論をまとめ上げて、憲法を作成するうえで決定的役割を果たしたことはよく知られる。

ばらばらのものを一つにするには政治意志の統一が必要である。マディソンはある意味で最初の強力なナショナリストであって、「連邦憲法の父」と呼ばれた。当然、反対する側の人々は

Anti-Federalist と呼ばれたが、連邦制度を否定するのではなく、地方分権的連邦主義とでもいうべきものだろう。強い連邦政府を望む者がフェデラリストだとすれば、弱い連邦政府と強い州政府を支持する人々がこれに対し反フェデラリストと呼ばれ、知られる名の中でいえばジェファーソンは後者だった。この二つがアメリカ政治の二大政党制の草分けとなる。ただし今の共和党と民主党に独立当時の色分けがそのまま直結するものではない。

私は一三の植民地が連邦にならずに、States と呼ばれた直後の「自由な主権を有し独立している」邦がそのまま国家でありつづける可能性も必然性もなかったのだろうか、という先の問いをここであらためて立ててみたくなるのである。突飛な空想と思われるかもしれないが、北米全体がヨーロッパのような主権をもつ多くの国々が並存している一地域であってくれたなら、世界史は全然違った様相を呈したであろう。

最近やっと統合を果たしたヨーロッパ連合（ＥＵ）はいま先行き不透明で、崩壊するかもしれないといわれる。ヨーロッパ各国はそれぞれ自己主張が強く、個と個がぶつかり合う長い歴史を経過し、ナポレオンによってもヒトラーによっても統合されなかった。近代国家より前の諸王国、諸公爵領、都市国家、地域共同体がそれぞれの価値観を掲げてぶつかり合っているのがヨーロッパである。近代国家の垣根はむしろ低いのである。だからＥＵのとりあえずの統合も可能だったといえる。とどまる所を知らない個と個のせめぎ合いはヨーロッパ的生き方の原理であり、画一的統合主義（コンフォルミズム）を許さないこの原理がつづく限りヨーロッパ文明は正常であり、健全である。

同じことがアメリカの一三の植民地においても本来言えるはずなのになぜ言えないのだろうか。**States** が「州」と呼ばれ、**the United States** が単数扱いになるまでにはそこに何らかの無理が働き、強制があり、決して自然のままではなかったと考えるべきではないか。その証拠に、南部を抑圧した **Civil War**（内戦）の名で呼ばれる南北戦争が起こったではないか。それぞれ自由な主権を有する一三の植民地がヨーロッパ各国のような近代国家として生長し、そこから興味深い歴史が起こり得たかもしれないし、そのほうが豊かな歴史になっていたかもしれない。一八〇三年にフランスがルイジアナを手放して、アメリカに売却したことは決定的にまずかった。フランスが居坐っていたら北米はヨーロッパのようになったかもしれない。あの頃からアメリカの西への拡張主義と全体主義的画一的統合主義（コンフォルミズム）が始まった。

ここで仮りに二〇〇〇年の時間を経過させてEUの歴史に重ねて考えてみよう。EUの市場統合が具体的な日程にのぼりだしていた一九九一年六月に、ブッシュ政権のベーカー国務長官はベルリンでEUの市場統合を讃えた。彼はアメリカの **Federalism**（中央集権的連邦主義）の精神が今やヨーロッパに移植され、ここで市場統合という花を開かせるのだという意味の手前味噌なアメリカ主義を並べ立て、これを「欧＝大西洋機構」**The Euro-Atlantic Architecture** の名で呼んだ。私はあのときそこに白人キリスト教文明の種族的（エスニック）な垣根づくりの匂いを感じ、忌避する論文を書いたことがある（『西尾幹二全集』第一三巻、国書刊行会、平成二八年、参照）。

ＥＵがいま行き詰まり、ユーロの行方に不安の翳（かげ）りが射しているのは経済問題とだけ考えている人が多いが、それは単眼的である。主権国家同士のぶつかり合いが激しくて「和」が欠けているヨーロッパの文明的性格のせいもあるが、それだけでもない。EUは市場統合と通貨統合にまで進んだが、そこで止まり、政治統合にはついに成功していない。EUは憲法を持つことができなかった。独自の軍隊も所有できていない。つまりまだ国家ではない。これではユーロが有効性を維持することは難しい。貨幣の価値を保証するのは権力であり、政治であり、軍事力である。アメリカはNATOに介入しつづけ、軍事的カウンターパワーとしてのヨーロッパ連合の成立を決して許そうとしない。ユーロがドルに代わる基軸通貨となることを全力で阻止している。「世界政府」志向のアメリカの意志は一貫して変わらない。

ベーカー元国務長官はEUの成立をアメリカのフェデラリズムの移植の成功例として、「欧＝大西洋機構」であるなどと自己礼讃しているわけだけれども、これは祝辞であり、外交辞令であって、現実にはフェデラリズムは世界にただ一つしか存在が許されないと主張しているのである。私はいずれそのうちユーロがなくなり、ドイツのマルクやフランスのフランやイタリアのリラが復活する日が来るのではないかと思っているが、そのほうが正常であり、健全であり、アメリカのワン・ワールド意識のほうがむしろ例外的で、特殊な事例だと今の世界情勢をひっくり返して考える頭の体操が必要ではなかろうか。

フランス革命をめぐるジェファーソンとハミルトンとの対立

フェデラリズムはフランス革命風の民主主義とは異なり、ジャコバンを嫌い、イギリスの保守思想家エドマンド・バークの流れを汲む。ジェームズ・マディソンは民衆の直接的支配に懐疑的であった。デモクラシーを余り強調しない。それよりもリパブリック（共和国）の優位を説き、権力の分立を重んじた。アメリカの政治史の中でデモクラシーが強調されるのは二〇世紀になってから、ウィルソン以後ではないだろうか。

それに対しトーマス・ジェファーソン（第三代大統領。在任一八〇一—〇九年）はフランス革命支持の進歩派で、各州の独立を尊重し、合衆国をあえて作る必要はないとさえ考えていた。一三の州に権限が残ったままの連合国家を構想していたようだ。一方、ジェファーソンと共にワシントン政府の閣僚であったアレクサンダー・ハミルトンは独創的な思想家で、州権を小さくした強大な国家を念頭に置いていた。イギリスのような国にしたいとして、大統領を国王にするような行政権の強い国家構想を持って

図1－5　国務長官ジェファーソン（左）、財務長官ハミルトン（中央）と相談する大統領ジョージ・ワシントン

いた。ジェファーソンとハミルトンの間の思想的対立、今でいうなら左右のイデオロギーの対立はワシントン大統領が調停に苦慮したほどだった。

一七九二年にワシントンが二期目の大統領に選ばれた頃、フランス革命が急速に過激化した。ジェファーソンは革命はアメリカの独立戦争の精神を受け継ぐものであるとの信念を変えない。フランスがヨーロッパ各国と交戦するに及んで新興国アメリカは不介入を宣言したが、国務長官ジェファーソンは「中立」という外交用語を用いることを拒否し、革命に対する思い入れを引き摺って、ハミルトンと激しく対立した。ジェファーソンは自由の大義のためには世界の半分が荒廃してもかまわないというような言葉を書くおぞましい過激派の一面があり、今日のアメリカ政府がときとして民主主義の大義のために軍事力を用いる直截性(ちょくせつせい)とのつながりをも連想させる。

ワシントンを支えたのはハミルトンで、大統領の有名な「告別演説」は彼が作成した。アメリカ共和国が国として一体であるべきことを強く訴え、そのためには党派性の危険を乗り越え、宗教と道徳の支えが不可欠であること、世論の果たす役割が重要であること、そして対外的には特定の外国に片寄らない孤立主義と単独主義を外交方針とすべきことを説いて、国民への遺訓として後世に知られる重要な政治文書となった。まだ誕生したばかりの共和国に必要なこととして初代大統領が切実に訴えたのは「統合」だった。ジェファーソンとハミルトンの閣内不統一にもみられるように、理想の国家観は十人十色であった。

ワシントンの「告別演説」は国家統合の理想を高らかに謳ったが、それでも黒人奴隷については触れていない。インディアンに対する政策についても触れていない。すべては憲法制定時に決められていたのではないかと思うかもしれないが、そうではなかった。憲法には書かれていないことがたくさんあった。憲法に書かれていない限り州の権限であるとされていた。民法も商法も憲法には書かれていなかった。そして何よりも奴隷を認めるか否かが憲法に規定されていなかった。最高裁の判決も出されたが、奴隷の問題は連邦国家の権限ではないとされていた。かくて内戦（南北戦争。一八六一―六五年）が起こるわけである。国家構想は人により州により多様でさまざまな方角を向いていて、憲法も細部が定かではなかった。それだけに「統合」は次の一事をもって一挙に方向づけがなされたのだった。

奴隷解放は南北戦争の目的ではなかった

アメリカがアメリカになった瞬間、それは再び戦争である。戦争がその只中（ただなか）においてこの国の国家体質を変え、基盤を新しく作り替えて行く。第二次世界大戦においても第一次世界大戦においてもこのダイナミズムが認められることは詳しく見てきたが、南北戦争こそまさに決定的にその代表例であったといえよう。今日われわれの知るアメリカという国家ができたのはこの戦争においてであった。しかも、奴隷解放がメインの目的ではない。州権を抑えて、統一連邦の権限を政治的にも法的にも他のあらゆる面でも確定する、そこに戦争の根本目的と結果があったということこそ肝要なのである。ヨーロッパも戦争に明け暮れた地域だが、戦争で統一連邦（ＥＵ）ができたわけではなかった。アメリカは一〇〇年も前に一息にヨーロッパを超えようとしていた。

リンカーン（在任一八六一―六五年）は実際そのように行動している。リンカーンにとっては統一ある連邦の建立こそが戦争のための究極の目的であったのであって、奴隷はどうでもよかった。そこまで言うと極端かもしれないが、ある意味でそうだった。彼自身が奴隷の所有者であったし、そこは問わぬとしても、奴隷制を破壊しないで州権を抑えて連邦権力を確立することができるなら、むしろそうしたいというのがそもそものリンカーンの考え方だった。彼のスポークスマンであるオービル・ブラウニングは「反乱諸州は自己の忠誠心に立ち戻ってほしい。もし諸州が連邦に立ち還り、反乱の武器を捨てて己れの任務と義務とに立ち還るなら、奴隷の所有、使用、管理を含んだすべての権利はいままでどおり永久に保護されるであろう」と語っている。つまり奴隷制度はあってもいい。奴隷解放はべつに目的ではない。それは大目的に対する付随した問題、手段にすぎないんだ、と。

大統領就任演説がこのことを端的に証明している。「私は現在の奴隷州の奴隷制には直接的にも間接的にも干渉するつもりはありません。私にはそうする法律上の権限はないと思うし、またそうしようとも思わないのです」。読者はえぇーっと思うであろう。これがリンカーンの本音なのである。就任演説である。つまり彼は憲法には手をつけないで、もともと憲法は曖昧だし、立ち入って書かれていないので、この微妙な案件には妥協した態度を保持していこうと考えていたようなのだ。

そうさせまいとする人々が周りにはたくさんいた。党内には急進的な人もいて、南部との戦いは自由な社会の実現、人道主義的な正義のための戦いであって、そのためにこそ州の権力を打倒するんだという理念は当時、当然強く出てくるのだけれども、リンカーンその人はそう思っていたわけではない。たいへん興味深い点である。

でも、戦争がどんどん進行するにつれて、奴隷制そのものを倒さなくては結局南部の権力を倒すこともできないということが現実問題としてはっきりしてくるので、リンカーン自身もこの見地に次第にはっきり立つようになってくる。ただ、最初に奴隷解放の原則を立てそこから出発したのではない。この点が大事なのだ。結果として奴隷解放の方向へ移動する。最初の目的は連邦の権力を一つにすることだった。何度も何度も彼はそう言っている。そしてその大目的が、善かれ悪しかれこの戦争をして今日われわれの知るアメリカ合衆国というものを作り上げる決定的基礎たらしめたのである。

奴隷制廃止を急務としていた人々の目にリンカーン大統領は何となく妥協的に見えたようだった。公開質問状を掲げる人もいた。リンカーンはこれに答えて言った。「もし私が奴隷を解放しないで連邦を救うことができるなら、私はそうするつもりだ。そしてまた私が全奴隷を解放することでそうすることができるなら、それでもよいと私は思っている」。目的は何で、手段は何であるかをこれほど明確に言い切った言葉はあるまい。世間に行き渡っているリンカーン像は衝撃を受けずには済むまい。奴隷解放はどっちでもいいんだ、戦争の本来の目的ではない、と戦争が激化する真っ只中で言ってのけている。しかし州の独自の権利を主張している南部を自分は絶対に認めない、ということは、結果として奴隷制を認めないということであり、南部を徹底的に潰して連邦国家の統一意志を決定づけるということは、全奴隷を解放するということと結果においてはもちろん同一である。

　長い戦争で、しかも次第に激しくなっていて、苦しい時間がつづいていた。リンカーンは冷徹な意志の人で、また非常に残酷な戦争指導者でもあった。弱気でダメな将軍をどんどん取り替えて、より残酷なことをやってのける将軍を採用して行く。戦史を読むとその徹底ぶりには驚くばかりである。

　歴史上、酷薄な指導者はいくらもいる。それが正義の顔をしているイメージと結びつくのもまた歴史のアイロニーである。例えばチャーチルなどもそんな一人かもしれない。ヒトラーよりも残酷な人だったかもしれない。ドイツの無防備都市への相次ぐ無差別爆撃は第二次大戦の大指導者の栄光の名にふさわしくない。世界史にはいろんな矛盾があるが、南北戦争の戦争の仕方の過去に例のない凄まじさも、現代の全体戦争(トータルウオー)を一時代早く先取りしたといわれる苛酷さだった。あの頃は戦争をした後、食べ物を残していくのが普通のやり方だったが、飛ぶ鳥一羽残すなという焦土作戦で、つまり鳥がついばむ種一つ残さないという殲滅(せんめつ)戦争だったと伝えられる。敗者を追い込んだのもその一つで、南部の大統領デーヴィスは捕縛されたとき、足枷(あしかせ)をかけられ鎖につながれて囚人室に投げ込まれた。名誉も何も考えないやり方だった。そんなことは武士道を重んじるあの時代の日本の戦争では考えられなかった。それを平気でやった。

アングロ・サクソンの世界にずっと流れている戦争犯罪云々の思想、第二次大戦後の国際司法裁判の敗者に対する犯罪の概念はみんな南北戦争におけるリンカーンの正義の観念から出たのではないかと思っている。最近起こった似た例ではイラクのフセイン大統領への裁きがある。彼は小さな穴倉から引っ張り出され、テレビに映され、衆人環視の中、罵倒を浴びせられながら処刑された。目をそむけたくなるこんなシーンを見せつけるというのは、人道も地に堕ちたと思ったものだ。

南北戦争は世界で最初の総力戦であったといわれる。二〇世紀の戦争の原型である。南北両軍合わせて六二万人の死者を出した。第一次世界大戦のアメリカ人死者一二万人、第二次世界大戦四一万人、ベトナム戦争六万人と比べても、南北戦争の犠牲者がいかに多かったかが分かる。足かけ五年かかった凄絶なる戦争だった。南部の抵抗もただごとではなかった。リンカーンの意志も強烈だった。彼はどう考えても、奴隷のために戦ったのではあるまい。人種平等のために戦ったのでもない。連邦をつくるために、連邦国家の統一のために、国家確立の正義のためにどんな残虐なことにもひるまなかったのだと思う。奴隷のために白人がそこまでやるとは考えにくい。しかし国家のためというのであればやるだろう。それがアメリカではないか。独立はしたけれどまだできあがっていない国家だったのだ。

ちょうど本書のこの部分を書こうとしているときに、たまたまスピルバーグ監督の映画『リンカーン』が上映されているので見に行った。戦場のシーンを出さない描き方で、議会と家庭だけに場面を絞った物語のつくり方だが、さすがに迫力があり、リンカーンの孤独と苦悩はよく描かれている。が、結局はアメリカ人の通念、世界に流布している奴隷解放の英雄像をくつがえすことはなく、終幕近くに南軍の大統領デーヴィスが馬に乗って現われ、リンカーンと顔を見合わせて別れるシーンがある。そのあと、もしデーヴィスが海外に行きたいというのなら自由にしてやれと、寛大な処置を部下に命じるリンカーンの科白（せりふ）が流された。私はおやおやと思った。映画はやはり映画である。

もしも北アメリカの一三州がヨーロッパのように複数の独立国のままだったら？

人道的リンカーン像はアメリカの神話である。どの国も自分の神話を持つ権利がある。別の文化文明に生きるわれわれがそれに動かされる理由はないのだが、日本人は子供のときからそういう外国の美しい神話を愛好している民族である。

南北戦争のあとアメリカは産業国家として急成長をとげた。やがてほどなく今日につながる金融国家へと発展していく。一九世紀末から二〇世紀初頭へかけてはアメリカは膨脹する国家主義を誰はばかるところなく羽搏（はばた）かせていく時代に入った。

戦争によって大きくなる国、戦争のたびに変貌する国、しかも長い戦争の途中で国家体質を変える国、それがアメリカだと前に述べたが、南北戦争はまさにその最初の代表例であった。なぜなら奴隷解放は開戦時には国際的にも表看板ではなかったからだ。開戦してから三年目に入って戦局を北軍の有利へと導くため、ようやく奴隷解放予備宣言（一八六二年）が発せられたくらいだ。外国の干渉戦争を排し、全世界の人びとの支持を得るのに効果絶大とみたからである。イギリスの労働者はこぞって北部を支持するようになり、南部から綿花を買っていた関係で南部支援を考えていたイギリス政府の思惑は完全に腰くだけになった。

北部が勝利することにより、アメリカは期せずしてヨーロッパ諸国と肩を並べる国、あるいはそれらを超える国に列することに成功した。独立戦争（一七七五―八三年）を始めた頃、ヨーロッパ諸国はまだ君主国家ばかりで、共和国などひとつも存在しない時代だった。アメリカ独立戦争がアメリカ革命と呼ばれる所以である。すなわち人民の合意によって政府がつくられる、被治者の承認によって統治がなされる、こんな国の建設はまだ理論上の問題でしかなかった。アメリカの建国がフランス革命にほぼ同時代的に連動する世界史的な出来事であったと言われることには相応に理由がある。

いまだ身分と慣習に支配されていた旧世界の人々が目を見張る中で独立がなされた（一七八三年）。そしてそれから八〇年経つか経たぬうちに平等と自由と博愛の三つを実現した近代国家として国家統一意志を明確にした（南北戦争の終結（一八六五年））。ヨーロッパが絶対主義王制下にあったあの時代としては考えられないほどに大胆で、急進的な考え方の実践であった。それだけに理念先行の国造りが進められ、産業資本主義国家として急成長をとげる一九―二〇世紀初頭のアメリカのエネルギーに満ちた歴史は著しい矛盾を内蔵したままだった。とりわけ敗北した南部の側は不服従の意志を持ちつづけていた。南部側にすればそもそも北部というのは独立戦争におけるイギリス本国に相当し、自分たちは一三の植民地に該当するという見地に立っていた。南部には正統性の観念が生きつづけた。これは連邦国家アメリカのその後の展開にとっては大きな難問であり、加えて黒人差別の現実はいつまでもつづき、今日に及んでいる。

南北戦争の頃のアメリカに近代国家の模範を見出したわが国の先達に新島襄——その妻八重を主人公にしたNHK連続テレビドラマが話題になったこともあった——がいる。彼はキリスト教に帰依し、アメリカの大統領制とデモクラシーに日本を導く精神の道標を見たが、果たして若き大国アメリカの、すなわち日本とほぼ同時に起ち上がったばかりのこの国の明暗、光と闇の両面がどれほど新島に見えていたかは見究めがたい。

もし南北が無理に統一せず、二つの別個の国に分かれて発展していたらどうなっていただろうか。何度も言うが、各州が各国家になって、ヨーロッパのように北アメリカがいくつかの国に分かれていたら、わが国の運命はどんなにか救われたであろう。幕末に密航で渡米し「成功した吉田松陰」といわれた新島襄は疑問と批判の目ではなく、まず期待と希望の目でアメリカを見ていた。〝アメリカ疲れ〟をしている二一世紀のわれわれとはすでに課題を異とする。本書の冒頭で私が申し上げたことを読者は覚えておられようか。縄文時代から一万六〇〇〇年の歴史の時を刻んで来たこの島国にとって、何という災い多き隣国か。わずか三五〇年前に突然立ち現われた白人集団、さらにリンカーンが出現したお蔭で、ヨーロッパのようにならないで二〇世紀の世界の運命を変えてしまったこの国。

このことは南アメリカを見てみれば分かる。南アメリカには一二の独立国が生まれて、統一しようとする動きももちろんあったが、できなかった。できない方が自然であり、普通である。そういう考え方に一度は立ってみるという頭の体操が必要だと言っているのだ。それに対して北アメリカで統一はなぜ可能だったのか。そしてそれは未来永劫にわたって不変化なのか。

南アメリカと違って北アメリカが統一できたということは北アメリカの偉大さだと皆が言うだろう。市民革命を経たイギリスと重商主義国家スペインとの発展段階上の差が格差を生んだ、だから南北アメリカの運命はそれぞれ異なった、北アメリカで起こったことは革命であって、フランス革命に先鞭（せんべん）をつけたほどなのだ、だからアメリカ合衆国は偉大な国家になったんだ……そういう論調でたいがいの本は書かれている。歴史学界まで右へならえである。なんと文部科学省の日本史の検定基準には、世界史に起こった二つの市民革命の先例を記せとなっている。私はおかしいと思う。歴史は規矩準縄（きくじゅんじょう）ではない。

私は個人的に特異な意見を述べ立てようと思ってこう言っているのではない。私が今述べたと同じようなアメリカの画一的統合主義（コンフォルミズム）に疑問を抱いている思想はそもそもアメリカにはいくらもあるのである。強大化した歴史に国民的災いを見ている思想ももちろんある。この国の良い所は自由な言論が存在することである。ただ日本にはそういう思想がアメリカから輸入されない。コンフォルミズムはむしろ日本の問題かもしれない。日本で認められ読まれるのはアメリカ革命が平等・人権・民主主義への道を拓いたという明るいプラスの面ばかりで、そこに加えて現代政治の恐怖を煽る強大な軍事力がつねに陰に陽に暗示されているので、アメリカに関する自由な思考が育たない。アメリカを疑う思想はアメリカ国内にもあるのに、日本には紹介されない。

その結果、例えば南北戦争におけるリンカーンのあの意志的行動が引き起こした唯我独尊的アメリカの、国家主義の心理的精神的動機は何であるかを突き止めようとするモチーフが失われている。例えば一九世紀中葉に始まるアメリカの太平洋への拡張主義、それに火を点けたウィリアム・スワードを本書でも取り上げ、論究したが、彼がリンカーン政権の国務長官であったのは偶然であろうか。なぜ日本ではこの最初の帝国主義者を問題にしないでいるのか。

リンカーンは天才的な宗教家だった

リンカーンは宗教的な人間であった。メシア的な感覚、救世主の感覚を持っていた。南北戦争は神の声に導かれていなければ起こらなかったし、あそこまで戦えなかったとは、アメリカ人の歴史的記憶のなかにある。二〇世紀の神学者ラインホールド・ニーバーは「リンカーンの宗教的確信は、その深さにおいても、その純粋さにおいても、彼と同時代の政治的指導者の誰よりも秀れているばかりでなく、あの時代のいかなる宗教的指導者よりも秀れていた」と語っている。

四年間に及ぶ内戦も終わり近くになって行われた第二次就任演説（一八六五年三月）に次のよ

うな言葉がある。

「両軍とも戦争がここにきてこれほどの規模でこれほど長期戦になることは予期していませんでした。両軍とも紛争の原因が紛争が止むと同時に、あるいは止むより前に消滅してしまうだろうとは予測していませんでした。どちらの軍も簡単に勝利するものと思っていて、結果がこれほど重大で、これほどど肝を抜くものになるだろうとは考えてもいなかったでしょう。両軍とも同じ聖書を読み、同じ神に祈り、互いに相手を倒す救いを神に請い願いました。とてもおかしなことに思えます。相手が額に汗して得たパンを無理やり奪おうとして義なる神のお助けを互いに求めるのですから。ですが相手を裁くのはもう止めましょう、自らが裁かれることがありませんように。両軍の祈りが聞き入れられることは不可能でしたし――これからだって聞き入れられることはないでしょう。

全能なる神は御自らの目的をお持ちです。「この世はつまずきあるによりてわざわいなるかな。つまずきは必ず来(きた)らん」。もしもアメリカの奴隷制度がそのようなつまずきの一つであるのであれば、つまずきが来るのは神の摂理ではないでしょうか。しかししばらくつづいていた神の定めた期間が終わったのなら、今や奴隷制度を取り除くことを神はお望みになり、南部と北部とにこの恐ろしい戦いをお与えになって、同様に、つまずきを招いた人々にわざわいをもお与えになったのだということになるでありましょう。われわれはその中で、生ける神を信じる者がつねに神からいただいている神聖なる特性からどれほど離れてしまったかを識ることになるのではないでしょうか。われわれが愛をこめて望む――熱をこめて祈る――のは、全能なる神による、戦争というこのこらしめがすみやかに過ぎ去ることです。しかしもしも神のご意志が戦争が継続することにあるならば――奴隷の二五〇年間に及ぶ無駄な苦役によって蓄積されたすべての富がなくなるまで、また鞭によって流された血の一滴一滴が剣によって流される一滴一滴の血で贖われるまで――戦争が継続することを神がお望みなら、三〇〇〇年前に言われたとおり、「主の裁きは真実にしてかつ正義なり」と言わねばならぬでありましょう。」（訳文責――西尾）

リンカーンは「つまずきは必ず来らん」という新約のマタイ福音書の一篇を引用しているが、その一篇でイエスが激しい口調で「つまずきをもたらすものは手でも足でも切り捨てよ。眼がつまずきをもたらすならば抜いて捨てよ」と言ったのに合わせ、奴隷制度をつまずきとして弾劾しているのである。最後の一節では南北どちらが正義かを自分は決定しない、神の裁きにすべてを委ねるといい、もし神がお望みなら神の名において戦争はつづける、とさえ言っているのである。

われわれ異教徒はこれをどう感じ、どう考えたらよいだろうか。信仰によってこれほどの殺戮が行われたのである。遠くからこれを眺める者に向かって共に祈れ、共に感動せよと言われてもそうは行かない。

「西夷（西洋）の海上に跋扈すること、幾んど三百年にして、土疆（領土）日に広く、意欲日に満つるものは……」で始まる会沢正志斎の『新論』（虜情）は一八二五年、リンカーンの右の演説に先立つ四〇年前、遠くから敏感に何かを感じていて、キリスト教が軍事力と結びつく警戒を次のように語っている。

「民は胡神のために死を致し（キリストのために殉教し）、相欣羨して（互いに羨み合って）以て栄となし、その勇は以て闘ふに足る。資産を傾けて、以て胡神に奉じ、その財は以て兵を行るに足る。人の民を誘ひ人の国を傾くるを以て、胡神の心に副ふとなし、兼愛の言を仮りて（博愛の言葉を利用して）、以てその吞噬を逞しくす。その兵は貪なりと云ふといへども（貪欲ではあるが）、以て義兵の名（正義の軍という名目）を衒ふに足る。その國を併せ地を略するは（他国を併合し土地を侵略するのは）、皆この術に由らざるはなきなり。」

（『藤田東湖』日本の名著29、責任編集・解説／橋川文三、中央公論社、一九七四年。（　）は引用者）

前にも紹介したアーネスト・リー・テューブソンの『救済者国民』（一九六八年）の中に、キリスト教の黙示録的終末意識、大地を揺るがす恐怖と荒廃、苦難の数々に襲われたのちにやがて湧き起こる千年王国期待のハレルヤの歓喜法悦こそが南北戦争と世界大戦にアメリカ人が邁進していった心理的準備条件であったという言葉が認められる（本書25頁参照）。

後期水戸学の会沢正志斎は敏感にかつ正確に見るべきものは見ていたといえるだろう。維新に入ってからの日本人には見えなくなっていたものを見ていた。文明開化は日本人の目を狂わせるに足るものがあった。

幕末から先の大戦までの日本人の本当の心理は、私は最近何であったかと思うのだが、当時の日本人はどうしていいか正直分からなかったんだと思う。アジアを解放するなんていうことではなく、アジアの仲間が欲しかっただけだ。恐怖や不安を仲間と分かち合いたかったんだと思う。一緒にやろうよ、と。事実これは中国にも韓国にも早い時期に申し入れていたのだが、どうにもならなかったのは知っての通りである。相手が無知迷妄、危機感も何もない。当時危機感を持っていたのは日本人だけだった。それが日本の不幸だった。ひたひたと迫ってくる不安があった。

リンカーンが正義の英雄だといっても何か今ひとつぴんとこない、分からないものが私にはどうしても残る。今の日本人がどう思っているか不明だが、東日本大震災と福島の原発事故以降、なんとなく日本人の中で広島・長崎を思い出す人が多いのではないだろうか。口にこそ出さないが、放射能が気になればなるほど思い出さずにいられないものがある。原発に対するアレルギーが激しく湧き起こったのは、単に事柄自体だけではなくて、やっぱり一九四五年の記憶がどこかにあるのではないだろうか。明確に分析できるテーマではない。このことを誰も論理的につないで言う人はいないけれども。

あれ以来、アメリカに対するイメージも変わってきていると思う。アメリカ側も何か気にしている微妙なところがある。二〇一〇年から、広島の八月六日の記念日にアメリカ大使が顔を出すようになった。二〇一二年にはアメリカ大使だけではなく、トルーマンの孫という人が出て来た。あれにはびっくりした。びっくりしただけでそこから先の言葉は私にはないし、日米両国民の誰にもことさら語るべき言葉はなにもないだろう。しかしそれはまた語り出したら堰(せき)を切って言葉が溢れ出てしまう恐ろしさがあるということでもある。

戦後の日本人にアメリカ映画が与えた夢

戦前の日本の一般民衆はアメリカを嫌ってはいなかった。知識人はヨーロッパに比べて文化面で軽んじてはいたが、民衆にとって遠い魅惑の国として欧米はいわば一つで、アメリカをヨーロッパから区別して嫌ったり憎んだりする材料をほとんど持っていなかった。「青い目をしたお人形はアメリカ生まれのセルロイド」(一九二一年)の歌もあり、小説『風と共に去りぬ』は戦前すでにベストセラーだった。だから戦争が終わるとあっという間に昨日まで敵国であったことを忘れてしまう勢いで、アメリカブームがまき起こったのは、必ずしも占領政策の巧妙さのゆえばかりではない。もともとヤンキー文化の明るさ、強さ、開放性は民衆好みであり、それが厭戦気分から脱け出た直後の日本人の心をとらえたのは、戦前からアメリカ好きの素地があったからだと思われる。考えてみれば不思議な話なのではあるが……。

昭和二三―二四年頃の世間の空気をはっきり覚えている。レディーファースト、コカコーラ、ホットドッグに映画『ターザン』『少年の町』『荒野の決闘』『わが谷は緑なりき』『アメリカ交響楽』、そして、プロ野球団サンフランシスコ・シールズの来日。私が最初に見た天然色(イーストマン・カラー)映画は『ステート・フェア』、最初に見た西部劇は『カンサス騎兵隊』。それから数多くの西部劇を見て育ち、『哀愁』『慕情』『昼下りの情事』等々の数限りない映画音楽のメロディーは八〇年代までずっとつづいて記憶に深く、若かった日々の思い出として刻み込まれている。これは私の年代の日本人の共通体験であって、「アメリカは嫌いではない」が基本の感情をなしている。

それにはもうひとつの背景があった。フルシチョフの「雪解け」がいわれるまでのソ連政治の、伝え聞く陰惨な粛清劇のニュースがアメリカの公明正大さの評価につながり、反共感情を培った。私はひねくれた政治感情を好まなかった。ストレートにソ連は嫌いで、中国には関心がなかった。相対的にアメリカがいいと思っていた。今も同じ考えである。

で、一九六三年一一月のケネディ大統領の暗殺に衝撃を受けた。「銃を持つ民主主義」ということが言われた。アメリカの暗黒面、われわれの文化とは異質である要素が意識された。しかしベトナム戦争におけるアメリカの防衛の労苦を内心では評価していて、小田実らのべ平連の非国際性をばからしいと思っていた。ただしこの頃からアメリカ社会における黒人問題の深刻さを少しずつ考えるようになった。六〇年代の公民権運動をめぐって、マーティン・ルーサー・キングの名と共に伝えられる黒人の新しい自己主張、今まで日本にあまり知らされてこなかった目に立つ差別——バスの座席を共にしないとか、大学の食堂も別々である等々の情報によって、われわれが「青い目をしたお人形はアメリカ生まれのセルロイド」で知らされていたように、アメリカは白人の国であると無疑問でいたことの迂闊(うかつ)さに深く気がついた。あっ、そうだったのか、とあらためて思った。ウィリアム・フォークナーの数々の小説で知っていた読書の中の知識が、現代政治のリアルな現実なのだと目を見張る思いだった。黒人のリンチ殺人はつい先年まで日常茶飯事だったのをあらためて知った。それから後、アメリカを考える場合に、黒人差別の問題と先住民インディアン排除の足跡の問題を無視して考えることはできないように思えてきた。

どんな文明にも光と闇がある。光は闇があることによってかえってきわ立つのである。

世界を凌駕する大学文化

アメリカの政治にも、外交にも、都市文明にも、今ではさして尊敬心は抱いていないが、大学文化だけはずっと敬服に値すると思っている。アメリカの大学は数が多く、格差はあるが、一極突出構造ではなく「多峰型」で、私立大学を中心に大学間競争が行われていて、研究者同士の競争も活発である。上位の教授団が下部を押さえたり、閉鎖された講座制が競争を阻止したりしないように、たえず「機会の平等」が保たれるように配置されている。しかも競争は激烈である。世界各国から人材を集める大胆さは目を見張るばかりである。すべての点で日本の大学文化とは逆である。

世界の大学の歴史を見ていくと、一九世紀後半から二〇世紀初頭にかけてはドイツが、二〇世紀中葉からはアメリカが先頭に立った。日本の大学が戦前はドイツに、戦後はアメリカにモデルを求めたのは当然である。ドイツもアメリカも州の権限が強く、フランスのような文化の中央集

図1－6　イギリス植民地時代の1740年に設立されたペンシルベニア大学

権体制でないことが効果的な大学間競争を可能にした。

ドイツには私立大学がなく、州立大学は相互に同格で、健全な競争状態を維持できるシステムだった。その代わり、ドイツの学者は学位を得た自分の母校の教授になることはできなかった。言いかえれば老教授は愛弟子（まなでし）を自分の後任の座に据えることは許されない。講師や准教授が就職したり正教授に出世したりするには必ず他大学に挑戦しなければならなかった。大学間の関係が同格に維持されていることがこの公正な自由競争のシステムを可能にした。ドイツの大学が約一〇〇年前に世界の学問をリードしたのはこの「平等」と「競争」の効果的なバランスのおかげであった。

学問というものはスポーツと同格にどのように激しく競争しても当事者の内面を傷つけないし、競争が独占を生まないという点が経済の競争とは異なるのである。競争がなければ学問は発展しない。しかしその前提は「機会の平等」が可能な限り保証されていることを必要としよう。

他方、アメリカの大学は数が多く、一流から五流くらいまでのランク付けがあるが、一流と目される研究大学、学術大学の数は限られ、やはり互いにほぼ同格である。ドイツと違ってハーバードのような私立大学もそこに入っている。そして、それらの大学では一〇〇年前のドイツほど厳密ではないにせよ、ほぼ同じような大学間競争、教授間競争が行われていると聞く。しかも当時のドイツと違って、研究室の人材は世界中に門戸が開かれていて、いい意味でのアメリカ型世界普遍思想に支えられている。

いわゆるグローバリズムは政治的覇権思想とつながり学問の自由を脅かすときには大きな危険をもたらすが、学問の充実と発展のためには、世界的に枠を広げた人材獲得のためにグローバリズムにまさる「機会の平等」を地球規模で保証する精神は他にないと思う。アメリカの良さ、強さ、自信は大学文化のあり方にいかんなく発揮されているように思われる。

アメリカはまだ「中世」なのか、それともアメリカ史には「中世」がなかったのか

文明には光と闇があり、輝く光の後背にある闇はまた深い。

ある人はアメリカの歴史には「中世」がない、と言った。またある人は、否、アメリカはいまだに「中世」を引き摺っているのだと言った。アメリカはヨーロッパと違って古代奴隷文明からまっすぐ「中世」を飛ばして近代に入ってしまったのだというのが前者の考え方の一例である。それはもちろん一理あるが、古代文明はまた隔絶した別の世界であって安易に比較はできない。

古代の奴隷は白人であることが多かった。ギリシア・ローマ時代にアフリカ人の奴隷はほとんどいなかった。黒人の奴隷を所有していたのは最初エジプト人だけであった。古代ではたしかに

後ろめたさも良心の呵責もなしに奴隷制が利用されていた。ローマ帝国の最盛期にはローマだけでも二〇万人の市民の食糧を供給するのに四〇万人の奴隷が使役されていた。ヨーロッパの「中世」には奴隷の役割を農奴が担うようになり、たしかに性格や機能が変わった。それでもガレー船の櫓（ろ）を漕ぐ奴隷――戦争捕虜などの――は存在したわけだし、一七世紀初頭に、モロッコからリビアにかけての港町に二〇―三〇万人のキリスト教徒の奴隷がいた。

古代から続くこのような奴隷制度がヨーロッパで解消されたのは、一六―一七世紀の大航海時代に入り、植民地経営が始まって、本格的な黒人売買が行われるようになってからのことである。黒人の奴隷制度の開始は、古代の奴隷制度の延長ではなく、近代的な経済活動の一環であったことが分かる。ただしアメリカに特有の出来事では決してない。ポルトガル人はブラジルでコーヒー栽培に、イギリス人はカリブ海の島々で砂糖の生産に、アフリカ人を大量に移送し、使役した。アメリカの南部の綿花栽培だけが世界史の暗部のように言われるが、ポルトガル人もイギリス人もその責めを負うべきである。いずれにせよ黒人奴隷の制度は古代ギリシア・ローマの奴隷制度とは直結していない。ただし、アメリカの南部の奴隷制擁護の理論家たちが、奴隷必要論を説く古代ギリシアの哲学者の思想をしきりに利用しようとした、ということはある。この点は後で述べる。

アメリカの歴史には「中世」がない、と先に述べられたことのもうひとつの意味は、ヨーロッパ中世に存在した封建領主制、騎士団、荘園などの「小集団文化」の歴史をアメリカ史が知らないことの欠陥を指摘したものであろう。アメリカ人の共同体感情には、砂を嚙むような個人主義（エゴチズム）と星条旗のもとに一元化する愛国的全体主義という極端に対立した二軸しか存在しない。旧領主への忠誠とか郷土の歴史への執着とかがない。アメリカ人の共同体意識の貧弱さは、この国がややもすると「正義の戦争」につっ走る独善性の温床でもある。日本の武士道にも匹敵するヨーロッパの騎士道は、名誉を重んじ、戦った相手に恥辱を与えるようなことを目的としない。敵を赦す、という思想の不在は、アメリカの戦争文化の最大の欠点の一つである。アメリカの政治文化がヨーロッパに比べ熟成できない原因でもある。

他方、現代アメリカはいまなお「中世」を引き摺っている、ともうひとつ別の指摘がなされたが、この意味は、共同体意識の有無とは別の文脈に属している。ヨーロッパ中世は、われわれが今考える意味での国家というものをまだ持たない、混沌とした未分離状態であった。「自分の身は自分で守る」社会で、家族や召使いさえ信頼できなかった。暴力は社会のいたるところで剝き出しになっていた。生存は困難であり、平均寿命は二〇―三〇歳ぐらいとみなされ、行動は衝動的で、残酷は快楽と結びついてさえいた。ホッブズのいわゆる「万人の万人に対する戦い（**bellum omnium contra omnes/the war of all against all**）」はこの時代の現実を反映している。ある日本の学者はヨーロッパ中世について次のように書いている。

「暴力や戦闘は、現在、あくまでも特別の事件であって、日常のことではない。これに対し中世では……平和は格別のこと、非常のことであった。社会のあらゆる次元で、暴力は常に露出している。封建社会が軍事社会であるとは、言い古された指摘だが、軍事的に編成されていたのは単に支配階級だけではない。社会全体がそうなので、すべての者が何らかの攻撃に対して常に身構えていた。中世とは、ある意味では、身構えた社会だと言えるであろう」

（堀米庸三編『中世の森の中で』河出文庫、一九九一年）

アメリカに留学した日本人留学生が「動くな！（フリーズ）」の一語を理解しなかったために銃で撃たれて死亡する事件があった。また、精神障害者の無差別発砲事件で毎年多くの市民の血が流されているのに、銃規制は進まない。アメリカ社会は中世を引き摺っているといわれる所以はここにある。ヨーロッパや日本では個人は警察と司法に自らを委ね、生命と財産を守ってもらう代わりに国家というものの存立を認めて、国家に忠誠を尽くすのである。ホッブズが『リヴァイアサン』の中で言うように、他人の自分に対する無制限の攻撃を避けるために自分の他人に対する無制限の欲望も制止する。その調停役として主権者を選び、主権者に自分を預ける。ホッブズの時代に主権者は君主であった。Commonwealth（国家）が生まれる必然性はここにあった。日本は戦国時代から江戸時代への転換でこの意味での「国家」の確立に成功しているのではないだろうか。

アメリカという所は荒くれ男どもの西部開拓時代の残映のなかにまだずっとあって、ホッブズの言うCommonwealth の成立をいまだ見ていないのではなかろうか。

一七七六年の独立宣言の時代に、世界のほとんどすべての国々は君主制下にあった。アメリカはフランス革命よりも一歩早く、民衆が民衆自らを統治する方式を打ち出し、その旗を高々と掲げ、君主制を立ち上げるようなことはしなかった。それゆえ「独立」は「革命」の名でも呼ばれるのだが、倒した相手はイギリスであって、自らの国土と歴史に根差した王家でも君主でもなかった。王家も君主も持たなかったアメリカの「革命」の根無し草、あまりに自由であったための不安定、個人が「国家」に暗黙のうちに身を委ねる契機を欠いていたがゆえの、合衆国という抽象体への過度の愛国心の鼓吹。そしてそれが必ずしも「国家」ではなく、一方で基本的な治安の無さを引き摺っており、他方でグローバリズムとよばれる世界政府的普遍思想が、人類という名の空疎な概念になりがちであるという点に、アメリカ政治の危険があるように思える。

アメリカの歴史には「中世」が欠落しているのか、それとも「中世」が残存しているのか、今のところ私はそれを決めないでおきたい。両者は結局同じことを言っているようにも思えるからである。

古代ギリシアでは奴隷の必要性の認識は動かない

古代ギリシアの奴隷制度について若干学習して気がついた点がある。驚嘆すべき点は、ギリシア人は生産労働に対しおよそ蔑視観を抱いていなかったことだ。額に汗し働くことを卑しむ気風の国がよくあるが、ギリシア人は農業にしても手工業にしても軽蔑の対象にはしていなかった。ホメロスの中に、王でさえ生産労働で自らがいそしむ匠であることを誇りとする例がみられる。賤業（せんぎょう）という観念がなかった。賤しい業と高貴なる業の区別があって、賤業は奴隷がやるのだということではどうもなかった。これは面白い問題だと思う。

　それからもう一つはバルバロイ、外国人が奴隷になるケースが圧倒的に多いのであるが、ある種の人種、民族、特定の外国人が奴隷として生まれついているというような偏見もギリシア世界にはなかった。奴隷はたいてい白人であって、黒人はいなかったことは前述の通りだ。これも注目すべき点である。ギリシアには賤業がないと同時に、賤民という考えもなかった。

　ヘレーネス、これはギリシア人であり、バルバロイ、これは異邦人である。この二つを区別するのは通例ではあるが、ヘレーネスは自由人として生まれつき、バルバロイは奴隷として生まれついているという観念がなかったということだ。とはいえ時代がくだって、ギリシア人が民族的優越を言い出すようになってからは少し事情が変わる。ただ最初の早い時期にはそもそも人種的偏見はなかったということが肝要なのである。

　であるならどうして人は奴隷になるのか。単に弱者だということに尽きるのである。運命の転変によってそうなったということである。原因は単純である。王妃も王子も王女も奴隷になることがいくらでもあった。不運にも戦争に敗れたり奴隷商人に騙されたりした貴人が誰かの財産とされてしまったら機織りや洗濯を残りの生涯ずっとつづけなければならなかった。これがギリシアの観念であった。

　ヘシオドスを読んでいると、労働は恥ではない。怠惰こそ恥である。農民が額に汗して働くことを褒め讃える歌があるが、その歌の中に、農民も奴隷を使うから奴隷を怠けさせないようにという言葉がある。奴隷向きの賤しい仕事の観念はないし、労働を賤しむ言葉もないけれども、奴隷の存在自体は必要な事実であるとしてなんの痛みもなしに歌われている。この割り切り方というのが古代的であり、不可思議である。私が認識した驚きの最たるものはこれである。

ギリシアでは「自然」、ピュシスということと、「習慣」、ノモスということとを区別する。人間は本性、「自然」において奴隷に生まれついていない同類である以上、人間はみな同じだという考えが当然あり得てくる。ソフィストがそういうことを言っている。プラトンの『プロタゴラス』にもそういう言葉がある。ただ「習慣」が本性に反したことを生み出していく。本性において人間は同類であるけれども――平等という言葉は使わない――その中で専制君主、僭主が生まれたり、そうでないのが生まれたりするのは習慣が作るのであって、本性ではない。だとしたら、「自然」において、本性において、人間は近代的な意味においての平等だと思ってもいいし、思いたくなる言葉である。

『初期ギリシア哲学者断片集』（山本光雄編訳、岩波書店、一九五八年）の中にも、人間は本性上はすべての点について同じように生まれついているという言葉がある。だとしたらそこから奴隷廃止論が出てくるかと思えば、そうはまったくならない。奴隷の必要性の認識は動かない。

自然と習慣を区別し、習慣がいろいろな人間の差を作っているというソフィストの先の議論は、一見、啓蒙主義の思想にみえる。しかし、プラトンはこれを邪論として退ける。周知の通り彼は、宇宙というものを一つの大きな秩序と考えるので、霊魂が肉体を支配するように主人が奴隷を支配する。自然のあらゆる運動は霊魂が支配することによって生じるように、宇宙の秩序そのものの必然性から奴隷は必要なのである、と。

プラトンの著述の中に奴隷を特に論じた文章はないが、彼の諸発言からまとめて言えることは、家の支配にせよ、王国の支配にせよ、統治する者とされる者の区別の必要性、そこから必然的に導かれる秩序の一環として、奴隷の存在は当然であり、奴隷は理性を欠いているがゆえに支配されるべき存在であって、奴隷に人権を認めるなどということはあってはならない、と考えられた。だからソフィストの一見人権を認めるような思想には断固反対している。

他方、アリストテレスはもっとはるかに徹底していた。アリストテレスは奴隷制正当化論の哲学史上のチャンピオンである。一六―一七世紀のスペイン人、一八―一九世紀のアメリカ人がしきりに彼を援用して、自らの主張を補強した(ルイス・ハンケ『アリストテレスとアメリカ・インディアン』佐々木昭夫訳、岩波新書、一九七四年、参照)。

アリストテレスは『政治学』の中で家を共同体として考える。家は主人と奴隷、夫と妻、親と子の三つの関係を包蔵する共同体であると考え、財産はその家の一部であり、財産を獲得するすべは家政、いわば家の政治である。家政には生活必需品が求められ、その使用には技術が必要で、技術には道具が要る。道具には魂のない道具と魂のある道具の二つがある。奴隷は魂のある一種の財産である。魂のある道具は奴隷だけとは限らない。下働き人もそうである。例えば船の舵をとるとき、操舵する人間にとって舵は魂のない道具だけれども、船を見張っている見張り役という下働き人は、魂のある道具である。以上のようなことを明言している。

これはもう堂々たる思想で、これに近代の平等主義やヒューマニズムを当て嵌めることにはさして意味があるようには思えない。ここに述べられていることはある意味において、現代においても妥当する事実であるからである。

弱者に対する自由という剝き出しの生命のやり取り

プラトンやアリストテレスのこうした、何らけれん味のない堂々とした認識を、現実の奴隷の獲得の仕方、奴隷の誕生の具体場面に重ね絵のようにして想定してみると、古代とはわれわれには理解できない隔絶した世界だという不可思議感がきわ立ってくるのである。

いつでも殺せる立場にある完全な弱者に対して、殺すのが惜しい美しい人間や、殺すのに忍びない幼い子供や、強者が生かしておいてやろうという気ままな動機の結果で生かされた者など、これが奴隷を誕生させるのであって、殺してもいいところを生かしてやったのであるからその人生は主人の所有であるという判断は、思うに最も粗野で、最も剝き出しな生命のやり取りを原点としている原始的な関係だといえる。ホメロスの中に、将軍自らが出陣する前にもし敵に滅ぼされれば、残った女、妻や子供が明日どんな運命になるかがよく分かっているという言葉が残されている。

戦争という暴力が自由人をあっという間に奴隷に落としてしまう。その後は自由な市民とそうでない人間とに分かれる。自由人は自分の共同体を持っているが、そうでない逆側に落ちてしまった者には自分自身の実存そのものが無くなってしまった。他人の意思によって生も死も、心から身体までがすべて、所有される人間の手に堕ちてしまった。そういう区別が運命として少しも疑われずに前提とされている社会。プラトンもアリストテレスもそれを自明のこととしていささかも疑わない社会。それが古代ギリシア世界であった。

古代ギリシアには自由はあっても平等はなかったということだ。平等は問題として意識されなかった。平等という観念が初めて登場するのは旧約聖書の世界である。心の問題として平等が出てくるのは宗教の世界が始まってからだった。ギリシアには存在しない。ギリシアには自由があるといってもそれはまた社会的に限られていた。強者の自由はあっても弱者の自由はなかった。弱者の自由が初めて内なる心の自由として登場するのがヘブライの世界である。

ところでわれわれの生きる近代世界では自由と平等には相関関係がある。自由が行き過ぎると力が一部に傾き、強いものへの偏重が起こり、格差が生じるので、これを是正するために平等への欲求が強まり、補正が図られることになる。逆に平等が行き過ぎると、全体が無気力になり、サボタージュが広がり、弱いものの有利さばかりが目立つようになるので、これを是正するために自由競争の復活が求められることになる。こうして自由と平等の間をバランスを求めて振り子のように往ったり来たり揺れ動いているのがわれわれの生きている通常の世界である。

現代では自由といい、平等といい、中途半端の生ぬるい微温的な概念にとどまっているともいえる。いわばどっちつかずで、いい加減に生きているのがわれわれの現実社会の実際である。それに比べて、古代社会の徹底ぶりには目を見張らされるばかりである。古代ギリシアに平等がなかったのではない。自由なる市民の平等、強者の間の平等があった。しかも条件を平等にして、つねに激しく競争し合うことがギリシア人に求められていた生の形式であった。

古代ギリシアではAgon（競争、競り合い）という概念がとても大切に考えられていた。個人にも、国家にも、競り合う気持ちがなくなったときには自分に甘え、気儘（きまま）になり、堕落することは避け難い。オリンピアーデはもとより、ありとあらゆるものがギリシアでは競い合いの精神を基本に置いていた。芸術家の技くらべ、都市国家（ポリス）の間の争い、万物を戦いの相で見たヘラクレイトスの宇宙観、すべてがアゴーンであった。祭りの宴があると客人たちは必ず歌のコンクールをした。一本の横笛があったら二人の人間のどちらが上手かを好んで競い合った。鶏や猟犬の試合からはては大食い競争に至るまで、競争が古代的活動力の原型であった。かの有名なギリシア悲劇はディオニソス劇場における「競演」であったわけだし、プラトンにみられる「対話」もまた二人の人間の競い合いの精神、アゴーンを前提にしていた。ヤーコプ・ブルクハルト『ギリシア文化史6』第九章（新井靖一訳、ちくま学芸文庫、一九九八年）に詳細を見られたい。

競争の導入による自由の現代的よみがえり

美しいギリシア古代の神殿や神像の数々、素晴らしい内容の哲学や文学やあるいはまたさまざまな政治理念、民主政治、今日に残る深い内容の悲劇やその他の劇作品は、すべてみな奴隷制度が存在したことを前提として、自由なる市民のみが享受した「平等」の上に花開いた「競争(アゴーン)」の精華であった。

私見では、近代西欧には古代ギリシアの歴史との間に断層があり、両者は直結していたわけではないのだが、このような古代の理念を現代に活かそうとする意識的な姿勢が一貫してあったとも考えられる。その代表の一つが一九世紀から二〇世紀へかけてのドイツであった。そして古代的な自由と競争を一八世紀以来実現しようとしてきたチャレンジングな理念のもう一つの大国がアメリカ合衆国であったと考えられる理由がある。

アゴーンの良さ、力強さ、行動的活力はドイツのように挫折せず、今日までにたしかにアメリカにおいて美しく展開する姿をみせてきた。とりわけ「大学文化」において優れて理想的な形態をとり、二〇世紀後半に著しい成果を挙げてきたことは、すでに私が特筆してきた通りである。だが成果は「大学文化」だけではない。資本主義そのものの今日までの歴史は「自由」と「競争」の両立をめざした烈しい運動の歩みでもあるのだ。

そのアメリカ的精神の方向と活力の成果を私は評価することにおいてまったく躊躇(ちゅうちょ)する者ではないが、これは人間の「自由」の解放のために他面において人間の「平等」を犠牲にするという古代社会の神秘、否、「平等」を犠牲にしなければ「自由」が徹底的に追究されることも決して起こらないという古代に特有の原理を近現代史に強引に継承し、謎を合理的に可視化したアメリカの傲慢(ヒュブリス)の歴史でもあった。

ポリスの人口の半分以上を占める奴隷階級を考慮の外に置いた、今の時代からは信じることのできない社会構成の単純化が古代の美しい理想政治の前提であった。その壮麗な文化は「自由」と「競争」が調和し合って、近代のように「平等」の観念にまったく煩わされなかったところに花開いた偶然にほかならない。

「アメリカ独立宣言」に含まれなかった黒人とインディアン

古代ギリシアのポリスの人口は正確には分からないが、推論によるとアテネの人口が一〇万として奴隷は四〇万だったといわれるが、スパルタは人口の一〇倍くらいいた奴隷を支配するために強力な軍事国家になったともいわれている。支配する側は奴隷が怖(こわ)かった。いつ反乱を起こされるか分からない。抑え込んでおくことに危険と恐怖があった。

じつは独立戦争前のアメリカがそういう状態だったといわれている。インディアンも怖いし黒人も怖かった。それをどうやって統治するかということがアメリカの初期の入植移民たちにとって頭痛の種子であった。

インディアンというのはいくら奴隷として使おうとしてもうまくいかなかったようである。勇猛果敢な民族で、現地で自治組織を持っていた人々であり、倫理も高いし、気質も立派だったので、何としても奴隷にはならない。抑えようとすると山奥に逃げて行ってしまう。そこでインディアンの使役は諦めて、黒人が代わりに利用されるようになったが、そのうちヨーロッパから労働人口としてプア・ホワイトがたくさん入って来て、彼らを使うようになった。アメリカの支配階級は初めはまったく等しなみに使っていたが、白人のプア・ホワイトと黒人が手を結ぶことが恐怖だった。つまり反乱が怖かったのである。そういう記録がたくさんある。

で、考えついたのが両者の分離策であった。プア・ホワイトの人権と諸権利を認める。黒人と彼らを分けてしまう。そこでプア・ホワイトと支配層の間に「平等」という概念が新天地アメリカで初めて出てくるのである。あの「独立宣言」の美しいことば、自由と平等がこのようなご都合主義から出てきたことは紛れもなく、少なくともそういう現実に裏打ちされて言葉になった。

それにはもう一つある。新しい言葉は、新しい現実の反映である。新しい現実との葛藤の結果でもある。イギリスに対する植民地の戦いであるから、イギリス政府に対する植民地住民側の「平等」という主張がなされる必要が当然あった。イギリスに対する自分たちの「平等」を言いたい。そのとき黒人やインディアンに対する平等は念頭にもなかった。プア・ホワイトに対してはあったに相違ない。彼らを味方にしないとイギリスと戦えなかったからである。ここからもすべての歴史はご都合主義の結果だと分かるが、私は暴露心理でこう言っているのではない。美しい抽象理念だけがぽっと突然飛び出してくるということはなく、現実の文脈の中から、必要との兼ね合いで、揉まれながら初めて言葉は生まれ、表現となるものだからである。

独立宣言は次のように書かれている。

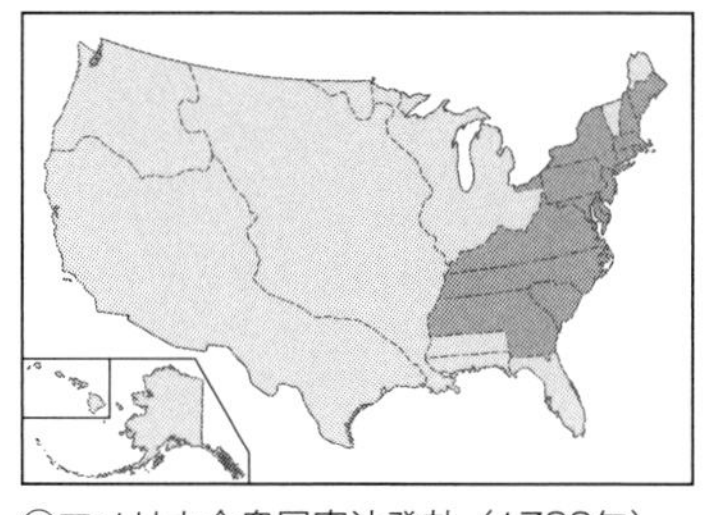

①アメリカ合衆国憲法発効（1788年）

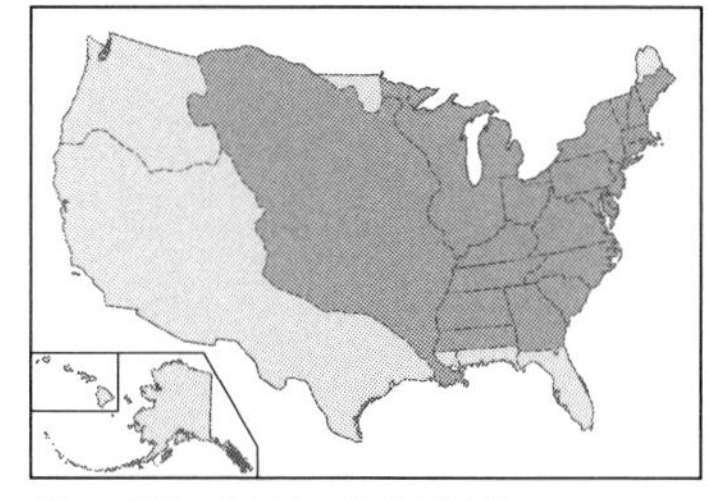

②ルイジアナ買収（1803年）

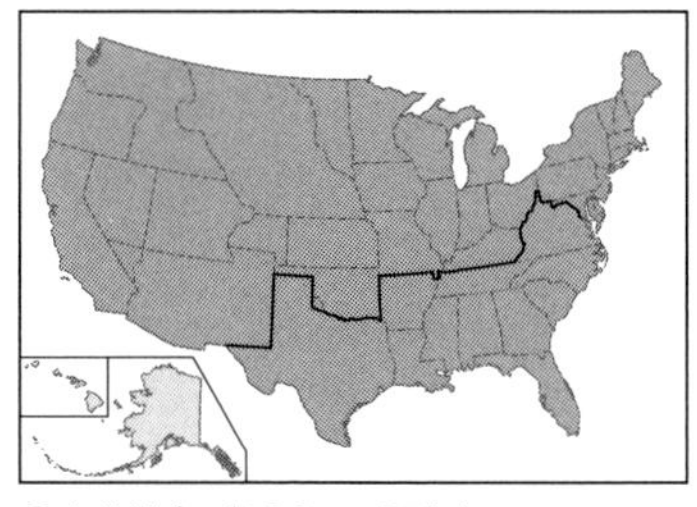

③南北戦争（1861―65年）

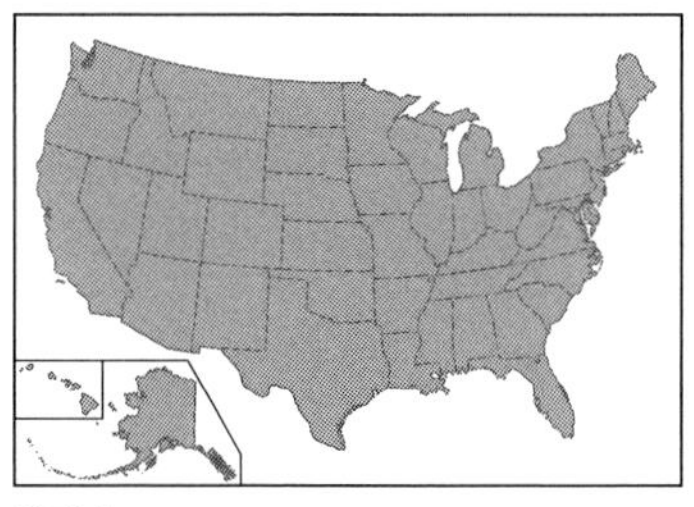

④現在

図1－7　独立から現在に至るアメリカ国境の変化

「われらは以下の諸事実を自明なものと見なす。すべての人間は平等につくられている。創造主によって、生存、自由そして幸福の追求を含む侵すべからざる権利を与えられている。これらの権利を確実なものとするために、人は政府という機関をもつ」

（訳文責――西尾）

宗主国イギリスに自らの「政府」の創立を宣言するこの「平等」の主張に盛られた「すべての人間」の中に黒人やインディアンが入っていなかったことは、独立以後のアメリカ合衆国の歴史が自ら証明した。奴隷解放のために戦ったとされる南北戦争がリンカーンの真意において、奴隷の自由のためではなく、国家の武力統合のためであったことは、私が前にかなり丁寧に論述した通りである。

南北戦争前のアメリカに、黒人は「真の人間ではなく家畜である」ことを示そうとする人類学者の一派が現われた。彼らはアリストテレスの先天的奴隷人説を持ち出し、自説を裏付けるために援用した。その学者の一人、ダニエル・ブリントンは「普遍的な人間性などといったものは存在しない。白人と赤色人種、黄色人種、黒人は北極の熊とアフリカのライオンが違っているのと同じで、基本的な共通項は持たない。黒人は白人と同一の創造物ではない。彼らの身体の構造が彼らを奴隷に運命づけ、彼らの進歩を不可能にしている」と主張した。古代ギリシアでは賤民という概念がなく、特定の人種が奴隷として運命づけられているという思想も格別には存在しないことは既述した通りで、アリストテレスの完全な誤用である。

私はF・ルーズベルト大統領が「日本人の頭蓋骨には欠損があり、死ぬことに苦痛を覚えない特殊な人種だ」と言っていたという話を思い出した。私はここに今さらもう怒りではなく、アメリカ人の不幸、視野の狭さと無知に対する憐れみを覚える。アメリカ文明には一貫してある種の鎖国性がある。キリスト教がおそらく関係している。自らの文明をグローバリズムの名で、世界普遍性を主張した瞬間に、アメリカ人はより広い宇宙（コスモス）——アジア人にはそこからの電磁波が感じられる——に対し自己を閉ざし、ある一定枠の意識の内部に閉じ込められているようにみえる。もちろん、その一定枠の中で「自由」と「競争」を最大限に活かすジャンル、例えば科学研究とか武器開発とか金融操作とかにおいては類例のない力量を発揮するのだが、政治や外交において最近の一〇〇年間にもとり返しのつかない愚かな失敗をくり返しているのは、みなこの独特の鎖国性のゆえであると思われる。

アメリカ通の友人から教えてもらったのだが、グローバリズムを指向する現代アメリカ人といえども、やることなすこと何でも自らの建国の原点に結びつけようとするおかしな所があるという。9・11事件の跡地に建設中の新しいタワーの名は「ワン・ワールド・トレードセンター」といいながら、高さを一七七六フィートとしている。第二次世界大戦でイギリスや中国国民党を支援し、実質的にこれで自らの参戦を画した有名な武器貸与法（レンドリース）の法令番号も一七七六号であったそうだ。調べればまだ他にもこうしたおかしな例は見出されるだろう。

大切なのは、彼ら自身がそれをナショナリズムとして自覚していないことであり、世界の他の国もアメリカに限ってそれをナショナリズムとして定義しないことである。これが迂闊な間違いであったことに世界は今ようやく気がつき始めている。

第二章

ヨーロッパ五〇〇〇年遡及史

歴史をあえて逆読みする

過去に起こったことは取り戻すことができない。過去は運命である。歴史は動くが、過去は動かない。

私たちは歴史に対して二様の取り組みをすることが許される。歴史をもまた運命として引き受け、さながら地を這う虫のように、緻密に、巨細に追跡するという取り組み方がひとつある。が、時間が経ってふと気がつくと、同じ一つの過去が今までとは違って見えてくることがある。過去は動かないが、歴史は動くからである。歴史は時間が移るにつれそのつど新たに目に映る光景である。私たちは折り折りにさながら鳥のように空高く飛翔して、ふり返って歴史をもう一度見直す自由を欲するときがある。ぼやけてはっきり見えなくなった過去の全像に眼を見開くのに「鳥瞰図」という方法は、使い過ぎてはいけないが、現代のような転換期にはむしろ時宜を得て選択的に用いられる必要があるように思われる。

そこでなのだ、本書を執筆するにあたり、読者との間に、一つの出発点を仮に設定してみることにする。今ここで、仮に一つの約束ごととして、新しいスタートラインを引いてみることにする、という意味だ。それは余りに自由すぎて、恣意的に思われるかもしれない。ゲームといえばそう見なされても仕方がないが、歴史を語るに古代を起点にするか、現代日本のように好んで敗戦記念日を起点とするか、ゲームといえばどれもみなゲームなのである。そこで本書では、あえて本書の著者がゲームの主宰者を演じさせていただくことにする。「日本と西欧の五〇〇年史」の題目にふさわしく、新しいスタートラインをここで提案させていただく。それは西暦二〇一五年である。西欧の歴史を一〇〇年ずつさかのぼって輪切りにして見て行くための一つの足場である。

誰も知る通り第一次世界大戦の始まったのが一九一四年でほぼ一〇〇年前である。世界史にアメリカと日本という二つの若き大国が出現し、これを契機にイギリスからアメリカへ世界の覇権が移動したきっかけを作ったのがこの戦争であった。

そこからさらに一〇〇年さかのぼると、一八一四―五年のウィーン会議が思い当たる。ナポレオン戦争後の戦後処理と秩序回復のために、西欧各国はフランス革命前の絶対王政体制に戻ろうとして、自由主義や国民主義が抑えられたが、その後の歴史はかえって革命含みとなったことは今は知られている。それにスペインの影響力が落ちたのを機にラテン・アメリカ、カリブ海諸国が相次いで独立を果たし、イギリスが市場拡大を狙ってこの動きを支援した。アメリカはまだ弱小国だったが、ロシアを含む旧大陸の西欧勢力が新大陸に介入することに早くも反対する意志を表明し（モンロー宣言〔一八二三年〕）、イギリスはこれを補佐した。イギリスがウィーン体制から身を引いて独自の植民地拡大政策に乗り出した（アヘン戦争〔一八四〇年〕）のが目を見張る新しい特徴で、イギリス資本主義が全盛期を迎えようとしていた。

さらに一〇〇年さかのぼると、一七一三年はユトレヒト条約（スペイン継承戦争の終結）の年である。ところがこれに先立つ一七世紀を通じて目立つのは、政治小国イギリスの焦りと悪あがきであった。イギリスは二つの大国スペインとフランスのあいだで中途半端な外交に終始し、商業や技術の面ではオランダに追いつこうと必死に努力を傾けていた。ハプスブルク家の王位をめぐり全欧州の大国をまき込んだスペイン継承戦争（一七〇一―一三年）は、イギリスの運命に転機を与えた出来事だったといえる。

後継者のいない病身のスペイン王の遺言でスペイン＝ハプスブルク家はフランスのルイ一四世の孫に譲り渡されようとしたのだ。ブルボン朝フランスの強大化を恐れたイギリス、オランダ、オーストリアはこれに干渉した。オーストリア＝ハプスブルク家もまたスペイン王権の継承を要求したが、各国はこちらが超大国化するのもいやで、戦争は拡大し長期化した。

フランスのルイ一四世の一連の戦争の最後にして最大の戦いとなった。最終的にフランスは継承権を守り、スペインの王位はハプスブルク家を離れ、ブルボン家に移った。フランスはこうしてスペイン本国を守ったけれども、その代わりに欧州内の全スペイン領を手放す羽目になり、戦乱で国内の経済的疲弊をも招いた。かつての超大国スペインは縮小され、スペイン人同士の相討ちも引き起こし、国家は衰亡を招いた。かくて結果からするとイギリスが漁夫の利を得て、海上覇権と貿易優位を手にした最大の勝利者となり、世界帝国への重要な一歩を踏み出すきっかけをつかんだ。

さっきの約束ごととしてのスタートラインの設定のさらに一〇〇年前、つまり今から見ると四〇〇年前になるが、一六一八年、三十年戦争の始まった年を挙げることができる。三十年戦争は新教と旧教とが対立し、欧州全土をまき込んだ大動乱で、悲劇の暗黒時代であるが、新教国オランダが旧教国スペインからの独立を果たし、ひとり頑張った。オランダの独立戦争というのは八〇年以上つづく長期戦で、その後半が三十年戦争とちょうど重なる。けれども、一六〇〇年代というのは文字通りオランダの世紀であった。市民文化が華やかに花を開き、レンブラントやフェルメールの時代であり、ヴェネチア型の商業国家の拡大版を展開してみせた。イギリスは「めざせオランダ」を合言葉にあらゆる面で追いつこうとするが及ばない。両国は海洋国家で、ともに東インド会社を設立していたが、日本にまで進出しているオランダにイギリスは太刀打ちできなかった。モルッカ諸島（現・インドネシア）でイギリス人がオランダ人に襲撃されて全滅するという事件さえあった（アンボイナ事件〔本書355頁参照〕）。イギリスはアジアの海への進出をこれでしばらく諦めた。

同じ頃、支倉常長（はせくらつねなが）が欧州へ向けて船出をし、渡航に成功している（慶長遣欧使節）。一六一三年のことである。同じ年、ロマノフ王朝が立ち上がり、すでに半世紀前に始めていたロシアのシベリア侵略に一段とはずみをつけるが、しかしロシアはまだ欧州の一国とは認められていなかった。

一五〇〇年代、日本は戦国時代だが、欧州はスペインの全盛時代を迎えた。イギリスはこのうえなく哀れで、みっともない国家だった。新大陸から財宝を運んでくるスペイン船の成功が羨ましくて、これを海上で掠奪する行為を国家が合法化した。イギリスの王室財政はこの海賊行為によって支えられた。女王エリザベス一世は海賊の親玉に騎士（ナイト）の称号を与え、英雄として称讃した。海賊たちはいざ戦争となると特殊部隊を編成し、国家を勝利へと導いた。イギリスがずっと後に達成する海洋帝国としての成功の背景には、海賊が国家権力と一体化した一六世紀の基本的性格が横たわっている。海賊の存在なくしてイギリスが世界史に残る一大展開を成し遂げることはできなかったことは忘れるわけにはいかないだろう（日本の倭寇も盛んだったが、日本の朝廷と一体化したことはない）。

しかしながら、海賊といえばスペインも似たようなものだった。今から五〇〇年前の欧州史最大の事件といえば、一五一九年にスペイン国王カルロス一世が神聖ローマ帝国皇帝に選ばれ、カール五世と名乗ってハプスブルク家を継承し、スペイン帝国が開かれたことである。スペインは一気に世界の大帝国となった。なぜならこの年からほど経て、コンキスタドール（スペイン語で征服者を指す）、いわゆる南アメリカ新大陸の掠奪と劫掠（ごうりゃく）が始まるからである。世紀のこの侵略には贅言（ぜいげん）を要すまい。コロンブスのアメリカ大陸発見は周知の通り一四九二年であり、ローマ教皇の勅許により、スペインとポルトガルの間に地球を分割する契約、トルデシリャス条約が結ばれたのは一四九四年であった。

世界帝国になったスペインとイギリス

二〇一五年を仮の起点として一〇〇年ごとに輪切りにしてみた遡及五〇〇年史は、作業仮説としての面白さしかないかもしれないが、ここから何か新しいことが見えてくるとしたら何だろう。覇権国の移り変わりを現代から過去へさかのぼっていくとアメリカ、イギリス、オランダ、スペインの順であり、横側にフランスがいたりロシアがいたりで、ドイツは姿を見せず、イタリアは事実上西欧近世文化の中心でありつづけていたが、国民国家としての統一はドイツとともに遅れていたので覇権の歴史にその名は出てこない。とするとこれらの国名は王家の名であり、今われわれが考える近代の国民国家と必ずしも同じではない。けれどもどこかで今につながっているのも事実である。そしてふと私は思うのだが、なんだ、たった五〇〇年じゃないか、何と短い時間だろう！　あと五〇〇年経ったら？　否、時間には加速度がついているのであと一〇〇年もしたら何もかもがらっと変わってしまうのじゃないか？　日本の歴史は二〇〇〇年、アジアの歴史はもっと長い、と。

それに西欧には「古代」がない。いま五〇〇年さかのぼったが、このあとさらに五、六〇〇年さかのぼるとユーラシア大陸の西端にはゲルマン人を主にした混血地域が広がるのみで、文明の名に値いするものは消えてなくなる。いわゆる古典古代、ギリシア・ローマ文明は西欧の歴史にダイレクトにはつながっていない。現代の美術館に飾ってある華麗なる古典古代の彫像群は、後の時代の手になる発掘出土品にすぎない。「オイディプス王」などのギリシア悲劇のテキストもアリストテレスの哲学も文明度の高かったアラビア人の手を経て保存された、西欧とは別の文明の遺産にほかならないのである。

古典古代にはキリスト教はなかった。西欧の歴史は「中世」から始まる。「古代」とはいったん断絶している。そのキリスト教も、そして使用文字アルファベットも、西アジアから来たものだ。考えてみると西欧の地に固有のものというのはほとんど何もない。それでも日本人は西欧文化の創造力を評価し、革新力を模範として来た。朝鮮人なら固有のものを持たない、この事実を知ったらそれだけで、朝鮮のほうが全西欧より偉大だ、などと言い出すのではないか。

西欧の覇権といっても、いま見てきた通り、アジアに波及しこれを制圧したのはたかだか二〇〇年前くらいで、一八世紀の終わり頃からがせいぜいである。しかし、あえて言っておくが、たとえ短くてもその影響は重く、そして深いものがあったが（中国人や韓国人はそれが分かっていない）、しかしそれでも見方によればやはりたったの二〇〇年、あるいはたったの五〇〇年というのも明らかで、考えてみればあまりにも軽く、儚（はかな）いという気もする。

世界情勢をみると今はＧ７に戻ったがかつては〝Ｇ８〟というのがあり、世界を代表しているかどうかは分からないが、とりあえず名を出している。今後これが変わってしまうかもしれないが、アングロ・サクソンの二国、アメリカとイギリスという五〇〇年遡及史で最新のヘゲモニーを握った両国が依然として今もイメージとして大きいし、フランスとロシアがやっぱり横に並んでいたし、それから後から顔を出した日本とドイツがやはりちゃんと座を占めている。そして、ここで新たに目立ってはっきり分かったことはオランダとスペインが消えてしまったことである。こういうふうにして消えるのである。わずか五〇〇年である。とすればアメリカとイギリスが今さまざまな面で大きな影響力を持っているのは間違いないとしても、それが半永久的であるかのごとく思うのは大きな錯覚ではないかと考えられるのである。

オランダとスペインはどのようにしていつ衰退したのか。なんと驚くべきことに、両国が最終的に覇権国としての息の根を止められたのは、西太平洋、われわれの島国の目の前で起こったドラマであった。旧日本軍によってという意味では決してない。オランダはイギリスに、スペインはアメリカに窒息させられた。

後で再説するが、五〇〇年史は見て来た通り、王朝の戦争史だった。西欧の王朝の歴史がアジアを動かし、アジアの地図をこれまでいろいろに塗り替えてきた。王国は終わり、その中から近代の国民国家が生まれてきた。王家同士の戦いの原因となったモメントを挙げると、ひとつには新教と旧教、プロテスタントとカトリックの争いだった。もうひとつの動機、もっとも決定的で重要な彼らの戦争の動因はイスラム教との戦いだった。

この二つに比べればアジアの植民地獲得の競争は必ずしも彼らの主要な目的にはならなかった。あくまで王朝の金庫を満たすための手段であった。欧州内での政治闘争に勝ち抜くための、王朝同士の戦争に成功を収めるための資金獲得の手段として、彼らはアジア、アフリカの植民地を必要とした。最後に登場したアメリカだけは少し動機が違っていた。アメリカが脱領土的支配方式を採用したのは、ひとつには王国でなかったからだが、宗教的な動機を背後に秘めた軍事的、金融的覇権意志を持っていたという点では他の西欧諸国と同じだった。

五〇〇年遡及史を考えてみて、もうひとつ気がついたことは、二本の糸が織りなされるように五世紀にわたって一貫して強大な覇権意志を示した、いわばこの歴史の代表チャンピオンとして二つの王国スペインとイギリス、カトリックとプロテスタントを代表する両国が挙げられることである。五〇〇年の歴史の流れを過去に向かってさかのぼっていくにつれスペインが強大化し、逆に二〇世紀に向かって下ってくるにつれイギリスが大きくなった。スペインとイギリスこそが五〇〇年の歴史を飾るヘゲモニーへの勝利の象徴的位置を占めている。

そして、なによりも大切なことは、この二つの王国が行き着くところ共にアメリカの創造者だったことである。南北アメリカを区別して言っているのではない。どちらもアメリカであり、合わせて一つのアメリカである。一九世紀まで西欧では南アメリカ、ラテン・アメリカを「アメリカ」と呼んでいたのである。

始まりは二つの小国——テューダー朝と、アラゴン・カスティーリャの連合王国

つき詰めて考えると、西欧の近世・近代史はイギリスがスペインを追いかけ、追い詰め、追い払う歴史だったといえないだろうか。途中でオランダも邪魔になったのでイギリスはこれを雪隠(せっちん)詰めにした。しかし自分がやったことを今度はアメリカにしてやられる。帝国の最終局面で新たに登場したドイツと日本を倒すのにアメリカの力を借りなければならなかった。二〇世紀におけるアメリカにとっての最大の敵は最初からじつはイギリスだった。否、独立戦争以来ずっとそう

図2-1　16世紀半ばのヨーロッパ

だったともいえる。アメリカは旧大陸の「腐敗」（corruption）を克服するのに新大陸の「純潔」（innocence）を旗印に掲げた革命国家だった。そして同じようなことを言っていた国がもう一つあった。ヨーロッパの近代を超克するのに「超近代」の実現をプロレタリアート独裁に賭けた赤色革命の国ロシアである。旧き悪しき西欧文明を乗り超えようとする共通の動機においてアメリカとロシアは兄弟国家である。しかし、どちらも西欧文明の魅惑と呪縛からは逃れられない。その根源は一六世紀にある。

イギリスとスペインの王朝はじつは親戚同士だった。それからこの二つの大国は一六世紀にはまだ存在していなかった。イギリスも存在しなかったし、スペインも存在しなかった、と言えば奇を衒った言い方と思われるかもしれない。どういうことかというと、まずわれわれが最初に「イギリス」として語っているのはブリテン島の南半分の国、イングランドを指しているにすぎない。一六世紀初頭には四国と九州を合わせたぐらいで、人口は二〇〇万程度しかなかった。テューダー朝という小さな王国はあった。北にスコットランドがあり、西部にウェールズ、海峡を越えてアイルランド。歴史上それぞれ自立した個性をもち、反発し合っている国々なのに、やがてイングランドに糾合されて「イギリス」という単一文化圏があたかも存在するかのような扱いを受けるようになった。これは各国にとってはさぞや心外だったであろう。例えば「ブリティッシュ」というのはまずはスコットランドとイングランドの結合のときに生まれた言葉だが、一六世紀にはこの「ブリティッシュ」という概念すらまだなかった。

一五〇一年、テューダー朝はスペイン王室から花嫁を迎えた。しかしスペイン（イスパニア）という国もイギリスと同じように当時はまだ存在しなかった。「イスパニア」はイベリア半島を指す地域名で、イギリス史でいえば「ブリタニア」がそれに当たる。その頃の西欧の文化の中心はイタリアで、フランスもすでに大国だった。イングランドはまだ小国とはいえ人口五万人の首都ロンドンを擁していたが、スペインに至っては首都もなく、マドリードは牧草地の中にぽつんとある人口五〇〇〇ほどの小さな町で、宮廷は国民を統治するのにイベリア半島を転々として移動しなければならなかった。こういう国からお輿入れ（こしい）した花嫁はロンドンの賑わいに少なからず驚いたといわれる。

ところが一六世紀のスペインにはその後、目を見張らせる激変が訪れている。イングランドに嫁いだ姫君の父は地中海に面している東方のアラゴン王国の王である。母は中央部の牧草地帯を主とするカスティーリャ王国の女王であった。スペインというのはイベリア半島の二つの君主国アラゴンとカスティーリャが結びついた連邦国家であった。アラゴンは外交と商業に長け、カスティーリャは誇り高い武勇の心に富んでいた。一五世紀末にキリスト教徒が団結して半島からイスラム教徒を追い落としたレコンキスタ（失地回復運動）は、カスティーリャ人の勇武の精神に負う所が大きかった（グラナダの陥落〔一四九二年〕）。カスティーリャ人は貧しかったが、戦闘的だった。この地にはユダヤ人も多数住んでいた。コロンブスの新大陸到達とその後のアメリカ征服がもたらした富はこの国に新しい変化と飛翔力を与えた。しかし何といってもさらに大きな幸運をもたらしたのは、一五一九年、若き皇太子カルロスがオーストリア＝ハプスブルク家を継承し、「神聖ローマ帝国皇帝カール五世」が誕生したことだった。これによってヨーロッパの政治の地図は一変した。突如として巨大な「ハプスブルク帝国」が生まれたからだ。辺境の一小国は一大帝国へと駆け昇った。

一六世紀半ばまでにスペイン帝国はアメリカ大陸の中部と南部を植民地にし、スペイン王はポルトガル王を兼ねて、ポルトガル領ブラジルをもスペイン帝国の一部とした。同時に東のイスラム教徒のオスマン帝国に聖戦を挑み、他方、カトリックの神の名において域内のプロテスタントとも戦った。ヨーロッパの覇権を賭してフランスとは絶え間なく大きな戦争をくり返した。

イングランドはスペイン帝国とは縁戚の関係にあったとはいうものの、短期間でほとんど決定的な差をつけられた。ことに南アメリカから運ばれてくる金銀財宝が羨ましくてたまらない、みっともなさである。海賊船団を編成し、これを掠奪する行為をエリザベス女王が公認したのはこの頃のことだ。一五五六年、スペインではカルロスの息子のフェリペ二世が帝位を譲り受け、帝国の威勢をさらに強化した。有名なレパントの海戦（一五七一年）でアジアへの海路を妨害していたオスマン帝国を打ち破り、東方への路をつけた。当時のスペインは苛酷な異端審問制度でも知られる。海を越えてあるいはアメリカの新大陸へ、あるいはアジアの未知の地へスペインが雄飛したのはひとえに宗教的情熱のゆえであり、イエズス会がこれを先導した。イベリア半島からイスラム教徒を掃蕩したあのレコンキスタの情熱とアメリカ大陸征服の情熱はひとつながりであり、根底において一体のものであったと考えるべきである。

他方、イングランドは宗教改革でプロテスタントの国になり、スペインに反抗した。しかし、小国の悲しさで、植民地ひとつ持つことができず、その海軍は超大国スペインから見ればただの海賊にすぎない。一五八八年のあの有名な「無敵艦隊(アルマダ)」の襲来は、ワニが小魚をひと呑みにする例に譬えられたそうだから、日露海戦前のロシアの圧勝予測に似たようなものだったろう。一三〇隻の艦隊が嵐に遭遇したことによるフェリペ二世の敗北は、世界史を変える出来事だった。イギリスは辛うじて愁眉(しゅうび)を開いたのである。

フェリペ二世に匹敵する豊臣秀吉の行動は日本「近代」の第一歩だった

豊臣秀吉が中国すなわち大唐国を制圧する企てを公言したのは関白になった直後の天正一三年(一五八五)で、政略の目標は朝鮮を越えて明に据えられていた。しかし文禄元年(一五九二)、日本軍が釜山に上陸し、二〇日あまりで漢城(現・ソウル)を占領したときに関白となっていた秀次に宛てた書状によると、秀吉の壮大な世界征服計画はさらに一段と拡大していた。北京に後陽成天皇を移す。都の周辺の一〇カ国を進上する。秀吉自らはまず北京に入り、その後寧波(ニンポー)に居を定める。諸侯に天竺(てんじく)(現・インド)を自由に征服させる。この構想は中華帝国に日本が取って代わるのではなく、東アジア全域に一大帝国を築き上げようとするものであって、北京にいる天皇をも超えて、自らが皇帝の地位に就き、地球の半分を総攬(そうらん)すべき統括者になろうというようなこのうえもなく大きな企てであった。これはすなわち、中華中心の華夷秩序をも弊履(へいり)のごとく捨て去ってしまう日本史上おそらく最初の、そして最後の未曾有の王権の主張者として立ち現われた点が注目されなくてはならない。

　これを誇大妄想として笑うのは簡単である。結果の失敗から計画の評価を決めれば、すべては余りに無惨であった。しかし彼は病死したのであって、敗北したのでは必ずしもない。秀吉はモンゴルのチンギス・ハーンやフビライ・ハーン、スペイン王国のフェリペ二世と同じ意識において世界地図を眺めていた、日本で唯一人の、近代の入り口における「世界史」の創造者として立ち振る舞おうとしていたというその意図がポイントなのである。

　一五、一六世紀の地上において王権の正当性は「武威」に求められていた。日本も同様であった。朱印状の一節にある文言「日本弓箭(きゅうせん)きびしき国」が「大明の長袖(ちょうしゅう)国」に戦って負けるはずがないという、武力で天下を統一してきた秀吉の自信のほどがこの背景に現われている。

　彼は明の国王やフェリペ二世への書簡で「予(よ)、懐胎(かいたい)の初め、慈母(じぼ)日輪(にちりん)の胎中に入るを夢む」と好んで語り、自分は太陽の子であると言っていた。王権神授の発想は世界の当時の皇帝のつねである。天の授けた自分が天下統一に乗り出したところ、わずか一一年でこれをなし遂げ、今では国は富み栄え、民は生き生きしている。「予の力に非(あら)ず、天(てん)の致すところ也(なり)」と大明勅使(ちょくし)に告知している。同じ頃マニラ総督宛ての書状にも、明日にもルソン（現・フィリピン）の攻略は可能で、「ルソンはすぐ近く予の指下にある。これを（カスティリャ国王に）書き送られよ。遠隔の地を理由にカスティリャ国王が予の言葉を軽んずることがないようにせよ」（同前『西尾幹二全集』第一八巻、平成二九年）。

マニラ総督は憤激を抑えつつ、わが国王の権力はきわめて強大であり、キリスト教の愛の手の下にある国は地球上数知れず、当地のごときは一小部分にすぎない、と述べた返書で、「これを殿下（秀吉のこと）に申し上げる所以は、われらはこの狭小な地上にいようとも、われらは強大で真実なる神キリスト、及びキリスト教国王ドン・フェリペ以外のいかなる者にも、いかなる権力や君主にも服従せぬことを知っていただくためである」。

マニラからの帰国の使者は日本がそれまでのスペインによる征服地とはまったく違って、軍勢と武器が強力であることを伝え、国王フェリペ二世の耳にも届けた。

西洋史では大航海時代を以て「近代」の始まりとする。イベリア半島の辺境の一小国があっという間にヨーロッパ全域の超大国にのし上がったのも日本の戦国時代の「天下統一」の例に似ている。これがほかでもない、一六世紀という時代の共通の特色なのだ。

フェリペ二世と秀吉は実際に顔を合わせたことはないが、互いの存在を認識し合っていた。強大な意志を持つ敵対者同士としてである。スペインにとっては初めての経験だったであろう。フェリペ二世は日本に戦いを挑むことを制止させた。

天正一九年（一五九一）、秀吉は聚楽第（じゅらくてい）にスペインからの使者を迎え、国王からの書簡と贈答品を受け取った。銀の引き具に金の鐙をつけ黒いビロードの掛け布で燦然と輝くアラビア馬一頭、ミラノ製甲冑二領、金ずくめの太刀、火縄銃、金色の綴(つづ)れ織、それに時計であった。目録と手紙は今も京都の妙法院に保管されている。他方、日本からも刀や薙刀(なぎなた)、象眼細工をちりばめた甲冑二領が贈られた。秀吉は添え状の中で、日本は「神の国」であるからキリスト教の宣教活動は許されない旨書き送った。贈答品と手紙はインドを経てスペインへ運ばれ、フェリペ二世の手に確実に渡った。甲冑二領は今でもマドリードの王室兵器博物館に陳列されている。

スペインが動けば世界は震えるといわれた時代だ。よもや自分に歯向かう者などいるはずもないと信じていたフェリペ二世は、地球の裏側で威嚇に一歩もたじろがない一人の男がいることを知りどう思ったであろう。これは世界史的な二つの意志の激突の瞬間であった。

一五九八年八月一八日、秀吉は伏見城で薨(こう)じた。同年九月一三日、フェリペ二世もさながら後を追うかのごとくエスコリアール宮殿で亡くなっている。

オランダやフランスを手玉にとったイギリス外交のしたたかさ

スペインは日本列島に攻略の手を伸ばすことはなかったが、太平洋にその大きな影響力を残しつづけてきた。マゼラン以来の特権は守られ、太平洋は永い間「スペインの海」だった。フィリピンはもとより、サイパン、グアム、テニアン等で知られるマリアナ諸島もスペインの所領だった。日本が明治二八年（一八九五）に尖閣を沖縄県の所轄にした歴史事実が最近しきりにニュースになったが、その四年前に硫黄島を勅令により日本領土に編入したもうひとつの歴史がある。

このとき抗議してきたのがスペインだった。硫黄島は一六世紀にスペイン船が発見したという記録がたしかに残っている。

いうまでもなくフィリピンはフェリペ二世（フィリップ二世）の名前から採られている。私たちは江戸時代が中間に入っているために歴史が一六世紀以来ずっとつながっていて、日本が世界との対決を忘れている間にも世界各国のパワーポリティックスは継続していた事実に対し意識が及ばない。近代日本人のいわば盲点である。秀吉の時代から太平洋の歴史は途切れずにずっとつづいていた。このことに深く思いを致すならば、秀吉の武威の発動は狂気ではなく、一六世紀人の「近代的な自覚」の発露であったと看做（みな）すことになんのためらいも要さないだろう。ヨーロッパの五〇〇年遡及史の試みは、西欧を見直すためではなく、日本の歴史を複眼で捉え直すためにもっと利用されるべきである。「もしも」を考えるのは歴史研究の邪道だとは思うが、「もしも」スペインが西太平洋の一角においてその勢威を守りつづけていたならば、大東亜戦争は決して起こらなかっただろう。

一五八八年の「無敵艦隊（アルマダ）」の敗北はスペインにとって致命的であり、イギリスが帝国の座を奪い取る大きな時代潮流の変化を引き起こした。スペインは大西洋で力を失うとともに南アメリカでもラテン・アメリカでも衰退していくが、しかし、大航海時代以来保持してきた一大勢力はカトリックの組織力もあってそう急に消滅するものではない。イギリスは大変に手こずった。そして実際にスペイン帝国を最終的に打倒するのにイギリスはアメリカの力を借りなければならなかった。一八九八年の米西戦争におけるアメリカの勝利である。

このいきさつはすでに詳しく言及しているので、そこからの次の引用をもって結論に替える。

「フィリピンの陥落後、イギリス海軍は西太平洋をアメリカに引き渡し、艦隊を撤収した。スペイン帝国とイギリスとの積年の対決に終止符を打ったのはイギリスではなく、新興国アメリカだった。アメリカはこれによって一等国となり、太平洋はアメリカの海となった。以上は日清戦争（一八九四―九五年）と日露戦争（一九〇四―〇五年）の中間に起こった出来事である。日露戦争の勝利によって日本もまた一等国として台頭するに及んで、日米戦争は時間の問題となってくるのである。」

（本書49―50頁）

私たちはとかく大東亜戦争は西欧の植民地を解放したことに誉(ほま)れがあると考えがちだが、スペイン、ポルトガル、オランダ、フランス、ドイツなど英米以外の西欧諸国がアジアにしっかり根を生やし、英米に対する対抗勢力の地盤を保っていてくれたら、日本はパワーバランスを頼りにするだけでよく、アメリカとの戦争に襲われることはなかっただろう。第一次世界大戦後の太平洋で西欧諸国はすでにアメリカの言いなりになっていたからだ。スペインと並んでオランダもいち早く弱体化したのはなぜか。

オランダが植民統治したインドネシアは戦前は蘭領印度支那、略称蘭印といった。ちなみに仏領印度支那、仏印はベトナム・ラオス・カンボジアのこと、英領印度支那はミャンマーのことである。蘭印の首都ジャカルタはジャワ島の西端にあり、むかしはバタビアといった。バタビア一帯は一七世紀からオランダが介入していたが、ヨーロッパでナポレオン戦争が始まり、オランダ本国がナポレオン軍すなわちフランスに屈すると、蘭印も一時的にフランスの支配下に入った。そこへ襲いかかったのがイギリスである。ヨーロッパ本国の勢力争いがそのまま植民地の統治に反映する例である。

イギリスはフランス統治時代の負債に責任は負わない、現地の官吏はそのまま継続してイギリス統治のために尽くす、という条件でオランダを追い払い、バタビアを押さえた。現地人の利益は何も考えていない身勝手さである。やがてナポレオンが失脚しウィーン会議を経ると、オランダはフランスから独立した。すでにアフリカで広大な支配地を得ていたフランスはこの頃少しずつアジアへの進出の歩みを早めた。フランスの動きを警戒したイギリスはこれを牽制するために、オランダを敵に回さないようにするために手を結ぶ（英蘭ロンドン条約〔一八二四年〕）。

どういうことかというと、ジャワ島の西にある大きなスマトラ島はマレー半島のすぐ南側にあり、マラッカ海峡をはさんでいる。ここをめぐる英蘭のとりきめである。イギリスはスマトラ島に出て行かない。代わりにオランダもマラッカ海峡へ進出しない。オランダはイギリスのシンガポール占領に抗議しない。その狙いは分かり易くいうと、イギリスがフランスと争ってきたインド大陸から東のほうへかけての一帯はイギリスが支配するので、そこにあるオランダの施設はイギリスに渡す。代わりにオランダはイギリスがスマトラ島に持っていたイギリス領を譲り受け、スマトラ全域を支配する、という交換条約である。後から考えるとオランダはスマトラ島とジャワ島に封じ込められる形勢となるのである。明治維新より四〇年も前の条約だが、昭和一七年（一九四二）の日本軍によるシンガポール陥落までこの条約は生きていた。

イギリスはインドネシア一帯に関してオランダを「番犬」扱いにしていたわけだが、やがて条約を守らなくなるのはイギリスのほうである。オランダに任せるかと思うと何かと干渉し、話がこじれるとじゃあ一戦交えるかとオランダを脅迫した。マラッカ海峡の重要度が増してきたからである。抵抗できないオランダは、自分の統治を邪魔させないためにアフリカにあるオランダの植民地ギニア地方の黄金海岸をイギリスに与えるという妥協策までとった（スマトラ条約〔一八七二年〕）。そうまでしたのは強制栽培制度によるコーヒーや砂糖キビの栽培、インドネシアの現地人搾取から得られるオランダの利益が巨大だったからである。

ジャワ島やスマトラ島はいくつもの小国が乱立し、宗教的な権威をもつ酋長が統治していた。現地の内部矛盾を利用するのが植民帝国の常套だが、逆にオランダは現地人から戦争を仕掛けられ、足を取られ、現地人との密林の内戦に巻きこまれた。イギリスはこの戦争をそそのかし、オランダが戦わないなら自分たちが介入するぞ、と干渉し、開戦に踏み切らせた（アチェ戦争〔一八七三―一九一二年〕）。

開戦してみたら四〇年近くもつづく泥沼戦争だった。日本はこの間に近代化をスタートさせ富国強兵へ走り抜けていた。日本とロシアを戦わせて漁夫の利を得ていたイギリスは黙って全体の状況を冷酷に見ていた。オランダは次第に消耗し、西欧の植民地拡大競争から脱落した。イギリ

図2－2　インドネシアを中心とした海域

スはインドネシアをオランダに押しつけ、次に着々と中国大陸への進出、その分割と侵略に向かった。オランダは雪隠詰めされたと先に言ったのはこの顚末（てんまつ）である。

こうしてヨーロッパ五〇〇年遡及史の中で主役を演じていたスペインとオランダはいつの間にか影が薄くなり、現代のＧ７にもその名をとどめなくなった。日本がアジアを解放して両国を追い払ったからではない。スペインとオランダに関しては今次大戦の始まるはるか前に自滅していた。もし彼らがアジアで個別のパワーを維持しつづけ、フランスやドイツも英米に対する対抗勢力たり得ていたなら、否、その全部でなくても一部が自己勢力を保っていただけで、大東亜戦争は決して起こらなかっただろう。あの戦争がイギリスとアメリカの対日征伐戦争であり、加えてコミンテルンに衣裳変えした北辺ロシアの南下戦争であることは今にして明らかだからである。

マゼランや秀吉の時代に一度は開いた日本の海外征覇の意志が萎んでしまったのはいたし方ないとして――その代わりに江戸時代という近代を準備させる熟成の時を持つことに成功した――、日本は内向きになったために近視眼となり、今次戦役の背景を知るのに今でもせいぜい一〇〇年どまり。ペリー来航より以後しか見ないが、それでは余りに不十分である。

五〇〇年くらいは射程に入れないといけない。正面から相手を見るだけでなく、アメリカやイギリスなど主役の背中を見ることから始めなければいけない。

大航海時代の朋友、ポルトガルとスペインの相違点

昔も今もスペインとポルトガルがときに敵対しときに併合していたイベリア半島に、外敵イスラム教徒が侵入して来たのは七一一年であった。両国はそれから永いあいだイスラム軍の圧力の下にともに呻吟し、ともに圧力をはねのけようと失地回復運動（レコンキスタ）に励むことになるが、いち早く外敵からの解放感を味わうことができたのは小国ポルトガルのほうだった。

一二一二年のスペインとポルトガルすなわちキリスト教連合軍との戦闘でイスラム軍は大敗北を喫し、ポルトガル領にあるイスラムの拠点といえばアフリカに向き合い、海にのみ面していて、退路を絶たれて孤立し、力を失って行く一方だった。ポルトガルはグラナダからの援軍を阻止し、領内のイスラム軍を潰滅させて、スペインよりも早く国土回復を果たした。スペイン（この場合はカスティーリャ王国）が同じことを達成したのは一四九二年であったから、ポルトガルは二八〇年も早く所期の目的を達成したのである。このことは両国の運命の相違、いわゆる「大航海時代」における両国の歩み方の違いに影響を及ぼした。

ヨーロッパという閉鎖圏から勇気をもって一歩踏み出したのはスペインにあってはコロンブスという個人の冒険心であったが、ポルトガルの場合は国家事業であった。スペインはラテン・アメリカなどの陸地を劫略したが、ポルトガルはブラジルを唯一の例外として（それには地理上の理由があった）、インド洋から太平洋へかけての海上の制圧をもっぱら目的としていた。その点で後につづくイギリスの模範となる。ポルトガルがイスラム教徒を地中海の東方へ追い払ったちょうどその頃、東ヨーロッパは新たな異教徒モンゴル軍の侵掠によって大きな脅威にさらされていた。チンギス・ハーンの流れをくむバトゥが一五万の兵をもってロシアからブルガリア、ハンガリーを征服したのは一二四一年であった。異教徒のもたらす暗雲がヨーロッパのキリスト教世界を重く圧していた時代において、西の半島の先端からやっと薄明かりが射し始めてきたのである。

ヨーロッパの出口なき絶望の中で、ポルトガルの西海の一カ所にのみ開かれた地形

ポルトガルは細長い国で、東側はカスティーリャに囲まれていた。もともとカスティーリャから独立した王国なのである。囲まれていない西側方面は大西洋だけだった。ポルトガル人の眼は明けても暮れても大西洋の水平線の彼方に注がれるほかなかった。

東ヨーロッパに侵入したモンゴル軍はオゴタイ・ハーンの訃を聞いて引き返し、しばらくヨーロッパに平和がつづいたが、ちょうどその頃オスマン・トルコが勃興してきて、小アジアに足場を固め、バルカン半島の征服に乗り出した。一三五六年オスマン・トルコはヨーロッパの東部に猛烈な進撃の歩を進めた。

日に日に迫る東からの圧力の風評に気圧(けお)されながら、ポルトガルは西の海へ、アフリカ西岸の神秘に戦いを挑む気運を少しずつ高めていた。キリスト教国の東側は完全に異教徒に抑えこまれている。キリスト教徒にとって進出の出口は西の海しかなかった。隣国カスティーリャは強力だが、まだ国内のイスラム教徒に悩まされており、アラゴン王国との統合にも至っていなくて、スペインという国は成立していない。動き出す自由をかち得ていたのは小国ポルトガルだけだった。

そう書けば、明日にもアフリカ西海岸をぐるっと回る探検の旅は始まり、喜望峰めぐりが実現するいきさつを辿りたくなるが、結果を知った上で書く歴史記述家はどうしてもそういう安易な筆の動きになってしまう。しかし実際には対岸のアフリカは当時のポルトガル人には暗闇だった。今のカナリア諸島の少し南あたりのボジャドール岬が早くも第一の障害で、その向こう側には晦冥の海が横たわっていて、岬を越えた人間は焼け失せてしまうとか、地の果てから落ちてしまうとかいわれていた。宇宙旅行を始める前の現代人よりもっと恐怖に襲われていたのではなかろうか（本書135頁、図2―4参照）。

それに、当時の人間にはもちろん当時の生活があり、当時の国家には当時の政治があった。オスマン・トルコがヨーロッパの東辺を脅かしていた頃、西辺のイベリア半島には直接にはほとんど戦禍の影響はない。だからポルトガルとカスティーリャは三度に及んで干戈を交えていた。原因はポルトガルの宮廷内紛である。「乙巳の変」のような姦臣刺殺劇が起こり、そのスキを突いて王国併合を狙ってカスティーリャが攻め込んできたからだ。しかし結果からみれば、この戦争はポルトガルの力の結集と国威の発揚に寄与することになった。ポルトガルは戦いに勝ち、一三八五年、ジョアン一世がアヴィス王朝を興した。旧貴族を廃して新政権の周りに港の市民やリスボンの経済人が集まって、新しいパワーを形成したことは、大航海時代の創始国となる原因を生んだともいえる。

しかし、それもこれも後から考えての話である。ポルトガル人は一一三年後にインド洋から太平洋へ進出するなどとは当時はまだ夢にも考えていなかった。ジョアン一世はイギリスの伯爵家の令嬢と結婚し、同盟関係を結ぶ。アングロ・サクソンの風潮が宮廷内に流れ込む。私はむしろイギリスへの後世の影響が大きかったのではないかと考える。四人の王子が生まれ、その中のエンリケ王子が一四一五年、アフリカ側の地中海の入り口の要衝セウタを攻略した。大航海時代の幕が切って落とされた有名な出来事である。

歴史を調べていて面白いと思うのは、セウタ攻略はたしかにヨーロッパがアジアに進出する、すなわち西から東への地球上の文明の逆流を告げた狼火(ろうか)ではあったが、当事者たちにそんな予感はなく、未知のアフリカに乗り出して行く気構えも構想も準備もまだなく、単に遊びが発端だったことだ。セウタはイスラムの軍勢がイベリア半島に侵入してきたときの拠点であり、ジブラルタルの南東にある小半島の突端にある町で、当時はイスラムが制圧しているとはいえ海賊の巣となっているさびれた港であった。ポルトガルは一四一一年にカスティーリャとの間に平和条約が結ばれて、心にゆとりも生じ、王子たちの成人を祝って騎士叙任の式を挙げたいと計画していた。その一環として各国の武芸者を広く集め、リスボンで騎士道の大会、武術トーナメントのようなことをやろうとの議がもち上がっていたが、そのとき、国際大会は大金を要するので、この際あの目触りなセウタを攻略してはどうかと提案する者が出てきて、国家的同意を得たのである。

武術トーナメントに代えるに軍事攻略は、たとえ遊びとはいえ、相手は地中海を牛耳っているイスラム軍である。ポルトガルが用意した軍勢は五万人、船舶は二〇〇隻を越えた。イギリスからの援軍も仰いだ。とまれ初の海外派兵で、相当に思い切った壮挙だった。結果はポルトガルの大勝利に終わり、イスラム寺院を臨時にカトリック教会に改造して、エンリケなど王子たちの騎士叙任式が無事とり行われた。異教徒からキリスト教の信仰を守るという宗教上の要請は、政治や軍事の背後にはつねに強く働いていたのである。

エンリケは歴史に「航海王」の名で知られることになる。彼はセウタ攻略を契機に深く心に期するところがあり、国内に海洋探検のための研究所を建て、地理、数学、航海地図などの研究を積極的に開始した。それでいて、その後自ら船に乗って海上を探検航行したことはない。セウタにも一三日しか滞在しなかった。しかしここを攻略したことをきっかけにして、ポルトガルにはアフリカ内部の状況や沿岸の様子について、貴重な情報が次々と届くようになった。

もしカスティーリャとポルトガルの戦乱が長びいていたら、セウタ攻略はなされなかっただろう。武術トーナメントという「遊び」が発端なのである。歴史は決して必然ではない。だがヨーロッパの西南の端にある小国だけが異教徒の圧力から解放されるという歴史的条件が整っていたことがある意味で物事の発端でもあった。歴史は必ずしも偶然だけではない。数多くの偶然の重なりの中から何かが選ばれて、一人の人間によって決定される。そこに人間の自由がある。

一五、一六世紀アフリカ東岸はイスラム商人たちが屯する「寛容の海」だった

現在南から北へモザンビーク、タンザニア、ケニア、ソマリアと並んでいるアフリカの東岸、

そこからイエメン、オマーンのアラビア海の岸辺をぐるっとめぐってインド西岸に至る一帯は、一五―一六世紀当時にはアラビア語を話すイスラム教徒の商人や船乗りたちが主に活躍していた海域だった。一般に「イスラムの海」と見なされてはいても、ヒンドゥー教、ジャイナ教、ユダヤ教、アルメニア正教、一部にはインドのキリスト教の信者なども宗教ごとに共同体を作ってい て、互いに他を尊重し合い、争いもなく平穏に活動していた海域でもある。ここは寛容の海だった。イスラム教徒が一つの排他的な集団を作っていたわけでは決してない。

それは陸地の政治権力が海上活動を統制しようとしなかったことによる。港に近い王国は商人が持ち込んだり持ち出したりする商品に関税を課し、その収入で満ち足りていた。自由貿易が利益になり、多額の軍事費を支出して海上の船を臨検し、監視統制する必要を認めなかった。内陸のより大きな王国も海上には関心を持たなかった。

インド西岸のカリカット（現・コジコード）にはこんな逸話さえ伝えられている。船に大量の金（ゴールド）を積んだため沈没を恐れたある商人が、カリカットの王に金をいっぱい詰めた大きな箱を預けて出帆した。王に押収されるものと思って一年後に再び訪れてみると、箱は手つかずに元のままに保管されていた。商人は中身の半分を王に進呈しようとしたが「当然のことをしたまで」と言って受け取ってもらえない。商人は市場（バザール）の建物を建てて感謝の意を表明した。王は半分の金をもらうより、カリカットの町が安全で商売に適しているとの評判を得ることのほうがずっと大切だと考えていた、というのである。

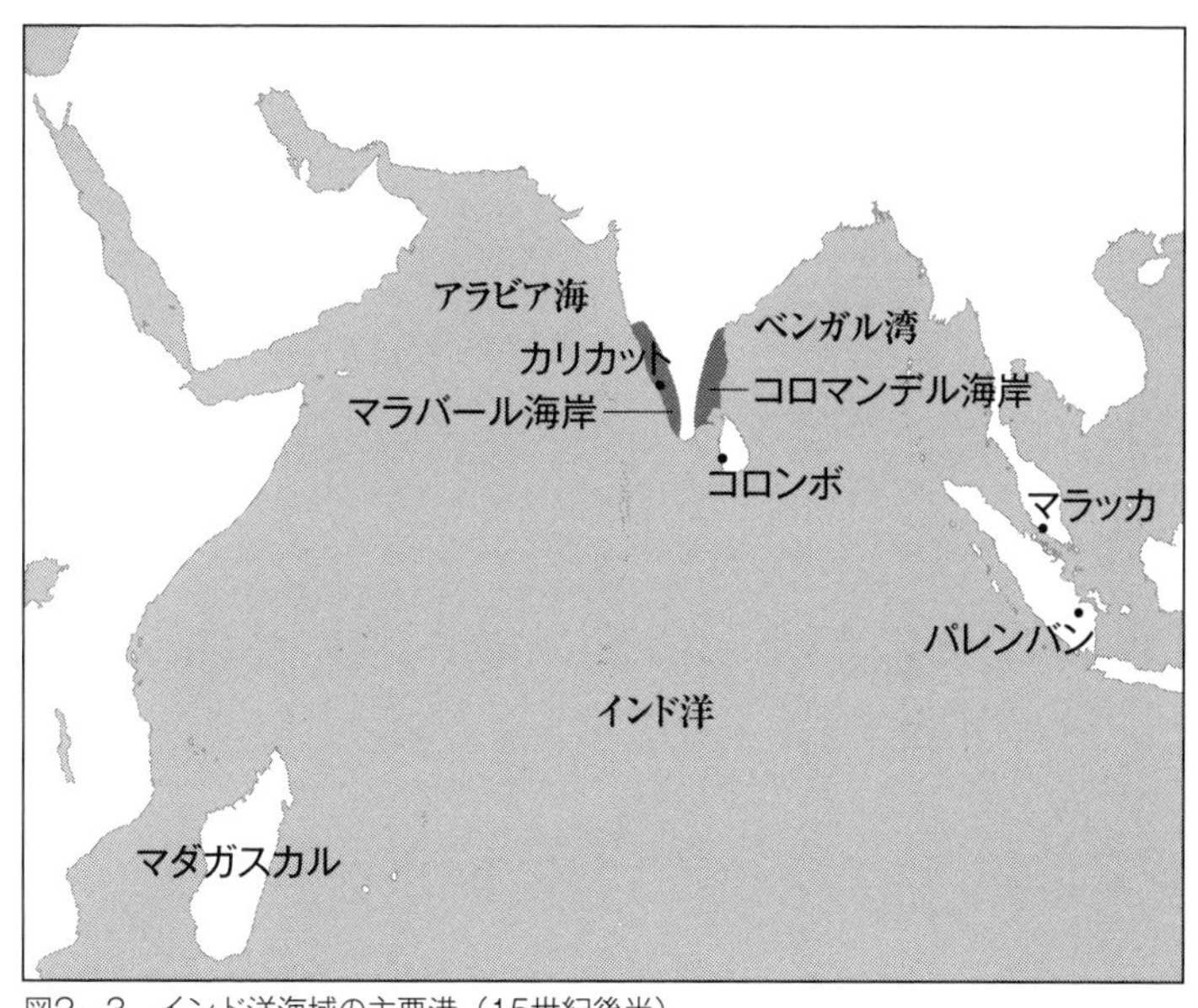

図2－3　インド洋海域の主要港（15世紀後半）

そこで次の話題になるのだが、いささか対比的で、劇的であり過ぎるかもしれない。

一四九八年、マダガスカル島の対岸にあるモザンビークにヴァスコ・ダ・ガマの率いる三隻の船がやって来た。セウタの攻略から八〇余年を経て、やっとの思いでインド洋に入って来たポルトガルの船団だ。

ここに至るまでにどれくらい多くの困難や災厄に見舞われたことだろう。エンリケ王子はアフリカ西海岸の探検しか可能と考えていなかった。アフリカ南端を迂回して東へ向かう新航路の発見が意識されたのは彼の死後だった。南端までの半分にあたる赤道に達したのはやっと一四七三年のことである。

そしてバルトロメオ・ディアスが後に喜望峰と名づけられる南端に到達したのは一四八八年で、ここから北東への迂回は可能であると突きとめはしたが、その先の海は煮えたぎり、炎熱地獄になるとの古代からの伝説が信じられ、恐怖に戦く船員に阻まれて先へ進むことができなかった。そこで次に挑戦したヴァスコ・ダ・ガマは準備に数年をかけ、不撓不屈の精神をもって、今度こそ失敗の許されない、南端を迂回する新たな航海に立ち向かったのだった。

　なぜそれほどまでしてポルトガル人はアフリカの西海岸を南下し迂回してインドへ向かう航路の発見に夢中になったのだろうか。従来の通説ではイスラム教徒の商人の手を経てのみ可能であった香辛料貿易、ヴェネチアに独占されていたアジアとの交易ルートをキリスト教徒の手に取り戻したいという経済的動機が主であったと説明される。もちろんそれもあるには違いないが、しかしじつはもっと大きな重大な動機は信仰の試練にあった。当時のキリスト教徒たちがヨーロッパの西隅に押しこめられて逼塞した心理状態にあったことは前にも述べた。彼らは世界の終末が近づいていると感じていた。イスラム教徒の圧力はオスマン・トルコの台頭で一段と厳しさを増していた。一四五三年にはコンスタンティノープルが陥落して、ビザンツ帝国は亡びた。オスマン軍の艦隊は一四八七年頃には地中海の西方にまで深入りして、フランスやスペインの沿岸を襲ってさえいた。ヴァスコ・ダ・ガマの船出の一〇年ほど前の風雲急を告げる事態であった。当時のヨーロッパ人は弱気になり、自分たちを脅かしていたモンゴル人に同盟を申し込んで、イスラムに対抗しようとさえ計画する人が現われたくらいである。

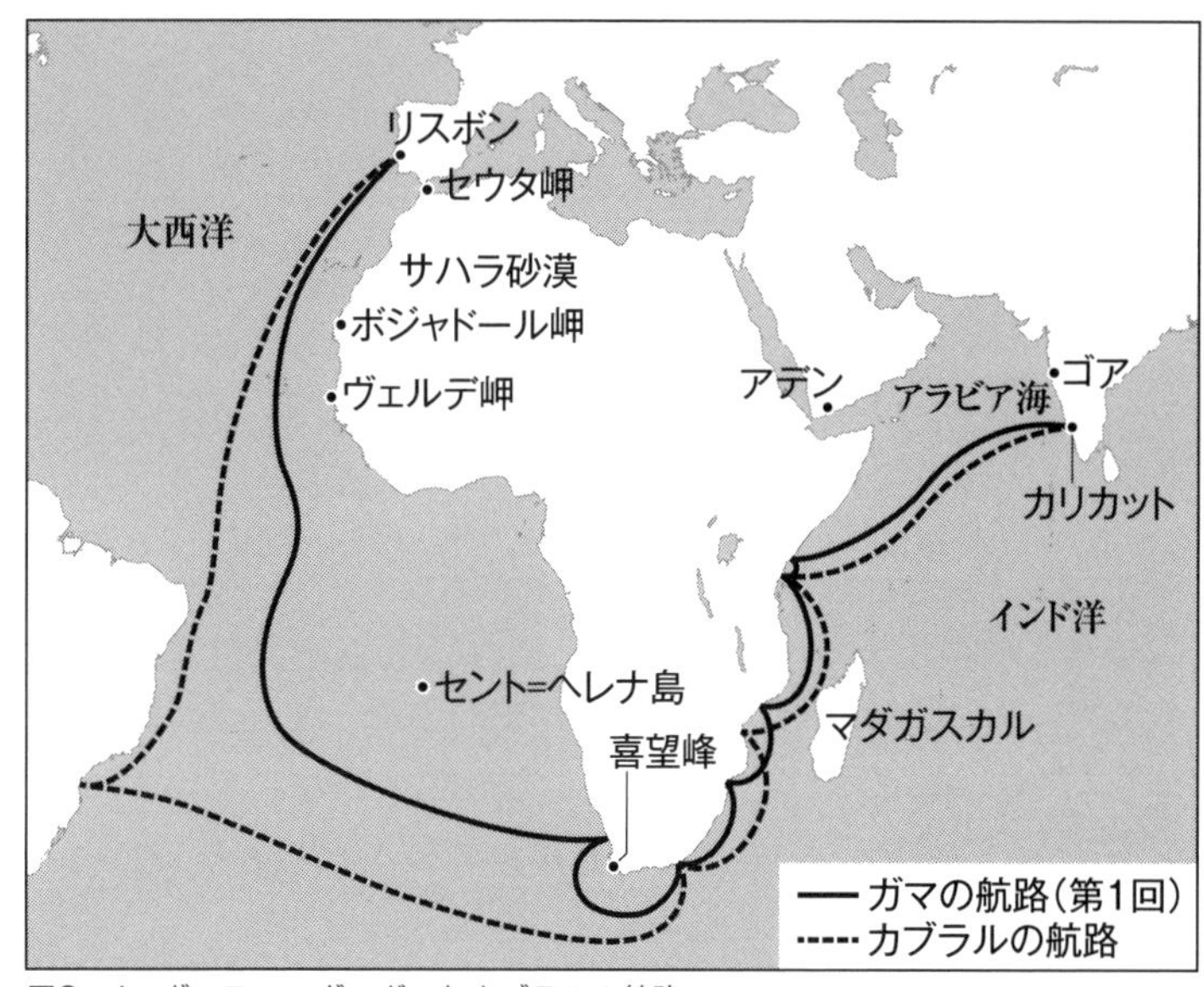

図2－4　ヴァスコ・ダ・ガマとカブラルの航路

こういう事態だから、東方の海への出口は希望の高まる救済の道であり、信仰の思いを確かめる唯一の開放の道で窓でもあった。ヨーロッパでは当時、アジアないしアフリカのどこかにキリスト教徒の王、プレスター・ジョンと名乗る王が存在するとの伝説が信じられ（どうもエチオピアのことのようだったといわれるが）、彼を見出し、連合してイスラム勢力を挟み撃ちし、異教徒を討伐したいという幻想にも近い悲願が広がっていた。コロンブスもこの伝説に取り憑かれていた一人であるといわれる。世界の終末は近づいていた。最後の審判の前にひとりでも多くの異教徒を改宗し、地上のすべての民に福音を説かねばならないのだという固い信念は、あらゆる物事の前提として、キリスト教世界を覆っていた。

モザンビークの暴行からカリカットの略奪へ

東アフリカのモザンビークの沖合にやって来た三隻の見なれない船は岸辺に近寄っては来なかった。ひどく警戒心が強かった。彼らは自分たちがキリスト教徒だと分かれば必ず攻撃されると思い込んでいた。しかしこの地域を訪れているヴェネチアやジェノヴァの商人たちはキリスト教徒で、同地のイスラム教徒の商人たちと自由に往き来し、平和な取引をしていた。いわゆる地中海貿易がそれである。ただし中間搾取がひどく、ヨーロッパ人に香辛料が渡る頃には、現地ではほぼただ同然の物資に何倍もの値がつけられたともいわれる。

ポルトガルの船員たちはいつまでも沖合にいるわけにはいかず、陸地に揚がって水や食糧を獲得しなければならなかった。住民との交渉が始まったが、片方が敵対感情を抱いていたので交渉はうまく行かない。ヴァスコ・ダ・ガマは現地人を砲撃し、威嚇し強行突破することを命じた。土地の人間は殺害され、何人かが人質とされた。当時この地の人はまだ鉄砲を見たことがない。銃の威力は絶大だった。必要な物資を手に入れると、船団はさっさとモザンビークを離れた。港の使用料も支払わなかった。

突然やって来て、土地の習慣に従わず、暴力を振るってあたふたとインドへ向かったポルトガル人が、平和で争いを知らない東アフリカの現地人に恐怖と警戒心を引き起こしたであろうことは想像に難くない。これまでスペイン人コルテスのアステカ王国征服、ピサロのインカ王国征服の乱暴な話はわが国にもさんざん伝えられているが、どういうわけかアラビア海からインド洋全域に及ぶヴァスコ・ダ・ガマの暴力的海域制圧の話は知られていない。現代まで残る記録がポルトガル側の視点から描かれてきたからで、羽田正(はねだまさし)氏の『東インド会社とアジアの海』(講談社学術文庫、二〇一七年)の第一章はこの点、目を奪うほど新しい資料に基づいて述べられ、衝撃的である。

ガマの船団がポルトガルに持ち帰った香辛料や宝石は航海に要した総費用をまかなってなお釣りが出るほどだったが、それよりも価値があったのはあの地一帯に関する軍事情報だった。インド洋には砲を備えた艦隊は存在しないこと、銃はまだ普及していないこと、等々。私はここを読んで、浦賀に来たペリーが日本沿岸の水深を測量していたこと、アメリカ軍の航空将校シェンノート(日中戦争時に中国国民党空軍を支援した「義勇軍」フライング・タイガースの隊長)が戦争前に来日した折、木製の日本家屋の燃え易さを確認していたこと等をつい思い出していた。

一五〇二年、ヴァスコ・ダ・ガマは二〇隻からなる大船隊を組んで二度目の航海に出た。彼は武力でインド洋を制圧することにすでに確信を持っていた。モザンビークより少し北の港町キルワの沖に到着するや一斉に大砲を放った。そしてそこの国王に会いたいと申し出、拒まれると、威嚇で王を呼びつけ、毎年ポルトガル王に一定の金を支払うことを要求し、これをもって和平の条件とした。「ガマの行為は現在の私たちが知っている外交儀礼から見ると常軌を逸している」

と羽田氏は書いている。

　暴力はその程度では収まらなかった。カリカットに近づくとガマの船隊は港には入らず、遠洋から帰ってくる船を待ち伏せして襲撃した。メッカへの巡礼を終えた老若男女が二、三〇〇人も乗る大型船を拿捕し、掠奪の限りを尽くし、火をつけて沈めた。ガマは顔色一つ変えなかったといわれる。イスラム教徒は殺害してもよいのである。許しがたい仇敵なのだ。それは十字軍の精神でもあった。

　カリカットに到着すると、無理難題を持ちかけ、「王がこれに応じないと、通りかかったムスリム（イスラム教徒――引用者）の小舟を次々と捕縛し、先に捕虜にしていたムスリムを処刑してそのマストにぶら下げたという。その数三四人と伝えられる。そして、様子を見に浜に集まった大勢の人々に向けて突然大砲が放たれた。砲撃は二日間続き、四〇〇発の砲弾が撃ち込まれた」（前掲『東インド会社とアジアの海』。以下同）。それでいてガマはモザンビーク付近の沿岸で、永年探しつづけていたあの伝説の主、キリスト教の王プレスター・ジョンの存在について原住民に聞きあさり、ありそうもない不確かな噂を耳にしただけで「われわれは嬉しさのあまり泣き出してしまった」と記録されているのである。

　これをどう解釈したらよいのだろう。キリスト教徒はこのとき一般に信仰上のことで何か追いつめられた心理に駆り立てられていたようである。信仰と殺戮、幻想と暴力の二律背反の矛盾はここにはない。彼において非合理と合理は一体化していた。抑圧されてきた閉鎖文化圏ヨーロッパからの脱出と解放は、いずれにせよ他害的破壊的様相を辿らざるを得ない。インドやアフリカという多神教の融和と温順に満ちた世界にやってきて、そこで見せた一神教の自滅的悲劇の表現というべきである。しかしその好ましくない噂、そして影響は遠く時代をへだてて今日の世界に及ぶほどに広範囲で、深い。

自由だったインド洋に「ポルトガルの鎖」という囲い込みが作られた

ガマが第二回目の航海を終えた一五〇三年から一五一五年までのわずか一〇年余に、インド洋海域の主だった港町はポルトガル海軍に次々と攻撃され、征服された。アルブケルケという提督の名が知られる。港ごとに要塞がつくられ、ポルトガル船はアフリカ東岸からマレー半島のマラッカ海峡に及ぶ広大な海洋をわがもの顔に往き来するようになった。胡椒や香辛料の取引が彼らに独占されたことはいうまでもない。一五八〇年頃にはインド西岸のゴアからマラッカを経て長崎に至る航路が最も大きな利益を生み出したといわれる。その中に種子島への鉄砲伝来（一五四三年）の事件も含まれる。

海はそれまで誰でも自由に航行できる空間だった。海に国境は存在しない。地中海は不自由だったが、インド洋は自由だった。それなのにポルトガル人はインド洋にラインを引いてこれを囲い込むことをした。沿岸の一つひとつの港町は地図の上でばらばらに散らばる点でしかなかったのに、それらの点をつないで線をなし、〝ポルトガルの鎖〟と名づけられた海上の囲い込みを実行した。その中で貿易に従う船はすべて通行証（カルタス）を備えていることが要求された。いざというときにそれを示せないと、積み荷は没収され、乗組員の生命は保障されなかった。貿易船はもちろん港町に税を収める義務があるが、それとは別に、海を支配するポルトガル人にも税を支払わねばならなかった。

「カルタス制度によって、インド洋海域にそれまで見られなかった新しい帝国が生まれた。それまでの帝国は「陸の帝国」であり、広大な陸地を支配領域とし、農耕地からあがる税収をその主たる収入としていた。しかし（中略）「ポルトガルの鎖」の内側は海なのである。ポルトガル人のインド領は、この海における交通と貿易を支配し、そこからあがる税収をその主たる収入とする「海の帝国」だった」と、羽田氏も書いている。しかもこのシステムは一八世紀になってイギリスの東インド会社でも採用され、運用されるようになった。軍事力を背景に、地球の広大な領域に自由勝手な線引きをして、その内部を囲い込んで管理し、支配するというこの発想は、人類史上ことのほか深刻で、影響の大きい意味を持っている。アングロ・サクソンがこれを引き継ぎ、その後の歴史で大規模に展開したことはよく知られる。

世界史に影響を与えたローマ法王の勅許「トルデシリャス条約」

ポルトガルが一六世紀に入ってなぜこのように自由に、大胆に振る舞い、一五世紀までの海を怖がるあの臆病風を吹き払うようになったかというと、一四九二年にコロンブスがスペイン政府のお墨付きで大西洋を西へ西へと航行し、未知の大陸にぶつかるという例の大事件を引き起こした後で、スペインとポルトガルとの間で急遽（きゅうきょ）、トルデシリャス条約なるものが結ばれたからである。東回りのポルトガルと西回りのスペインとによる両国の地球分割の話は余りに有名で、ここでの説明は省略したいくらいだが、一四九四年にローマ教皇が認可したというこの条約によれば、アフリカの西海岸から東海岸へ、そしてインド洋を経て東南アジアのマラッカ海峡にまで至る、ポルトガル船隊が暴れ回ったあの全領域は、ポルトガル領であることが教皇によって勅許されていたということになる。驚くべき専断だが、これがカトリック総本山の判断であり決定であった。

大西洋上のヴェルデ岬の諸島より西方に三七〇レグワ（一レグワは約五・六キロ）のところに北極から南極に線を引いて（次頁、図2―5参照）、そこから西に発見される島と陸地はことごとくスペイン領とし、その線から東においてこれまで発見され、また将来発見されるであろう島と陸地はことごとくポルトガル領とするという、ローマ教皇アレクサンデル六世の大勅書と称される文書が存在する。この幾何学的領土分割の「境界画定（デマルカシオン）」こそ、ほかでもない、すぐれてキリスト教的、西洋的観念の所産である。世界の終末は近いというあの千年王国の幻想と危機感、自己破滅と自己膨脹の一体化した、地球全体を神の名において統括し救済せんとする特異なイデオロギーの表現にほかならない。

この「境界画定」によると、シベリアと日本列島とオーストラリアは分断され、また南アメリカの北西部が切り取られた形になっているが、ここはブラジルである。ブラジルがポルトガルの

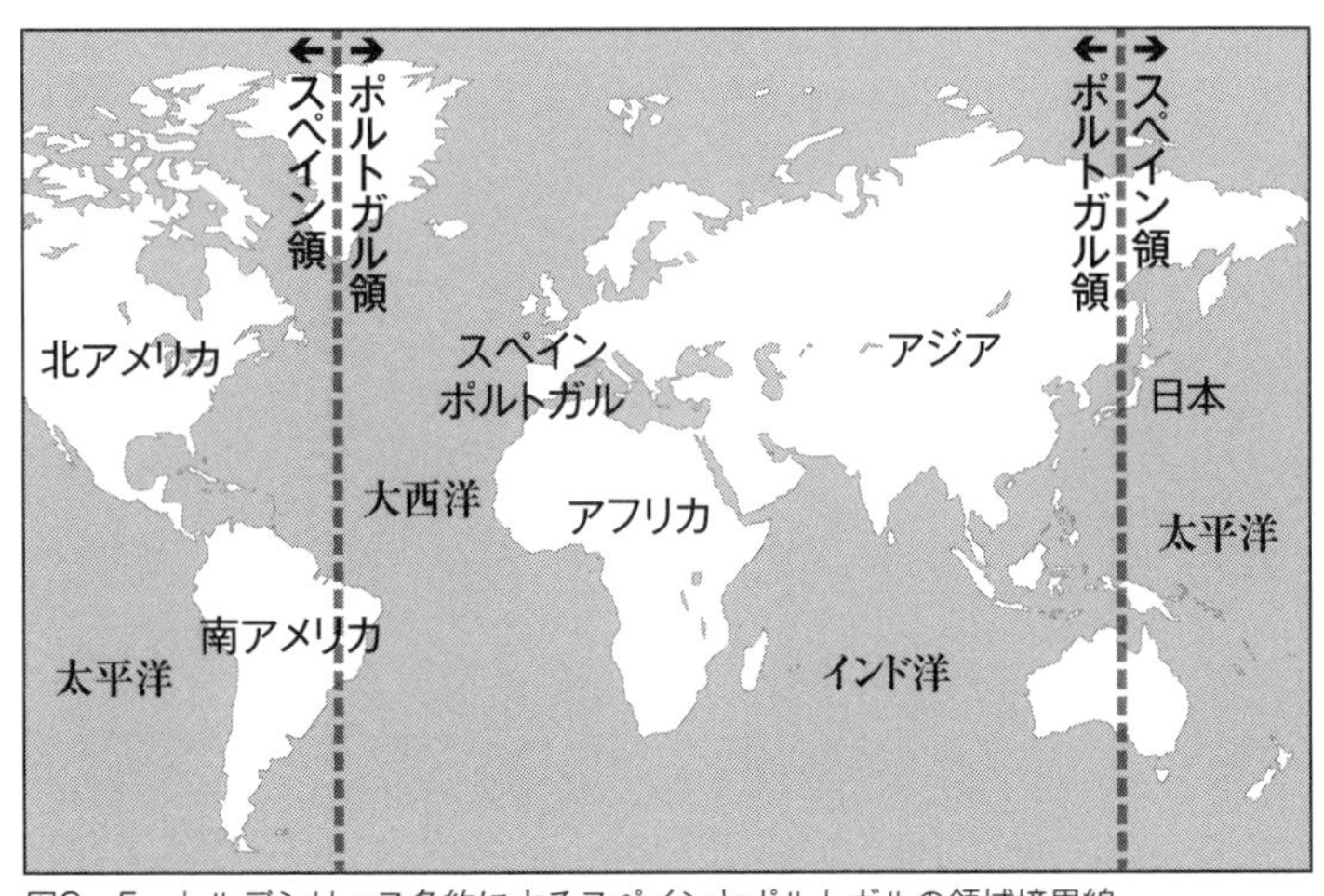

図2-5　トルデシリャス条約によるスペインとポルトガルの領域境界線

所領になることは条約が定まるまでポルトガル人も考えていなかったし、予想もしていなかったといわれる。後から気がついてあわてて植民地にしたというのだからひどい話である。中南米ではブラジルの公用語だけがポルトガル語で、他はスペイン語か英語であるというのもこの切り離しの結果であって、文化の基本である国語が支配者の任意の新登場で決定づけられたのであるから、日本人の理解を超えた悲劇である。

海の上に大胆な囲い込みをした〝ポルトガルの鎖〟のあのアイデアも、もうひとつの「境界画定」である。どうもこのように自由な空間に境目をつけるというものの考え方は一種の排除の論理なので、多様な自然を尊重するわれわれ多神教の民族にとっては馴染めない発想である。ガリレオやデカルトを生んだ知性に関係するが、またアメリカの帝国主義的グローバリズムにもまっすぐにつながっている何かがあるように思える。

本書の第一章で私はアメリカを論じて次のような特徴を挙げた。アメリカ人は自らを一つの世界と思っていて、彼らにとって国際社会は存在しない。アメリカは戦争をするたびに大きく姿を変える国、戦争のさ中にその体質がダイナミックに変わる国である。脱領土的な世界支配をめざし、植民地はもたないが、その代わりより広大な空間の全域支配を狙い、他国操作の遠隔化、間接的な空間コントロールを特徴とする。その手段は一つは金融であり、もう一つは制空権の掌握である。イギリスも似ているが、こちらは制海権の掌握を特徴としていた。いずれにしてもアメリカの意図するグローバリズムは、〝ポルトガルの鎖〟になんと似ていることであろう。ポルトガルもまたインドなどの内陸の王権とは共存共栄で、脱領土的な世界支配を狙っていた。海という空間の遠隔操作、港の外での外国船の管理収奪、そして果断な武力の使用。

アメリカの主張するグローバリズムは自らがナショナル・エゴイズムをさながら持っていないかのごとき「正義」を前提としている。その正義がキリスト教の神の名において擁護され、唱導されてきた歴史的いきさつを思うと、ポルトガルのきわめてプリミティヴな野蛮と同一視することはもちろんまったくできないけれども、われわれ日本人から見ると、流れにおいてどこかでつながりがあるように思えてならない。ポルトガル、そしてスペインの二国は、現在のヨーロッパのどの国よりも、どこかアメリカを髣髴(ほうふつ)させる一面が強い。それもそのはず、南アメリカと北アメリカは基本において同一なのである。

中世末に正しい法理論争が起こらなかったのはなぜか

私は「そも、アメリカとは何者か」と題した本書の第一章に次のように書いている。

「私たちは空間的な拡大や移動を求めない民族だった。私たちだけではない、アジアの多くの民、大海原の向こうのインディアンたちも広がりを求めず、過剰を求めず、バッファローと共に暮らし、次の世代のために余分な狩りはしない民族、空間ではなく時間に自足していた民族であったに違いない。白人は彼らを追い詰め、抵抗に手が負えなくなってバッファローを大量虐殺することで民族としての息の根を止めた。」（本書35頁）

ポルトガルやスペインが手を染めた「大航海時代」における空間の拡大は、中世末の閉塞し押し潰された精神の暗闇、モンゴルとイスラムに追い詰められたヨーロッパ人の絶望が突如反転して爆発した自己救済の運動といってもよかった。時間にも空間にも自足していたインド洋沿岸の人々にはただひたすら驚愕（きょうがく）で、迷惑だったに相違ない。同じように三五〇年前にアメリカという国家の出現を海の彼方に見て首を傾げつつその進出と接近に不安を抱いたわれわれ日本人は、空間ではなく時間の充実に、ヨコ軸ではなくタテ軸の深化と成熟に、生を賭する民族だった。

異教徒の海を武力占拠し、原住民を奴隷化してもよいという正当戦争の根拠について、ポルトガルのジョアン三世は一五三〇年頃に一法学者に諮問し、大略次のような答申を得ていた。

一、イスラム教徒やトルコ人（オスマン・トルコのこと）はキリスト教徒の国土をこれまで不当に領有していたのだから、彼らに対する今までの戦争もこれからの戦争も正当である。
二、インド洋沿岸やブラジル人については、救世主は世界のすべての民の霊魂の救済のために、わが身の利害を省みない宣教師を派遣したのだから、彼らは優遇を受ける権利がある。宣教師の言葉を聴かなかったり彼らを迫害した者に対する戦争は正当である。
三、アメリカやアフリカ大陸内部の原住民はキリスト教の布教を別段妨害も圧迫もしていない。しかしながらこういう人々については、彼らは自然法に反する重大な罪を犯すような野蛮な悪習を守り、それを止めようともしない。こういう人々を服従させ、正道に導く戦争は正当である。
ことごとく手前勝手な論理であることには呆れ果てる。中世だったからではない。暗黒時代を生きていたからではない。文明が野蛮を制するというロジックは現代アメリカの政治や外交の底流にもあることは、歴史からの遠い信号として見逃せない。

ブッシュ元大統領はイラク戦争を始めるとき相手国を「悪の枢軸」と決めつけ、先制攻撃を正当化した。予告なしの先制攻撃の概念が日本では「侵略戦争」と翻訳、あるいは誤訳されてきたのであるから、東京裁判はあのとき完全に無効になったといえる。それはともかく、ブッシュの戦争が、文明は野蛮を制するロジックの適用例であったわけは、あのときアメリカが日本を引き合いに出したことに現われている。日本の民主化の成功例をアメリカの戦争の功績とし、イラクに民主主義というアメリカの文明をもたらすための戦争こそ今度の戦争だとしきりに合理化した。ポルトガルの「正当戦争」の根拠とほぼ同質の詭弁といってよいだろう。このロジックに反発した日本人は、背景の歴史が異なるイラクと日本を無差別に同一視するアメリカの乱暴と、アメリカ型民主主義を世界政治の普遍的模範と見立ててごり押しするいつもの幼稚さが、大軍の派兵を伴っていたことに驚きもし、恐ろしさも感じたのである。

日本は明治以来、すでに議会を持つ民主主義国家だった。不足や立ち遅れがあったことは別の問題である。戦前のアメリカの民主主義が完成品であったわけではない。ブッシュははしなくもアメリカの「文明」が戦前の日本の「野蛮」を制して、民主主義国家日本を作り上げたという単純なロジックに溺れ、イラクへの出撃の動機づけとした。〝ポルトガルの鎖〟の囲いの中で好き勝手に横暴に振る舞っていたアルブケルケ提督の中世人の自由とほとんど何も変わらない。昨今のヨーロッパの国々はもう少し国家間の不自由を知っていて洗練されている。少なくとも「悪の枢軸」というような言葉はヨーロッパの政治家の口からは出てこない。

ジョアン三世の受けた法学者の答申の中に「自然法に反する重大な罪」があるから現地住民を殺害してもよいという論法があった。人肉嗜食（じんにくししょく）や人身御供（ひとみごくう）のことが含意されていたらしい。自然法という概念は広くて曖昧である。アウシュヴィッツを裁いた法的には疑問の多い「人道に対する罪」も自然法に論拠を求めていた。人間ならそんなことはしない、あんなことをするのは人類のうちに入らない、そういう漠然たる判断が自然法の前提である。これはすべてを常識やコモンセンスの判断に委ねる平和で健全な市民社会では通用しても、ときには大変に常識からかけ離れたものの考え方や逸脱を生む可能性がある。「人間」とか「人類」という概念の基準をいったい誰が決めるのかがつねに大きな問題だからである。

戦争に疲れた中世ヨーロッパの人々の中には、ある段階でいたずらに異教徒と戦うことを望まない考えも強まっていた。異教徒の支配権や財産権を尊重する論拠を宗教の違いに求めれば争いは収まらない。そこでもっと違う普遍的規範はないかと考え、これを自然法に求めた。例えば、この世のすべての物は最初は「共有」であった。神以外の誰のものでもなかった。神の概念はそれぞれ違っても、先駆的自然状態は共有し合えるであろう。共有物はそれを最初に占有したものに所有権がある。これも共通の認識になり得るだろう。何人も占有していない空間は誰もが占有し得る。その代わり誰かに占有されている空間へ侵略することは許されない。これも共有できるだろう。

このような考え方を自然法と称したが、ここにも落とし穴があるのだ。オスマン・トルコなど境を接していた異教徒にはこれで対応できても、「何人も占有していない空間は誰もが占有し得る」は広いインド洋をポルトガル人がひとり占めする恰好の口実にならなかったであろうか。自然法を抜け道にする論争の自由が中世末のヨーロッパの思想界を混沌に陥(おとし)れたのだった。

首のない人間とか犬の姿をした人間が生まれたなど、無知と迷信にとらわれた最初のヨーロッパ人

一四世紀イギリスのジョン・マンデヴィルという男の『東方旅行記』(大場正史訳、平凡社東洋文庫、一九六四年)には山羊のなる樹だとか、太い足一本の人間だとか、犬の顔をした人間だとか、とりどりの奇譚が語られていた。それはこの書に限らない。遠い東方諸国は海水が沸騰し、波風が荒れ狂う地獄のような世界だという恐怖、暗黒の大地、途方もない生物の存在は当時の一般的な認識だったようだ。マンデヴィルは実在の人物かどうかは分からないらしいが、人々の好奇心を満たし、実話として受け取られていて、約二五〇もの写本が現存する。中世のヨーロッパ人は外の世界をあまり知らない。異文化、異民族に関する情報が極端に欠けていて、キリスト教徒の世界にだけ人間らしい人間が生きているのだと考えられていた。

いったいヨーロッパ世界はいつ成立したと見なされるのが正しいだろうか。これは大変に難しい問題だが、キリスト教文化圏にのみ限っていえば、いわゆる古代を知らない世界で、西洋史の中世と呼ばれる年代、九―一〇世紀頃に徐々に形成されたものであって、ユーラシア大陸の西端に形を成し始めたゲルマン人とローマ人の混血地帯、小文化圏がそもそもの始まりである。文化程度は低く、外敵の侵入に苦しみ、一時は完全消滅の危険にさらされながらも、一一―一二世紀頃に外に対し少しずつ反攻に転じた。古代ローマ文明からある要素を受け継ぎ、キリスト教という普遍宗教を心の支えとしてはいたものの、極端に閉ざされた精神文化圏であって、圧力をかけてくる異民族、異文化に対しては当然ながら不寛容で、攻撃的であった。自己を基準にして他を測る排他性は異教徒の社会との緊張が高まれば高まるほど激しくなっていくのは自然の成り行きであるが、外への拡大が単なる政治的征服ではなく、異民族に福音を伝えたいという願望、宗教的情熱を伴っていたことが著しい特徴だった。それは一面からいえばこの文明の光と闇を抱える複合性、二重性、ダイナミックな思想性の証明であったが、他面からいえば救い難い自己欺瞞のおそれを孕（はら）んでいた。

異教徒との主な戦いは四つあった。聖地イエルサレムの奪回をめざした十字軍、ドイツ騎士団がポーランドやエストニア地方を劫略した北の十字軍、イベリア半島からイスラム教徒を追い落した失地回復運動（レコンキスタ）、そしてきわめつきはスペインによる新大陸発見とポルトガルによるアフリカ南端を回ってのインド洋と太平洋への進出であった。

これら軍を進めた各方向のあらゆる地域でヨーロッパ人は自分たちと同じ人間に出会ってむしろ驚いていたことは間違いなく、そうであれば怪物や妖怪の存在をはっきり否定したくなるのが普通だと思われるが、しかし現実にはその逆だった。新大陸発見後のスペイン人たちを例にみると、奥地に行けば行くほど、彼らは幻想にとらえられていた。コロンブスにつづいた航海者たちは密林の奥に入って行っては、ひと口その水を飲めば老人もあっという間に若返るという「命の泉」を求めて探し歩いた記録が残されている。男なしで女だけが居住する国であるとか、頭や首がなく肩に眼があり胸に口のついた怪物の国とか、小人の王国とか、やがて黄金伝説や誇張された食人の風習も語られるようになった。メキシコやインカで現実に黄金帝国に出会ってこれを征服した事実はファンタジーをいく倍にも大きくするのに役立った。彼らを動かしたのは経済的欲望だけではなく、中世に書かれていた幻想的物語が久しく与えてきた幻であり、世界の終末は近づいている、あと一五〇〇年もすると世界は終わるというキリスト教徒に特有の黙示録（もくしろく）的信念がそこに重なっていた。

コロンブスは大西洋を横断する自らの行動を聖霊によってインスピレーションを与えられた宗教的一大事業と考えていたに相違ない。イベリア半島からイスラム教徒を追い払った年に船出したのは決して偶然ではなかった。スペインがイスラム教徒とユダヤ人を追放したうえでのキリスト教徒大同団結の年に、自分は世界史的大使命を果たすのだと秘かに自負していたに違いない。イエルサレムの奪還という十字軍の狙いとアメリカ大陸発見の目的とは根は一つなのである。コロンブスは大陸で出会う異教徒をすべてキリスト教に改宗させ、スペイン国王の忠実な下僕にすることをことあるごとに誓っていたし、また国王にそう書き送ってもいた。

インディオは人間かを真剣に問うた「バリャドリッド大論戦」の科白(せりふ)を紹介する

この同じ中世のスペインに、一〇〇〇年以上も闇に埋もれていた一群の文書が日の目を見て、ヨーロッパ精神史上に革命的な結果をもたらすという事件が起こっている。文書の中の代表の位置を占めていたのはアリストテレスの著作群だった。ギリシア語ではなくアラビア語に翻訳されていた。しかも土中に埋もれていたのを発掘されたのではなく、驚くべきことにコルドバやトレドなどの大学の図書館に所蔵されていたのだ。イスラムの支配からスペインが解放されたときにそれが分かった。

イスラム文明の知的財産となっていたアリストテレスやギリシアの科学者たちの著作を目の前

に見たとき、ヨーロッパ人は自分たちの文明がいかに遅れ、いかに狭い視野に閉ざされていたかに気がついたはずである。

アラビア人が興味を持っていたのはギリシアの科学と哲学だけで、数学も重視されていたが、ホメロスやギリシア悲劇には関心が払われていなかった。しかも古代シリア語からのアラビア語への重訳が多く、古典古代そのままの世界の再現ではもちろんない。それでも人文主義の始まりなのである。アリストテレスがヨーロッパ人の既存の世界観をくつがえし、真の科学をもたらし、すぐに社会が文書発見で変革されたわけではないものの、人間社会のあり方にも根本的に新しいモデルを提示し得たはずであった。三〇〇〇ページにも及ぶその著作は周知の通り生物学、自然学、論理学、心理学、倫理学、政治学までを網羅していた。そしてそれは西ヨーロッパ文明のその後の展開の基礎となる思想であるし、また事実その通りになったのである。そうであるならキリスト教徒は、これまで敵視してきた異教徒、よりにもよって最大の敵であったイスラム文明が、このように進んだ合理的知的体系を保存し、育成し、伝播と普及に貢献していたことを知ったときに強い羞恥の念に襲われなかったのであろうか。

図2-6　セバスチャン・ミュンスター『標準世界地理』挿図

異教徒や異文化に対する認識を改めなかったのであろうか。自分の文化圏の外で仮に違う体形、違う肌の色をした民族に出会ったとしても、自分の尺度で相手をきめつけてはいけない、地上には自分などの及びもつかない「他者」が存在するのだという謙虚な認識に立ち至らなかったのであろうか。

一五―一六世紀のスペインにとって最大の問題は新大陸の侵寇（しんこう）と獲得の事件であった。最初舞台はカリブ海域であり、やがてコルテスによるメキシコのアステカ王国の征服（一五二一年）へと移った。国王カルロス一世が神聖ローマ皇帝（カール五世）に選出されてからは、インディアス（スペイン人の植民地）から流れ込む金銀は王室財政を大きく潤し、なくてはならない帝国最大の支柱となった。スペイン人が野蛮人とみなすインディオの土地や財産を奪うことは果たして許されるか否か、その前にインディオはそもそも人間であるのか否かが、あらためてドミニコ会の修道僧を中心とする神学的哲学的論争の最も関心の集中するテーマとなった。そのとき討議者たちがつねに意識する思想的規準は聖アウグスティヌスであり、聖トマス・アクィナスであったが、しかしそれをさらに超える亀鑑（きかん）として仰ぎ見られていたのは、ほかでもない、アリストテレスであった。

インディアスの掠奪と殺戮を永年実見し、征服の中止を訴えつづけていた人に有名なドミニコ会士のラス・カサスがいる。彼の書いた『インディアスの破壊についての簡潔な報告』（染田秀藤（そめだひでふじ）訳、岩波文庫、二〇一三年）は衝撃的な内容で知られ、ロングセラーのはずである。彼の進言が国王に聴き入れられ、一五五〇年に王は新征服をいったん中止する勅令を出した。現地の荒廃の余りのひどさに気がついたのである。一四人委員会を作って問題の討議を行わせた。委員会のメンバーを前にしてラス・カサスは大論戦を展開した。相手はアリストテレス学者のセプールベダという当代きっての哲学者である。実行家の僧侶と近代国家スペインの意志を代表する思想家との間の、名づけて「バリャドリッド大論戦」（一五五〇―五一年）というこの興味深い討論の議事録は今に残っていない。一番これを知る良い資料は『アリストテレスとアメリカ・インディアン』（本書92頁参照）である。このことを私は知って、学習はしたし、詳しい緻密な解説は追跡に値すると思うのだが、この方面の専門家ではないし、ラテン語やスペイン語の原典も読めない。同書の概要をここで孫引きして述べるのも意味がない。そこで私が考えたのは、セプールベダ、ラス・カサス、それにもうひとりスペイン・スコラ哲学の良心といわれるビトリアの書の翻訳を手に入れたので、限られた紙数ではあるが、具体的な彼らの言葉を直かに示すことで、その息づかいにほんの少しでも触れ、論争の現場に迫りたいのである。

議事録が残っていないのだからこうでもするしか私は仕方がないのだ。概説めいたことは書きたくないので、私の読書体験を通じて歴史の現場にはるか遠い時代の遠い国からまっすぐに推参したいと考えたのである。

当時の体制思想の代弁者セプールベダ

『征服戦争は是か非か』（セプールベダ、染田秀藤訳、岩波書店、一九九二年）は二本の論考から成る。「フワン・ヒネース・デ・セプールベダが高名にして博学なセゴビア司教アントニオ・ラミレスに対して、戦争の正当原因を論じた自著を弁護する書」が一本目の論考で、「アポロギア」と略称される。これを今回瞥見する。原書はラテン語で、一五五〇年にローマにて出版された。その実質的な弁明は「キリスト教徒がその野蛮人たち（インディオのこと――引用者）を服従させ、支配するのはきわめて正当である。」の一行から始まる。インディオは野蛮な慣習に耽り、文字を持たず、思慮分別を弁（わきま）えず、残忍な悪習に染まっているからだ、といって現地から送られてきた征服記録を典拠にして述べ立てている。聖トマス・アクィナスによれば野蛮人とは理性を欠いた人のことで、彼らは思慮分別を弁えた立派な人に服従するのが自然法の定めであり、そうすれば優れた慣習や制度のもとで統治される利点も得られることになる。

「予め勧告が行われたにもかかわらず、彼らがその権威を認めない場合、武力を用いて強制的に認めさせることができる。その結果生じる戦争は、アリストテレス……や聖トマスの教えによれば、自然法に照らして正当なものになる。このことから、聖アウグスティヌスが『神の国』第五巻第一二章で言明しているように、他民族を支配したローマ人の帝国が正当なもので、神の望まれたものであったことが推察される。さらに、聖アウグスティヌスはのちに次のようにも記している。「神はローマ人に広大無辺の栄光ある帝国を授けたが、それは多くの民族の間で普及している重大な悪を征服するためであった」。つまり、ローマ人は栄光を求めて数多くの陋習を征服した、すなわち徳を育んだのである。

したがって〔キリスト教徒である〕スペイン人はローマ人よりはるかに正当な理由に基づいて、インディオを征服することができる。このことを裏づける作品に、聖トマスが聖アウグスティヌスに依拠して著した作品〔『君主統治論』〕がある。」

（前掲『征服戦争は是か非か』。以下同）

悪びれるふうも、ためらうふうもなく、堂々としたもの言いでかく喝破しているのを見て後世のわれわれは取りつく島もない。

自然法に反する大罪とは偶像崇拝と人身犠牲などである。旧約聖書の『申命記』によれば占い師、卜者、易者、呪術師、霊媒等々も神は厭われる。

「アリストテレスが説いているように、公けの大義かどうかは、一部の人たちの悪業もしくは善行ではなく、慣習や制度を考慮して見分けられなければならない。

したがって、大罪を愚かなこととみなさず、むしろ、公認しているような国は自然法を遵守していない国だと考えられる。例えば、あの野蛮人たち〔インディオのこと〕がそうで、彼らは数多くの地方で無辜な人々を殺害して神々に生け贄として捧げ、総じて、あらゆる罪の中で最も重い偶像崇拝を行い、大罪を犯しているのである……キリスト教徒が至高の法に基づく正当な罰として、あの野蛮人たちから生命や土地、それに財産をことごとく奪うことができたのは、彼らが神に背いたからということになる。それゆえ、キリスト教徒が彼らを支配できるのは言うまでもないが、しかし、彼らを支配するのはそのような罰を加えるためではない。と言うのも、スペインの歴代国王は法律を制定し、彼らから自由や財産を奪うことを禁止しているからである。むしろ野蛮人を支配するのは、彼らが一旦キリスト教徒の支配に従属することにより、先に記した罪、すなわち、神を甚だしく侮辱するような罪を断たざるをえなくなるのを、またより優れた慣習に親しみ、敬虔な人々と交わることにより、キリスト教と真実の神への信仰を受け入れる心の準備を整えるようになるのを願ってのことである。」

あくまで相手から奪うのではなく相手に与えるのであり、悪を亡ぼして善をもたらすのだという前提を変えない。いけ図々しいというか、一般にいつの時代にも変わらぬ戦勝者の詭弁というものなのかもしれない。そして相手の思想や精神を変える、つまりここではキリスト教に改宗させるということのためには、思想や精神の方法によるだけではダメだと言っている。

「彼らは一旦キリスト教徒の権力に服従し、不敬な宗教儀式から遠ざけられると、福音の説教を耳にするや時を移さず、集団をなして洗礼を求めにやって来るのである。つまり、敗者が勝者や支配者の慣習を素直に受容し、彼らの言動をすすんで真似るのは人間の習慣や本性に固有のものである。そのため、彼らは短期間のうちに、説教のみによる場合よりもはるかに確実に、キリスト教に改宗する。おそらく、説教だけで彼らを改宗させるには、三〇〇年以上はかかるだろう。アリストテレスの言によれば、「慣習の中に深く刻まれ、長い間維持されたものが言葉による説明だけで改められたり、根絶されたりすることはありえないし、たとえあったとしても、稀有である」。したがって、アリストテレスが言うには、そのためには、力が必要で、そこから、強制的な力をもつ法律が生まれたのである。」

「キリスト教徒がその義務を履行する方法は二つある。一つはもっぱら勧請と説教による方法であり、いま一つはそれと同時に武力を用い、相手に科される罰を恐れさせる方法で、その狙いは信じることを強制することではなく、信仰の説教と弘布を妨げるような障害を取り除くことにある。」

思想とか精神とかがいかに無力で、言葉による説得や勧誘で人を動かす範囲は限られている。政治による力、法律による縛りが人の心を変えるのにいかに決定的であるか、というセプールベダの指摘は辛辣で非人道主義的ではあるが、一定のリアリズムを具（そな）えている。しかも思想や精神の強制は逆効果になるからしない、とも言っている。広報すなわち政府の宣伝の邪魔になるような障害をまず取り除いて、後は支配者の無言の力と法の効果を待つ、と書かれているのを読むと、私は期せずして昭和二〇年（一九四五）のGHQ（連合国軍最高司令官総司令部）の威圧と押しつけ憲法の今日に及ぶ縛りの大きさを連想せずにはいられないのである。

「要約すれば、野蛮人を改宗させるには、方法は二つある。一つはもっぱら勧告、教育、説教によるもので、それは困難かつ時間のかかる方法で、数多くの危険と労苦によって実行が妨げられている。いま一つはそれに比べると、はるかに容易で、時間もかからず、効率的で、しかも、野蛮人にとってもきわめて有益な方法である。つまり、彼らを征服することである。思慮分別のある人なら、いずれの方法を採るべきかに迷ったりしない。とくに聖アウグスティヌスが先に引用した文章、つまり、「不信仰者に教えを説いても、恐怖心を植え付けなければ、彼らは古来の慣習に因循し、なかなか救霊への道を歩まないだろう」と述べて、より効率的な方法を採らなければならないと言明しているから、なおさらのことである。つまり、聖アウグスティヌスは教えを説くだけでなく、救霊への道を守る有益な力も行使しなければならないと明確に説いているのである。

「私は、野蛮人を信仰へ導くのに、彼らを予め征服するより、説教のみによるほうが効果があるとは思わない。むしろ、それは逆で、もし彼らを征服しなければ、以前言及したように、数多くの大きな障害によって説教は妨げられる。彼らを予めキリスト教徒の権力に従わせておけば、それらの障害は一つ残らずなくなる。したがって、戦争は説教や改宗化にとって必要であり、それは単に戦争のための戦争ではなく、彼らを征服しなければ、説教や改宗化が正しく、あるいは、大きな支障もなく、実行できないからである。アリストテレスによれば、ある物事が必要とされるには、五つの場合が考えられる。例えば、ある物事が必要だと言われるのは、それなくしては何かが生じないか、あるいは、正しく行われないときである。したがって、野蛮人が自らの意思で、武器に訴えることなく、私たちの支配に従わないかぎり、戦争は必要である。力を行使せずに教えを説くには相当な時間が必要で、しかも、それは数多くの障害によって妨げられるのである。」

アリストテレスがこのように解釈され、利用されるのを見ると現代人はほとんど絶句する思いだろう。なるほど、その『政治学』第一巻第五章に、生まれながら他人に服従し奉仕する人間が存在するといういわゆる先天的奴隷人説と呼ばれる説は唱えられてはいるが、アリストテレスの発見された著作は講義ノートで、彼自身の著述は古代においてすでに散逸消滅し、後代の他人の本の引用中に断片として残るのみである。だからアリストテレスの解釈は天文学的な割合で増えつづけていて、彼の真意、例えば真の奴隷がどこで自由人と見分けられるかなどが講義ノートに何ひとつ明示されていないことも今でははっきりしている。

「戦争によってその野蛮人たちが受ける損失と恵みを計算すれば、明らかに恵みのほうが多く、また、価値も高いので、それに比べれば、彼らの蒙る害は無きに等しい。結局のところ、彼らが蒙る不幸の最たるものは君主を変えなければならないことだが、すべての君主が罷免されるわけではなく、スペイン人がその必要性を認めた君主に限られる。それに、いまひとつの不幸は財産の大部分、つまり、彼らがさほど高く評価していない金、銀や貴金属を奪われることである。しかし、その代わり、野蛮人はスペイン人から見返りとして鉄という、生活にきわめて有用な、また、断然便利な金属をはじめ、小麦、大麦、豆類、その他、種々様様な果樹、オリーブ、馬、ラバ、ろば、羊、牛、山羊、その他、彼らが目にしたこともないものを数多く手に入れている。それらはすべて、スペインからもたらされ、その地方の住民に大きな恵みをもたらしている。これらの品物がそれぞれもたらす利益は野蛮人が金や銀から得ていた利益をはるかに上回っている。そのうえ、スペイン人がもたらしたものに、文字がある。野蛮人は文字をまったく知らず、読み書きの知識も全然ない。かてて加えて、彼らには人間的な生活や優れた法律と制度、それに、あらゆる種類の恵みをことごとく凌ぐほど大きな価値があるもの、つまり、真実の神およびキリスト教についての知識も授けられたのである。」

アメリカが戦後日本に民主主義を教え近代化を成功させたようにイラクにも同じ成功が期待される、とイラクとの開戦前に言ったブッシュ元大統領の言葉をあらためて思い出させる。

人類という近代的概念に囚われたビトリア

古代ギリシアの発見、人文主義の到来によって、人間世界はキリスト教徒のみから成り立つのではなく、異教徒を含んだ大きな世界であることが自覚されるようになったはずである。のみならず人間は大自然に、宇宙(コスモス)に包まれているのだという新しい認識をもたらしたはずである。このあとヨーロッパ文明はたしかに地球的規模で視野を拡大させていく。しかしキリスト教世界のみが真に人間の世界だという観念はそのままにして、視野だけ拡大されていくのか、それともこうした自己絶対化の硬い殻はいつかどこかで壊れるのか、そこが今日になお見えない謎であり、われわれのぶつかる困難事なのではないだろうか。

同じドミニコ会の修道士とはいえ、インディアスの現場から告発したラス・カサスのことはひとまず措く。今回取り上げるのはフランシスコ・デ・ビトリアで、彼はサラマンカ大学の神学教授として静かな学究生活を送っていた。例の「バリャドリッド大論戦」に先立って彼は立ち上がっていた。『人類共通の法を求めて』(ビトリア、佐々木孝訳、岩波書店、一九九三年)は「インディオについて」と「戦争の法について」の二つの特別講義から成る。原文はラテン語で、スペイン語訳がある。一五三九年の「インディオについて」の第一部「バルバロはいかなる法的根拠のもとにスペイン人の支配下に置かれるようになったか」の第一章「スペイン人の到来以前、バルバロは真の意味で所有者だったか」をここでは取り上げてみたい。バルバロ(野蛮人)は必ずしもインディオに限られていないと思うが、差し当たりはやはり新大陸の原住民のことである。

ビトリアは近代西洋の「国際法」の流れを切り拓いた役割から分かるように、法的根拠を問題にする。いったいどんな理屈が披露されたのであろうか。私はこういうテーマについて現代の研究家が概説風にまとめた文章をあまり読みたくない。ほんの二、三の事例でもいいし、短い紹介でもいいから、彼が発する具体的な言葉、ビトリアの声が聴きたい。

ビトリアもアリストテレスにこだわっている。『政治学』(一、五、一二五四a)の「ある者たちはその本性からして奴隷である」「命令するよりも奉仕することがふさわしい」等をどう解決するかに第一章を費やしている。インディオが土地や建物、財宝などの私的財産の合法的所有者だったか否かの問いに答えるために、一六項目を予めセットしている。まず第一項目で彼らは言われてきた通りバルバロで、獣と同じであり、統治能力がないのだとしても、スペイン人の到来以前、まだ奴隷ではなかった。奴隷であったのなら、スペイン人が新しい主人になることは可能であった。しかし、「彼らが公的にも私的にも、平和裡に物を所有していたという事実がある」。だとしたら真の所有者であって、「彼らの所有物を奪うことはできない」。

きわめて明快である。第二項から第九項まではインディオに限らずに、さまざまなマイナス条件をかかえたキリスト教徒に財産の所有権があるか否かをひとつずつ吟味している。大罪に陥っている罪人に物の所有権がないという人がいるが、それは誤りである。大罪は市民法上の所有権にとっても、また真の所有権にとっても妨げとはならない。また無信仰であることも所有権の妨げとはならない。

「信仰は自然法上の権利や人定法上の権利を取り上げることはしない。ところで、所有権は自然法にも人定法にも属する権利である。ゆえに信仰の欠如を理由に所有権が失われることはない。」

（前掲『人類共通の法を求めて』。以下同）

これは聖トマスの論証であるとも言っている。自然法の重視は中世カトリックの注目すべきポイントである。

たくさんの聖書からの引用や公会議の議論などが論証に援用されているが、省略させていただく。また、第五項から第九項までは異端者は異端のゆえにその所有権を失うことがあるのか否かが煩瑣な議論のつみ重ねで問われている。

第一〇項より以後第一六項まで再び本題に戻る。大罪によっても不信仰によっても財産の所有権が失われないならインディオもまた同様であって、そういう理由でインディオから財産を取り上げることはできないことになる、と聖トマスを援用して論陣を張っているのが第一〇項である。

第一一、一二項はもっと面白い。所有能力を持つために理性の行使が必要だろうか。動物は草や木に対する権利を持っている、と「創世の書」に言われているし、星もまた空を照らす権利を持っている、というある人の論に反対して、「非理性的な被造物は所有権を持っていない」とビトリアは明言している。「もしも動物が所有権を持っているとしたら、鹿から草を奪う者は……盗みをはたらくことになる〔という馬鹿げた結論になる〕」。

「猛獣は自分自身に対する所有権も有していない。したがって他の物に関してはなおさらそうである。このことは猛獣を殺したり、さらに楽しみのためにさえ殺すことができる、という事実によっても証明される。それゆえ哲学者〔アリストテレス〕は、動物を狩ることは正しいことであり自然なことである、と言っている（『政治学』一、八、一二五六b、十五―三十）。」

じつにまだるっこしい議論であるが、こういう初歩的例示の積み重ねはなかなか面白い。要は理性的な被造物だけがおのれの行為に対する主権、すなわち所有権を持っている、と言いたいのである。ビトリアはそう断じて、そのうえで第一三項でしからば子供は、第一四項で精神的無能力者は、所有権を有しているのか否かの問いを立て、有していると論証する。今その論証は省くが、これらの後でいよいよ第一五項で、インディオが精神的無能力者という理由で土地や財産の所有者であることを妨げられることはない、という議論へ踏み込んでいく。いくつもの思考手続きのステップを経て本来のテーマに辿り着くのである。

「証明は次のとおりである。つまり現実に彼らは精神的無能力者ではないし、むしろ彼らなりに理性を行使しているからだ。彼らが自分たちのことに関して、なんらかの秩序を保っていることは明らかである。つまり彼らはしかるべく統治された都市、はっきりとした結婚制度、行政組織、主君、法律、専門的な職人、交換経済などを有しており、これらすべては理性の行使を必要とする。さらに彼らが、一種の宗教を持ち、他の人間にとっても明白なことがらに関して誤ることがないことも、彼らが理性を行使していることを示している。神と自然は、人類の大多数の者に不可欠なことがらにおいて彼らを見捨てることはないのだ。」

ヨーロッパ文明には外部への攻撃一辺倒ではなく自分を否定し抑止する反対の衝動がつねに活発に働きつづけているが、セプールベダに対するビトリアの対応は早い時期のそのような二重性の証明である。ただしその自己抑制は次のような自己肯定を裏に秘めている。

「そして人間にとって重要なものは理性であり、行為に還元されないような潜在能力は無用のものである。もしかすると彼らは何千年ものあいだ救いの状態の圏外に置かれていたかも知れないが、しかしそれは彼らの責任ではない。なぜなら、彼らは罪の中に生まれ、洗礼を受けられず、救いに必要なことを求めるために理性を行使する機会に恵まれなかったと言えるからである。それゆえ私は、彼らがたいへん愚かで鈍感な者たちに見えるという事実は、その大部分が彼らの俗悪で野蛮な教育から来ていると考える。というのは、私たちの場合であっても、田舎の人たちの多くは動物とほとんど変わらないことを知っているからである。」

この文章の最終結論の第一六項は次のように展開している。

「以上述べたことから導き出されるのは、インディオはキリスト教徒と同じく、公的にも私的にも疑いもなく真の所有者であり、まさにその理由から、インディアスに住む個々人も君主たちも、あたかも真の所有者ではないかのようにその所有物を奪われてはならない、ということである。そして私たちに対していかなる害も与えない彼らに、たとえばサラセン人(イスラム教徒——引用者)やユダヤ人には認めているものを拒むことはひどい仕打ちと言えよう。つまり私たちはキリスト教の終生の敵たるサラセン人やユダヤ人には、キリスト教徒から奪ったものでないかぎり、その所有物に対する真の所有者であることを否定していないのである。

さて反対論証に答えなければならない。反論とは、インディオは生まれながらにして奴隷である、なぜなら自分自身を統治するのにさえ足りない理性しか持っていないから、というものである。それに対してはこう答えよう。アリストテレスの言わんとしたことが、わずかな理解力しか持っていない人は生まれながらにして奴隷であり、自分自身ならびにその持ち物に対する所有権を持っていない、ということでなかったことは確かである。ここで問題にされているのは市民法で言う合法的な奴隷身分であって、だれも生まれながらの奴隷ではない。またアリストテレスは、生まれながら精神的に弱くわずかな知性しか持っていない人間が、その財産を奪われたり、奴隷にされたり、売られたりすることができる、などと言うつもりもなかった。彼が言いたかったのは、そのような人たちには、他の人に統治されたり律せられたりする生まれながらの必要性がある。そして彼らにとって、子供たちが両親に、妻が夫に従属することが必要であるように、他の人に従属することがきわめて有益だということである。以上がアリストテレスの言いたかったことであるのは明らかである。なぜなら彼は、生まれながらに主人である人、つまり強力な知性を恵まれた人、がいるとも言っているからである。つまり、そういう人たちは、自分が人よりも頭がいいからという理由で、他の人たちをほしいままに支配できるという意味ではなく、彼らが他の人たちを律したり統治する能力を生まれながらに有している、という意味であることは確かである。このように、これらインディオたちがたとえ言われているように役立たずで野蛮であったとしても、だからと言って彼らに真の所有権があることを否定すべきではないし、市民法で言う奴隷のカテゴリーに属させるべきでもない。……ともあれ次の結論は確かである。すなわち、スペイン人の到来以前、彼らは公的にも私的にも真の所有者であった。」

以上、私は私見を交えず、セプールベダとビトリア、国家主義者と人類主義者の典型的な二つの主張を並べてみた。二人ともに理屈の立て方には中世人らしい稚拙な初歩性と現代に通じる合理的な現実性との両面がある。セプールベダに私はアメリカ占領軍の戦勝者の論理を見るし、ビトリアには今日の市民主義者の体面にこだわった自己主張の型を見る。どちらにとってもアリストテレスが決定者である。

ビトリアはアリストテレスの先天的奴隷人説についても見事な解釈を与えている。他の人に統治され律せられる必要性のある人間はこの現代にも数限りなく存在する。例えば、メディアに踊らされている大衆（マス）を考えてみてほしい。彼らは奴隷である。そう考えれば先天的奴隷人説は今の時代にもなお有効だとさえいえないだろうか。

正しいのはどちらでもないとラス・カサスは叫びつづけた

数世紀をへだててなお今日に衝撃力を持つ言葉は、国家や社会などを蔽っている通念や常識などの共通観念を突き破っている所がある。共同幻想の外に立っている部分があるからである。そういう言葉は時代とともに評価も変わり、あるときは裏切り者の言といわれ、あるときは先駆者の理想といわれたりする。評価が二転三転するのも珍しくない。枠に収まり切れないのは言葉が行動と結びついているからである。言葉が行動を追いかけ、追い切れない。同時代人がどんなに誤解しようとも、ただひたすら理想への情熱だけが彼を前へ走らせる。コロンブスの同時代人で、その第一次航海資料の残された唯一の記録者であり、かつコロンブスの所業の地上最大の批判者となった『インディアス史』の著者、ドミニコ会派の司祭バルトロメ・デ・ラス・カサスの言葉こそそういう言葉だった。

これまで私はセプールベダとビトリアという一六世紀スペイン思想界を代表する対立し合う二人を取り上げた。現代人にも分かり易くするために、二人を国家主義者対人類主義者、帝国主義者対市民主義者などと言い表わしたが、これは誤解を招きかねない捉え方だった。他に言いようがなかったので比喩的に用いただけである。キリスト教共同体内部の神学とアリストテレスなど古代文献発見後の初期人文主義とが混じり合ったあの時代の閉ざされた思想を、現代の用語で簡単に解き明かすことはできない。けれどもこれらに対しラス・カサスの言葉は、現代人にまっすぐに、鮮烈に伝わる。具象的で、視覚的だからである。カリブ海域で起こったむごたらしい惨劇をありのままに語っている言葉には、私が読んでも観念性が少ない。自らの行動と体験に基づいているからである。それに対しセプールベダやビトリアはインディアスに一度も滞在した経験がない。現場を見ていない。

セプールベダはメキシコのアステカ王国を征服したかのコルテスと面識があった。彼から得た情報や征服者たちの公刊記録に頼って、インディオは理性を持たない野蛮人(バルバロ)で、軍事力を行使して統治するのが一番ふさわしい相手だと認定していた。アリストテレスの政治学は都合よく拡大解釈されていた。それに対しビトリアはインディオもまた人間であり、異教徒も含めてすべての人間は共通の本性によって普遍的人類社会を構成するという、今のわれわれには当たり前になった理念を初めて高らかに謳った思想家として評価されている。

インディオの権利を擁護し、万民法（国際法）を国家の法の上位に置く彼の理論は、スアレスやグロティウスらの近代的な国際法学に道を拓き、「国際法の父」ともいわれた。中世スペインスコラ哲学はここから近代思想へと転じていく。けれども彼もまたカリブ海域に足を踏み入れたことはない。インディアスについては記録文書から判断していただけで、それなりに観念的で、ヨーロッパ・キリスト教世界の外でいったい何が起こっていたのかは本当には知らなかった、と私は思う。

ドミニコ会修道僧ラス・カサスは神聖ローマ帝国の皇帝として君臨するスペイン国王への忠誠を忘れたことはない人だった。諸王の上に立つローマ皇帝の理念をインディアスに移し植え、その理念の下でインディオたちに自由を与え、彼らの独立国を確保したいと考えていた。その限りでは彼は古い時代意識に囚われていた。諸王の上に君臨するローマ皇帝の理念は当時すでに過去のものになりつつあった。ビトリアはそれに気づいてはいた。彼は皇帝ではなく、諸王でもなければ諸国家でもなく、それらの上に「人類」という理想の標識が存在することを主張し始めていた。彼の訳書の題が『人類共通の法を求めて』（本書161頁参照）となっているのも宜（むべ）なる哉である。

ビトリアが近代社会にあるべき方向を指し示していたことは間違いない。ラス・カサスがそれに対しやや時代遅れの旧世界の通念に囚われていたことも――セプールベダのような覇権的教条主義とはまったく別であるが――否定できない。けれどもビトリアのめざす方向にある近代社会とはどこまでもヨーロッパ・キリスト教世界の内側の世界のことである。後で述べるが、このことは本書の中心テーマである。ラス・カサスがインディオとインディアスについて語ったことは、それにひき比べると、およそ正常な感覚をもって見つづけることができないこと、キリスト教徒がしたことなら信仰を覆えさずにはいられないようなこと、信徒なら心の奥底をかき乱され天を仰いで絶句せずにはいられないこと、「人類」などという収まりのいい安定した甘い概念など糞くらえと投げ出したくなるようなことばかりであった。

ラス・カサスは叫びつづけたのである。その声はセプールベダも、ビトリアも、凡百のあらゆる観念的思想家の言葉をはるかに飛び超えて今日に聞こえてくる。

本人はキリスト教の司祭であり、神聖ローマ皇帝としてのスペイン国王への忠誠心に篤いと自らそう思っていただろうけれども、彼の言葉は共同幻想の外に立っていたのだ。

コロンブスが発見し上陸した西インド諸島のその後

エスパニョーラ島はコロンブスが一四九二年一二月五日にインドと誤認して到着し、新世界最初のスペイン植民地を建設した土地である。現在はドミニカ共和国とハイチ共和国に二分されている。ラス・カサスの父親がコロンブスの第二次航海に参加しここに来ているが、彼自身がエスパニョーラ島に渡ったのは一五〇二年であった。よく知られた『インディアスの破壊についての

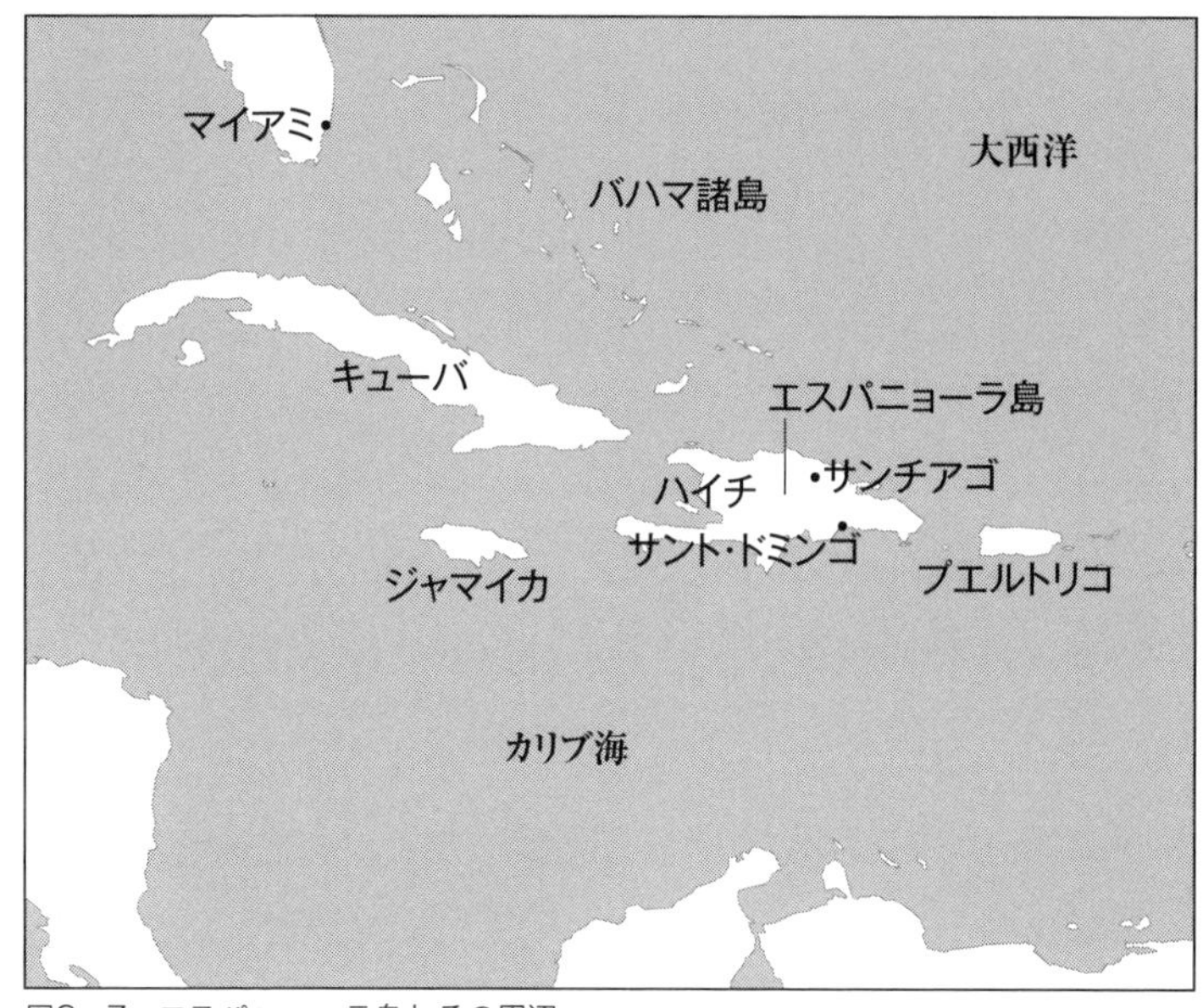

図2－7　エスパニョーラ島とその周辺

簡潔な報告』（染田秀藤訳、岩波文庫、二〇一三年）からまず引用する。

「キリスト教徒はまずインディオから女性や子どもを奪ってかしずかせ、虐待し、さらに、インディオが額に汗水流して手に入れた食物を取り上げて食べてしまった。インディオは各自出来る範囲で、キリスト教徒にすすんで食物を差し出したが、彼らはそれだけでは満足しなかったのである。確かに、インディオが差し出す食物はいつもわずかであったが、それというのも、ふつうインディオは日々生きていくのに必要な量の食物、それも、少し働けば手に入る量の食物しか手元に持っていなかったからである。インディオは一〇人家族が一カ月食べて暮らすのに十分すぎるほどの量の食物を三世帯分差し出しても、キリスト教徒はひとりで、しかも、わずか一日で、平らげてしまうのである。

　キリスト教徒はさらにそれ以外にも頻繁に脅迫したり、暴力や迫害を加えたりしたので、とうとうインディオは、そのような連中が天から舞い降りて来たはずがないと気づきはじめた。その結果、インディオの中には、食物を隠したり、妻子を匿ったりする者や、残虐で恐ろしい所業に耽る連中との接触を避けて山中へ逃げ込む者も現れた。

　キリスト教徒はインディオに平手打ちや拳骨をくらわしたり、時には棒で殴りつけたりし、ついには村を治める人たちにも暴力を揮うようになった。そして、それが嵩じて、キリスト教徒の隊長（カピタン）のひとり〔フランシスコ・ロルダーンか、その部下〕はエスパニョーラ島で最大の権勢を誇った王に対して、その妻を強姦するという、きわめて無謀かつ厚顔無恥な振る舞いに及んだ。」

私はここで引用を止めようかと思った。しかし残虐の具体的描写はむしろここから始まる。ラス・カサスの文章力はにわかには信じられないシーンを次々と形容語抜きで、思うがままに赤裸裸に自らの感情を入れず、即物的に展開することで効果を上げている。

「その時以来、インディオはキリスト教徒を彼らの土地から追放しようといろいろと策を練りはじめた。彼らは武器を手に起ち上がったが、武器とは言え、まったく粗末なもので、攻撃するにも迎え撃つにもほとんど役に立たず、と言って、身を守るのに役立つかと言えば、それすらも叶わないといった代物であった。したがって、インディオの行なう戦争は例外なく、ここ〔カスティーリャ＝レオン王国〕で行なわれている竹槍の模擬合戦か、さらに言えば、子どもたちの模擬合戦とさほど変わりがなかった。キリスト教徒は馬に跨り、剣と槍を構え、インディオを相手に前代未聞の殺戮や残虐な振る舞いに耽りはじめた。彼らは村々へ闖入し、子どもや老人だけでなく、身重の女性や産後間もない女性までも、見つけ次第、その腹を引き裂き、身体をずたずたに斬りきざんだ。それはまるで囲い場に閉じ込められた小羊の群れに襲いかかるのと変わらなかった。

キリスト教徒はインディオの身体を一刀両断にしたり、一太刀で首を斬りおとしたり、内臓を破裂させたりしてその腕を競いあい、それを賭け事にして楽しんだ。母親から乳飲み子を奪い取り、その子の足をつかんで岩に頭を叩きつけたキリスト教徒たちもいた。また、大笑いしながらふざけて、乳飲み子を仰向けに川へ投げおとし、乳飲み子が川に落ちると、「畜生、まだばたばたしてやがる」と叫んだ者たちもいれば、嬰児を母親もろとも剣で突き刺したキリスト教徒たちもいた。彼らは目の前にいたインディオ全員に、そのようなひどい仕打ちを加えたのである。

さらに、足がようやく地面につくぐらいの高さの大きな絞首台を組み立て、こともあろうに、我らが救世主と一二名の使徒を称え崇めるためだと言って、インディオを一三人ずつ一組にして、絞首台に吊り下げ、足元に薪を置き、それに火をつけ、彼らを焼き殺したキリスト教徒たちもいた。そのほかにも、インディオの身体を乾いた藁で縛り、その藁に火をつけ、彼らを焼き殺したキリスト教徒たちもいれば、インディオを生け捕りにしようとした者たちもいた。彼らは生け捕りにしたインディオたちの両手を斬りつけ、両手が辛うじて〔皮一枚で〕腕に繋がっている状態にしておいて、「手紙をもっていけ」と命じた。つまり、山へ逃げ込んで身を隠したインディオのところへ見せしめとしてことの次第を知らせに行かせたのである。」

もう一つの例を『裁かれるコロンブス』（ラス・カサス、長南実訳、岩波書店、一九九二年）から引用しよう。

「提督は、インディオたちが全土にわたって武器——じつのところ子どもだましみたいな武器ではあったけれども——を取りはじめ、キリスト教徒たちに対して憎悪を募らせてきたのを知ると、彼らインディオのほうがこれについては大きな道理と正当性をもっていたことも考慮しようとせずに、さきに述べたごとく、部下の者たちをあちこちに配備し、武力でもってこのエスパニョーラ島の全住民を制圧するために、できるだけ速やかに戦場へ赴く準備をした。そのために、なるべく丈夫なエスパーニャ人たち（というのは、大勢の者が病気にかかり、衰弱していた）から徒歩（かち）の者を二〇〇人と、騎馬の者を二〇人選び、たくさんの大弓とエスピンガルダ銃、槍と剣で装備し、それにもう一つ、インディオたちにとって馬の次に一番恐ろしく、ぞっとするような武器を付け加えた。その武器とは二〇匹の猟犬どもで、それらを解き放してやり、「かかれ」と号令した途端に、一匹ずつが一時間に一〇〇人のインディオをずたずたに咬み切る有様であった。この島の住民はすべて、ひたいのてっぺんから足の下まで完全に丸裸で暮らす習慣であったから、きわめて獰猛な猟犬どもが、鎖から解き放して号令する男たちに、さかんにそそのかされ、けしかけられたならば、丸裸の、皮膚のやわらかな肉体に対して、いったいどのようなふるまいをすることになるか、容易に想像できる。皮の固い豚とか、あるいは鹿とかに比べれば、ずっと大きな威力を発揮したことは確かである。

猟犬をつかうこの新しい方法は、このエスパニョーラ島で初めて、悪魔が思いつき、考え出し、そして思いのままに操ったものだが、やがてその後インディアスの全域へと広がって行ったものである。」（前掲、第一巻第百四章）

ラス・カサスは島に渡ってからはしばらくはインディオの反乱を鎮圧する側に立っていたし、やがて奴隷として彼らを所有・使役する農場経営にも当たっていた。コロンブスは一五〇六年五月二〇日にスペインで亡くなった。この頃ラス・カサスもスペインに戻って司祭に叙階された。コロンブスの息子のディエゴが総督の任命を受けるよう彼は陳情活動をし、協力したほどだった。そしてディエゴが一五一二年にキューバ島征服軍を出動させたとき、ラス・カサスも総督の友人として、また従軍司祭としてこれに加わった。軍勢の中にはかのコルテスもいた。キューバ島遠征で目撃した拷問と虐殺の余りのむごたらしさに彼は激しい良心の呵責を覚え、煩悶したともいわれる。

それに先立つ年のクリスマスの前の日曜日に、彼と同じドミニコ会士のモンテシノスという司祭が植民者の蛮行・非行をはげしく糾弾する説教を行った。反発が起こり、海を越えて国王の耳にも届いた。植民者を擁護するフランシスコ会とドミニコ会との争いにも発展した。国王は神学者や法律家に命じて会議を開かせ、討議させた。ここから世紀の大論争が始まった。そもそもエスパニョーラ島等で見出されたインディオたち原住民は果たして人間であるのかどうかという疑問が打ち出された。これまでに叙述してきた通り、一六世紀当時のヨーロッパではキリスト教徒の社会のみが真の人間の社会であり、その外部には化け物や妖怪の存在が予想されていたほど無知だった。イスラムやユダヤ教徒などの異教徒をも含んだ「人類」の観念は未発達だった。人文主義思想はまだ根づいていない。ビトリアのような最も先進的な考え方をする先駆的思想家は別として――だからこそ彼のいち早い近代性が顕彰されたわけだが――一般には国王も聖職者も民衆も、キリスト教中心の考え方にとどまっていて、異教徒に「万民法」（後の国際法）を適用する必要を認めなかった。まして理性を持たない野蛮人（バルバロ）は奴隷化するも生かすも殺すも勝手という判断は一般的だった。これまでにも見た通りアリストテレスの先天的奴隷人説が恣意的に利用される背景はここにあった。

モンテシノスの提議した大論争の結果、一五一二年に会議の結論をまとめた「ブルゴス法」が制定された。その内容はインディオの自由を規定し、代わりに彼らにキリスト教の信仰を要求し、スペイン人は労働を命じることはできるものの、正当な賃金を支払い、家や土地などを与え、文明の恩恵にできるだけ浴させるように努め、彼らを植民者の近くに居住せしめること、等々を定めている。これはすぐ分かるように妥協案であった。植民者の経済利益を損なわぬように工夫されていた。現地人は保護の対象とはされたが、労働が義務づけられた。

とはいえ「ブルゴス法」によってインディオが「人間」であると認められたことは画期的であったと言えなくはない。これによってスペイン人の加虐行為が止むという保証はなかったし、国民の偏見が改まる可能性もほとんどなかった。けれども何はともあれ、ここからすべてが始まったのだ。

「エンコミエンダ」の撤廃のための孤独な戦い

アステカ王国やインカ帝国の攻略によってスペインは一六世紀以来、悪の帝国の烙印を捺されて顰蹙(ひんしゅく)を買ってきただけに、原住民の人権に関する苦しい国内討議・哲学的煩悶の姿はむしろ意外であり、発見であるとさえいえるだろう。なぜなら一七―一八世紀以後のイギリス、オランダ、フランスによるアジア・アフリカの全域における植民帝国主義の進出において、一六世紀のスペインほどの激しい論争も、苦悩に満ちた内省もまったく認められなかったからである。この違いは中世カトリック教会の「自然法」に対する考え方に起因すると思うが、これは後に述べる。

この間ラス・カサスは苦渋の歳月を送っていた。一五一四年に従軍司祭の地位を捨て、農業に専念しながら聖書を前に日々祈りに明け暮れる観想生活を送っていたが、聖書の言葉とインディオを虐げている現実との余りの落差に自己矛盾の苦しみは頂点に達していた。一五一四年八月、彼は決意を固めた。所有していたインディオ奴隷を解放し、自らの農地エンコミエンダを放棄して、諸悪の根源がエンコミエンダ制にあることを宣言したうえ、以後残りの生涯を一貫してこの制度の不当性を訴え、廃止することを求める戦いに捧げたのだった。

「エンコミエンダ」というのはインディオがスペイン人のもとに集団で仕えて生活することを強制された制度で、スペイン人の側からすると、インディオの集団を割り当てられ、彼らを保護しキリスト教化する義務を負う代わりに、権利として彼らを労働させることが公認される制度であった。植民者が現地住民を囲い込んで労働にしばりつけるシステムのことである。「ブルゴス法」で彼らを植民者の近くに居住せしめるという一条が定められていたことを思い出していただきたい。自由民の否定であり、苦役の強制である。

実行家ラス・カサスによる魂ゆさぶる衝撃

インディオのある「首長(セニョール)」が逃亡を理由に処刑される寸前、キリスト教徒になれば天国に行けるといわれ、天国にスペイン人はいるのかと問い、必ずいるとの答を得て、それなら改宗はことわると言って従容(しょうよう)と死に臨んだという一件はラス・カサスに衝撃を与えた。キリスト教徒がおよそ聖書の教えに悖(もと)る非行を毎日のようにくりひろげているのを目撃させておいて、そこでインディオたちに神の教えを説くのはそもそも無理な話だった。ラス・カサスは教えを説く前にすることがあると言い出した。すべてのスペイン人を退去させ、宣教師のみが彼らの間に住んで、平和裡に布教を行うしか道はない、そのためにはエンコミエンダ制の全廃が必要である、と。彼は急進的だった。そもそも労働にインディオを使役することそのことに反対だった。スペイン王室の財政を揺るがしかねない根本的な改革を訴え始めた。一五一五年、彼はスペインに戻って国王に直訴した。国王が病歿すると摂政に渡りをつけて改革を迫った。そのあと死ぬまでの五〇年間、彼のやり方はつねに権力者を動かすことだった。それはきわめて巧妙で、しかも大抵成功した。彼の弁説と知恵は抜きん出ていた。と同時に私利私欲をいっさい離れて、インディアスの悲惨な現実を何とか変えたいという彼の情熱が人の心を打ち、反対者の烈しい敵意をまき起こすと同時に、協賛者の強い支持をも引き起こした。当時のスペインには「信仰」がまだ生きていた証拠だと解釈することもできる。

コロンブスが到着してから三〇年経つか経たぬかで、エスパニョーラ島の原住民はほとんど絶滅してしまった。同じことは近くのキューバ、プエルト・リコ、ジャマイカにも起こった（現在の住民は入れ換わった新来者である）。スペイン人植民者は労働者獲得のためインディオ狩りを遠い島々に広げて、南米大陸にまで手を伸ばした。この荒れた事態を何とか打開したいという思いはスペイン政府も同じだった。キューバ島で一つの社会的実験が行われた。残存したインディオをかき集め、スペイン人とは隔離した真空地帯を作って、棉（めん）や玉蜀黍（とうもろこし）を栽培させ、豚や鶏を飼育させ、偶像崇拝や邪教を禁じ、怠惰を戒め、その上でキリスト教に改宗させるのが一番いい、というのである。この実験はスペインの国家事業であったからこそ意義があったのだが、数度くり返され、そのつど失敗した。指導する側もされる側も最初の目論見(もくろみ)どおりについて来なかったのである。

ラス・カサスも負けてはいなかった。一五二〇年、宮廷深く食い入って新王カルロス一世を動かし、壮大な実験に挑戦した。スペイン農民を募って南アメリカの北岸に移住させ、インディオとの理想の共同体を建設するというユートピアの実現によって、エンコミエンダを廃止するアイデアであった。奴隷狩りで連れ去られたインディオを全部連れ戻し、神父たちの指導の下にキリスト教徒に改宗させ、そこで搾取のない農業共同体を作り、王室にも税を払い戻すという案であった。しかし、現実は厳しかった。インディオによる神父殺害事件が起こると、スペイン人による奴隷狩りが再び始まり、ラス・カサスが連れて来た農民へのインディオの襲撃も止むことなく、それに対し必ず報復の討伐がくり返された。

ラス・カサスの実験は平和的植民のみを許す国王の勅令に従っていたのだが、現地の植民者たちの彼への反感は強まるばかりで、命の危険を感じて彼は修道院に匿(かくま)われた。そこで大著『インディアス史』を書き上げた。彼が再びスペインの土を踏んだのは二〇年後の一五四〇年で、王は彼の報告を聞いて、評議会を招集し、抜本的見直しを諮った。この評議会のために書かれた報告書が世界的ベストセラー『インディアスの破壊についての簡潔な報告』である。評議会はインディオ保護とエンコミエンダ制の段階的廃止をうたった「インディアス新法」を公布した。しかし、植民地当局と現地スペイン人の不満やいら立ちが鎮静することはなく、単にラス・カサスへのいっそうの憎悪をあおる結果となった。

異端と異教徒は別次元の存在

中世スペインといえば峻厳苛烈な異端審問で名高い。異端者を容赦なく火あぶりの刑に処したことで知られるあの国の歴史の冷酷無比を頭に置くと、新大陸の未知の異教徒の扱いに国王や政府当局者までが戸惑い、あわてふためいている様子がむしろ不思議に思えてくるだろう。ドミニコ会士を中心にした司祭たちが救済に奔走し、哲学者や神学者たちが額を寄せて苦渋の反芻を重ねているのも、次の時代のイギリス人、フランス人、オランダ人には見られない初々しさで、スペイン人の良さの発見でさえある。名にし負うコルテスやピサロなどの征服者（コンキスタドール）と比較しての余りの違いについ驚くわけだが、民族性や気質の問題では必ずしもない。異端と異教徒とはキリスト教徒にとっては別次元の事柄なのである。

異端は許せないが、異教徒とは共存する可能性を完全に排除することはできないのだった。否、それどころではない、中世のスコラ学者、ことにトマス・アクィナスは、異教徒との共存の可能性を認めていた。とりわけ北方でロシア人、モンゴル人、チェコ人などと、東方でアラビア人、ペルシャ人などイスラム教徒と境を接していた関係で、異教徒との共存という考え方はカトリックのオーソドックスな立場だった。異教徒であるというだけでその土地を奪ってもいいとか、婦女子を犯してもいいとか、殺害してもいいというような説こそが異端であり、否定されるべき思想とされていた。コンスタンツ公会議（一四一四―一八年）で異端としての有罪判決を受けた宗教改革者ウィクリフは一般のカトリック信徒よりも異教徒に対して厳しい態度をとっていた。その点も彼が異端である理由になると見なされたのである。一般的にいってローマ教皇は異端には厳しく、異教徒には融和的で、生ぬるい対応を示すことが多かった。

キリスト教的近代西洋の二つの大きな閉ざされた意識空間

とりわけ寛容のローマ教皇でよく知られているのはインノケンティウス四世（在位一二四三―五四年）だった。その頃の主な異教徒の集団はイスラム教徒、リトアニア人、ラトビア人などバルト海沿岸の民族、そしてモンゴル人だった。

とはいえカトリック教会は最初から外の世界に融和的であったのではない。そもそも教会こそ十字軍の発起人だった。教皇は内部の異端に厳しく対処し、精神の純化を図り、そしてその上で外部に対し激しく戦闘し、ヨーロッパ世界を拡大した。東のイエルサレムや地中海域のイスラム教徒を攻撃し、バルト海域のスラブ人を討ち、イベリア半島からイスラム教徒を追い落とし、その同じ勢いがアメリカの新大陸発見へ向かった。しかし拡大がある範囲を越えると、異教徒との妥協をさぐり、融和的にならざるを得なくなるのは必然である。だから教皇の寛容とは外の世界に対するある種の政治的表現の信号にほかならないのである。教会が異端に厳しくなるのは集団としての教会の自己粛清と集中団結の意志の現われであるが、異教徒に融和的になるのは、攻撃し拡大した後のいわばひと休みの表現であるのかもしれない。

ヨーロッパ・キリスト教世界はつねにこのように自己を固めつつ外部の異教徒とのバランスを見ながら巧妙に拡大伸長を計ってきた。それは旧ソ連や中共のような一党独裁国家の内政と外交の相互補完関係と似ているといえなくはない。

インノケンティウス四世にとってはイエルサレムへの聖地回復の武力行使は正戦であり、聖戦だった。けれどもキリストの教えに従わないからといって、異教徒をむやみに奪い、犯し、殺すことは不法であり、許されないとした。寛容を旨とする教皇の基本をなす考え方は、自分たちと異教徒との間に人間であれば当然存在する共通の「自然法」があるという前提に発する。自然法というのは難しく考えるときりがないが、結婚は雌雄で行われる、人肉は食さない（共食いはしない）、人身御供は許されない、偶像崇拝はいけない、等々まだ他にもいろいろあるだろうが、カトリック教会は超越神とは別次元のレベルに自然法を措定していた節がある。日本人が知っておくべき面白い例を挙げると、戦後占領軍が靖国神社を焼き払おうとした。そのとき反対したのはカトリック教会だった。おそらくどの民族も命をかけた戦士を祀る権利があり、これはキリスト教の神を信じるか否かとは別の問題だ、という自然法への信仰がカトリックのオーソドックスの立場なのではないかと私は考えているが、いかがであろう。

さてそこで、インディアス問題に直かに関係するが、異教徒が占有または所有している土地を奪うことは許されるか否かという問題は、外部へ拡大するキリスト教徒にとって中世の早い時期から難問だった。インノケンティウス四世はこれは自然法に反すると考えた。この世におけるすべての物は最初、共有物である。誰も占有していない空間は誰もが占有し得るが、他の誰かに占有されている空間は何人によっても占有されない。自分が欲しないことを他人にしてはならないのが自然法の教えだからである。

教皇のこの考えは当時ドイツ騎士修道会がバルト海沿岸に進出し、リトアニアなどの住民を迫害していた「北の十字軍」を多少とも抑止する狙いに発していたと思われるが、しかしこのように異教徒の権利を認めることが、異教徒もキリスト教徒も含めてそれらの上位に立つべきローマ教皇の至上権と矛盾抵触して来ざるを得ない。教皇は異教徒に対しても裁判権を持たなくてはならない存在とされていたからである。

かくて彼が出した解決策は、武力を行使して異教徒を処罰することが許される正当な理由を自らのために二つ見出すことだった。その一つは異教徒が自然法に反する蛮行、男色とか一夫多妻、偶像崇拝などに陥っている場合に、これに対し刑罰戦争を命じることができるとする点である。二番目は、異教徒に信仰は強制すべきではないが、信仰の説得役、すなわち伝道者や宣教師を受け入れるよう求めることはできるので、これを拒否したり妨害したりする者には宣戦布告できるとする点である。一三世紀のインノケンティウス四世のこの認識と判定は次の世代に与えた影響力がきわめて大きかった。歴代の教皇がこれに倣(なら)った。一六世紀のジョアン三世がほぼ同趣旨の弁明をしている事実は、先にお伝えした通りである(本書144―145頁)。

以上を見ると、自然法は異教徒を迫害から守る楯にもなるが、迫害に口実を与える矛にもなる、文字通り「矛盾」そのものの扱いを受けていることになる。征服者コルテスの友で、アリストテレスを拡大解釈したかの「帝国主義者」セプールベダも、ほぼ同じ論法でインディオの自然法違反を侵略の口実に利用していたことを思い出してほしい。異教徒に融和的であることで歴史に名を遺したインノケンティウス四世の寛容の正体は暴露されている。

異教徒もキリスト教徒もともに共通の本性によって普遍的な「人類」であると、初めて高らかに謳った「国際法の父」ビトリアは、近代西洋の民主主義その他の法意識の伝統につながっていくが、その彼を思想的に背後から支えていたのも三世紀前のインノケンティウス四世であった。そしてインディオを「人間」として位置づけたその堂々たる主張が、打ち割ってみると、セプールベダとそう大きな違いはないと今知ることは、ある意味で大変に大きな驚きである。われわれ日本人がキリスト教的世界としての近代西洋というものの全体の正体が何であるかを見据えるためにも次の苦い認識から目をそむけてはならない。

ビトリアは、「インディオについて」第一部第三章で、野蛮人(バルバロ)に自由に福音を伝えることが妨害された場合、「応戦したり宣戦を布告することができる」と言っている。

「もしも他の方法をもってしては宗教のためにならないという理由があれば、スペイン人が彼らの土地や地方を占拠し、新しい支配者を任命してそれまでの支配者を退位させることが、そしてその他の正戦において許されているすべてのことを実行し、正しい戦争の法を行使することができるということである。」（前掲『人類共通の法を求めて』所収。以下同）

「もしも一部のバルバロがキリスト教に改宗したとして、彼らの君主が暴力をもって、あるいは脅しをもって彼らを偶像崇拝に引き戻そうと望む場合、スペイン人はそれを理由として、必要とあらば、そして他に方法がないのであれば、戦争を起こし、そうした不正を止めるようバルバロを強制し、聞きわけのない者たちに対して戦争の法を適用することができる、というものである。そして結果として、その他の正戦の場合同様、ときには彼らの支配者を更迭することもできる。」

キリスト教への改宗が目的のすべてであって、それが個々のインディオの宗教心や幸福にどうつながるかなどが念頭にない観念論である。これがビトリアの「人類」の概念である。彼がラス・カサスと違って海を渡ってインディアスの土を踏んでいないことがもちろん関係している。しかしそれだけではない、キリスト教的近代西洋は一つの大きな閉ざされた意識空間で、最初から中世西洋の闇に蔽われ、近代が始まった時点で外部の世界を見ない、あるいは自分に都合よくしか見ない、一つのフィクションであったことを暗示している。

ラス・カサス評価の浮き沈み

余談になるが、原爆投下に対しトルーマン大統領（在任一九四五―五三年）は「獣と接するときは相手を獣として扱わねばならない」と言った。アメリカは日本を何とかしてキリスト教化しようとして失敗した。日本人の天皇信仰はキリスト教徒の目からすれば「偶像崇拝」であって、まさしく「自然法」に反するのである。だから日本人は生まれつき攻撃的・侵略的・軍国主義的な国民であると決めつけることに躊躇しなかった。アメリカ合衆国は私の目からみると、ヨーロッパ諸国――啓蒙主義を知っている――以上に中世西洋の暗い翳りをどことなく背負っている。

さて、話は戻るが、インディオに対するスペイン人の残虐性と非人間性を告発したラス・カサスの一連の批判は「黒い伝説」と呼ばれ、スペイン国民を傷つけ、彼は裏切り者といわれた。一七―一八世紀にオランダやイギリスがこれを外交的に利用し、むごたらしい銅版画本を作って世界中に持ち歩いて、スペインを悪の帝国として喧伝した。しかし一九世紀に入ると中南米の各国が独立運動を開始して、インディアスは開放気分に蔽われ、ラス・カサスは先駆的思想家として評価された。とはいえ独立後の混乱が鎮まり、スペインの伝統文化が各国にもちこまれると、ラス・カサスは祖国の敵として再び批判された。だが、今はどうだろうか。一九九二年のコロンブスのアメリカ大陸発見の五〇〇年祭はアメリカでもついに封印された。コロンブスの史上最大の批判家ラス・カサスの言葉は、キリスト教的西洋世界の内側だけが世界ではないことを初めて知らせた雷鳴のような言葉であった。恐るべき真実を世界中に告知した原初の言葉だった。

近代はキリスト教的西洋世界が決してすべてではない。私たち日本人はそのことを一五〇〇年間体験しつづけてきたのである。そして、インディオには自ら表現する言葉がないけれども、私たちには言葉があるのである。

第三章
近世ヨーロッパの新大陸幻想

「海」から「陸」を抑えるイギリスの空間革命

イギリスがインドを制圧し、植民地にしたことは、イギリスがヨーロッパの支配空間を率先して拡大していく最初の最も重要な歴史の一つであった。一七五七年のプラッシー（インド・ベンガル地方の村）の戦いでフランスの干渉を排除し得たことが成功の端緒である。しかし支配を永く維持するにはイギリスならではの知恵があった。原地インド人の内部対立を利用するとか、巧みな人心掌握術とか、効果的に投げこまれる残酷な弾圧立法とか、統治の技術にはさすがと思わせるものが少なくないが、しかしそれらはオランダ、フランス、ロシア、アメリカにも共通しているあらゆる植民帝国の一般的なやり方である。イギリスにはイギリスでなければ考えつかない独自の方策があった。ポルトガルから学び、オランダと競争し、そしてフランスを寄せつけなかった、あの徹底して「海」から「陸」を抑えこむという独自な知恵である。

一九世紀初頭までシンガポールはほとんど何もない一個の平凡なマレー半島突端の小島であった。ここに目をつけたのがイギリス人のラッフルズという男だった。いま有名なラッフルズ・ホテルで名が残っているが、当時地政学などというものはなかったのに、この人口わずか一五〇の小村に着目した眼力は鋭い。イギリスは紅海からインド洋の出口のアデンを抑えていたので、インド南端セイロン島のコロンボと結んで、インド洋というものをこれにより自らの湖水、内海と化していくことに成功したのである。

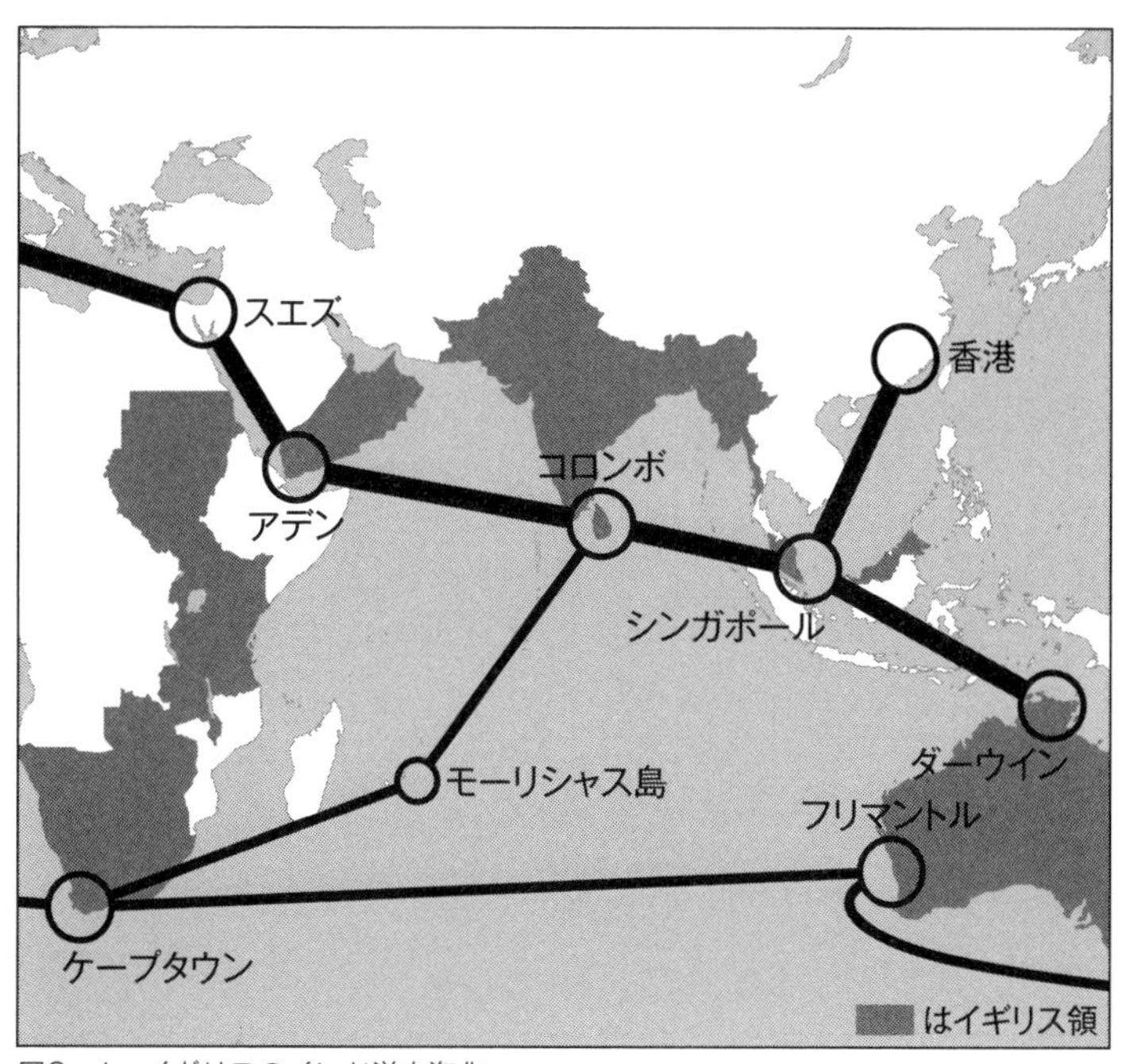

図3－1　イギリスのインド洋内海化

イギリスは手に入れたインドというものをいかにして英本国とつなぐかは、上陸して侵攻して以来最大の課題となっていた。ジブラルタルから地中海中部のマルタ島を中継拠点とし、紅海を抜けて、アデンからシンガポールへの通路の要点をつなぐルートが生命線である。東のほうではオーストラリアのダーウィンと香港を結ぶ三角形もシンガポールが要である。西のほうではアフリカの南端のケープタウンからインドをつなぐ海域はすべてイギリスの植民地あるいは勢力圏の中に用意周到に編入されている。アフリカの東側にある大きな島マダガスカルは違うではないかと人は言うであろう。マダガスカルはたしかにフランス領だった。しかしここがイギリスのすごい所である。

マダガスカルの侵略をめぐる英仏の競争は二五〇年もつづいたが、一八九六年にフランスの領有と決まったのに、それより前にイギリスは手ぬかりなく万全の措置を講じていた。マダガスカルから北方一〇〇〇キロの位置にあるセーシェル諸島、東方八〇〇キロの所にあるモーリシャス島、それから北へ六〇〇キロ離れているアミラント諸島など、誰も相手にしなかった島々をちゃんと抑えていて、しかもアフリカ対岸のケニアを領有し、イギリスはマダガスカルを包囲する陣型を固めていた。この大きな島はフランスに花を持たせてもイギリスはなんら痛痒を感じなかったのだ。これ以外の島の名はいちいち挙げないが、インドの南、西南、そしてジャワ島に近い処にある東南の飛石の小島をもことごとく掌中におさめ、インドとインド洋を取り囲む要地はすっかりわがものとしていた。いわばインド洋をイギリスの内海化する企てに成功したと言っていい。

ついでだから言っておくが、調べていて驚嘆したのはオーストラリアとカナダを領有したイギリスが一九世紀後半に太平洋上にこの両者を結ぶ海底ケーブルを通すために、一八七四年フィジー島、一八八九年フェニックス諸島、一八九二年エリス島その他の一連の島々をいち早く相次いで占拠していたことである。もちろんハワイも狙っていた。が、ハワイは砂糖業界の要請の強いアメリカに押し切られた（一八九八年）。かくて海底ケーブルの計画はハワイで中断され挫折した。イギリスとアメリカが当時は利害が対立し衝突していた現われだった。日本はハワイに移民を送りだしていた時代で、大隈重信外相を筆頭にアメリカのハワイ植民地化に抵抗し、反対の声を挙げはしたものの、力及ばなかった。恐らくイギリスの海底ケーブル設置計画などは知る由もなかったろう。イギリスとアメリカのここでの争いにも気がついていなかったろう。

話は少し先へ行き過ぎている。私は近世ヨーロッパの空間革命について語ろうとして、「海」から「陸」を抑えにかかるイギリス海軍の先手必勝の作戦が一六―一九世紀の西洋の歴史を動かした決定要因であったことをまず言いたかったまでである。そこにはヨーロッパの他の国の海軍にはなかった活動部隊が働いていたと私は考えている。

イギリスが守った欧州二〇〇年の平和

以上は結果から遡って過去を見ている後智恵の歴史の見方であることはよく分かっている。ただし日本を主座に置いて近い歴史を考える場合には、国王や王妃の血脈や気質に振り回される近世西洋王朝史の複雑さにとらわれたくない。その目まぐるしい戦乱と興亡の歴史に足を取られないために、ときに大摑みの単純な視点が必要だと考えている。

ウィーン会議（一八一四年）から第一次世界大戦（一九一四年）に至る一〇〇年間のヨーロッパは、ローマ帝国の解体より以後における最初の、戦争のない一世紀であった。なぜそれは可能になったのだろう。それ以前のイギリスは平和の歳月を知らなかった。名誉革命（一六八八年）からウィーン会議に至る一三〇年間の大半をイギリスは七回の戦争に費やした。その中の五つまではフランスとの戦争であり、残りの二つも――スペインと北米の植民地を相手にしたが――途中でフランスとの戦争に転化した。イギリスとフランスの戦争の目的は貿易と植民地をめぐる覇権闘争であった。

その際イギリスは海上における優越の保持に最大の力を注いだ。これが歴史を動かすポイントだった。フランス海軍を撃破するため本国基地よりいっそう遠隔の水域に出て行く必要があった。そこでより遠い要衝の地を獲得すべく、植民地をいたるところで拡大せざるを得なかったという事情もあったようだ。戦争の動機や起源はたいてい欧州内に生じたが、勝敗は欧州の外で行われた。そのため戦局は次第に海上に強いイギリスに有利に傾き、フランス革命とナポレオン戦争の時代を迎え、トラファルガーの海戦（一八〇五年）の勝利を経て、イギリスの制覇はほぼ確定的になった。他の欧州諸国の全艦隊の合計を超える海軍力をイギリスは保持するに至った。制海権の独占こそがこの国に栄光ある孤立を豪語させる自由を与えたのである。

クリミア戦争（一八五三―五六年）を除いて、イギリスはまる一世紀にわたって大陸の紛争に介入する必要がなかった。いかなる列強もイギリスの意に反し海外の領土を拡張したり併合したりすることはできなかった。植民地や貿易に発するどの紛争もイギリスの裁決に委ねるほかなかった。陸路によってはとうてい届かない遠隔地、インド、オーストラリア、南アフリカにもイギリスだけが自由にその勢力を広げることができた。オランダが後日インドネシアに、フランスがインドシナに力を温存することができたのも、いわばおこぼれにあずかったのであり、イギリスの目こぼしに合って許されたような体のものであった。二〇世紀という世紀の変わり目にドイツからの挑戦を受けるまでまったく揺るがなかった海上帝国としてのイギリスのパワーは、何に由来したのだろう。さんざん論じられて来た今では古いこの問いは、あるいはイギリス流の産業革命に、あるいは暴力革命を避けた議会制度の成熟に、あるいは紳士階級の国際的知見の広さと良識にその答えを求めてきたが、私はあえて近世西洋人の空間革命の意識、フロンティアを「新大陸」に求めたがゆえの「海」への進出に、イギリスが群を抜いて力を発揮した背景を備えていたからだと考えている。

そして、ポルトガルやスペインよりも少し遅れて、見方によってはほぼ同じ時代に、イギリス人の大航海時代への情熱も燃え上がっていた。情熱はしかもオランダ人やフランス人よりはもとより、ポルトガル人やスペイン人よりも、血ぬられた暴力と無法にいろどられてさえいたのである。

北西航路か北東航路かのつば競り合いが始まった

コロンブスがスペインから大西洋に出て行く頃かあるいはその前後にイギリスからアジアへ出て来る何艘かの船があった。ひとつはイギリスから北西の方向に進んで、アラスカの北からベーリング海峡を抜けてカムチャツカ半島より日本のほうへ出てくる北西航路だ。もうひとつはイギリスから北東に向かって、シベリアの北側を通りやはりベーリング海峡を経由して、ここから先どういう道かよく分からないが、右手にアジア、左手にアメリカが見えるところにまで達したという北東航路である。アメリカでは当時の地名でシエラ・ネバダ、今日のカリフォルニア近郊にまで足跡を刻んだという。北極を中心にした世界地図を見ると、なるほどそういうことかと納得がいく。こういう冒険をしたのは海洋商人たちである。半ば商人であり、同時に海賊であるような人々である。

イギリスの南西部にブリストルという町がある。ここに一四九三年にジョン・カボットとその子セバスチャンと名乗るイタリア商人が立ち現われ、北極海の向こうに新しい土地を発見したと報じた。このニュースは直ちにロンドンに届き、センセーションを巻き起こした。スペインではコロンブスが二度目の航海から帰ったばかりであり、ポルトガルではヴァスコ・ダ・ガマがまだアフリカの南端を回りインド洋に出ることに成功していなかった。それなのにカボット父子は北米大陸に達していたというのだ。重要な歴史事実でないはずはない。だが、人は歴史事実を残すために生きてはいない。詳細な記録を残さなかった探検、富と征服欲を同時代人にもたらさなかった発見は、忘却される運命にある。

北はアイスランドからイギリスの西海岸を経てポルトガルに至る大西洋に面した半円形状を思い描いていただきたい。そこに大小さまざまな港が連なっている。当時の海には国境なんかない。国籍にとらわれない冒険家たち、一攫千金を夢みる荒くれ男たちが海の彼方の未知の地についての経験談や情報を交換し合ったとされる海域の港である。ブリストルはいわばその中心の一つだった。

図3－2　北極を中心とした地図

北アメリカの存在はヴァイキングが往ったことがあるという伝説もあって、あの地域の船乗りたちの耳にはとうの昔に語り継がれていたと考えられる。しかもブリストル市民の幾人かが実際に踏査に成功したという確実な証拠は一四八一年に記録されている。ある商人のコロンブス宛て書簡に由るが、コロンブスの発見よりも一〇年以上前である。しかも黄金の国ジパングをめざしてのことではなく、どこまでも北米大陸が目的であった。大陸が南と北に二つあるなどということは当時誰も考えていなかった。ただ寒い海を越えた遠いところに巨大な未知の大地が存在しているらしい、ということだけが予想され、憧れと不安と幻影をかき立てていたのだった。

イギリス人によって正式に記録された北西航路の成功は一五〇八年である。北東航路はずっと遅く一五五〇年頃であった。そしてフランシス・ドレイクという名だたる海賊の活躍もこの頃である。彼は英王室の勅許によって掠奪と襲撃を公認されていた危うい国民的英雄で、世界周航の旅に出て、マゼランに次ぐ第二回目の周航をなし遂げたのは一五七七―八〇年であった。マゼランは途中で死亡しているが、ほぼ同じ航路を通って、ドレイクはものの見事に成功している。それだけではない。貧しかった英王室テューダー朝を財政的に支えたのも、中南米から戻ってくるスペインの金銀船団の待ち伏せ掠奪をくり返し成功させたドレイクの業績であった。一五八八年のスペイン無敵艦隊（アルマダ）を迎え撃ち撃破敗退せしめたのも、ドレイクらの海賊船団と王室海軍との一体化のおかげであった。あの「海」から「陸」を抑えるというイギリス国家の強さの秘訣は軍の起源が「海賊」にあったせいではないか。そう考えるほかないほど、一六―一八世紀において国家の背後に潜む非合法勢力のイギリス史における暗部の存在は隠すべくもなく、歴史的考察の網の目から漏らすわけにいかない重大な事実である。

アフリカの海では魚釣りのように気楽にニグロを捕まえる

私は一九六〇年代に初めてロンドンを訪れたとき黒人の余りの多さに驚いたものだった。ジャマイカからと聞いた。イギリス本国に黒人奴隷を搬入し使役した古い歴史はないはずだったので、不思議だった。

イギリスが奴隷貿易によってその資本主義の基盤を作り上げた国でもあることは近年では周知されているが、それはカリブ海の砂糖生産と関係があった。一七世紀後半―一八世紀にイギリスはリバプールからまず銃・日用品・衣類・靴・農耕具などをアフリカの黒人王国に持って行き、物々交換で黒人奴隷を獲得した。奴隷となる黒人は現地で戦争に敗れた捕虜たちであったらしい。イギリスは彼らを今度はカリブ海のスペイン植民地に持って行って、そこで物々交換で砂糖・タバコ・染料・木綿・ココアなどを入手してイギリス本国に運び、高値で販売した。この三角貿易(次頁の図3―3参照)によって、信じられないほどの莫大な利益を上げることが可能になった。

イギリスの奴隷貿易への関与は一五六〇年代に始まり、廃止は一八三三年で、約二七〇年間にわたる。ロシアの悪名高い農奴解放令(一八六一年)とわずかの年差しかない。この間に一〇〇〇万人以上の黒人奴隷がカリブ海やアメリカ大陸に売却された。大切なことはエリザベス女王が

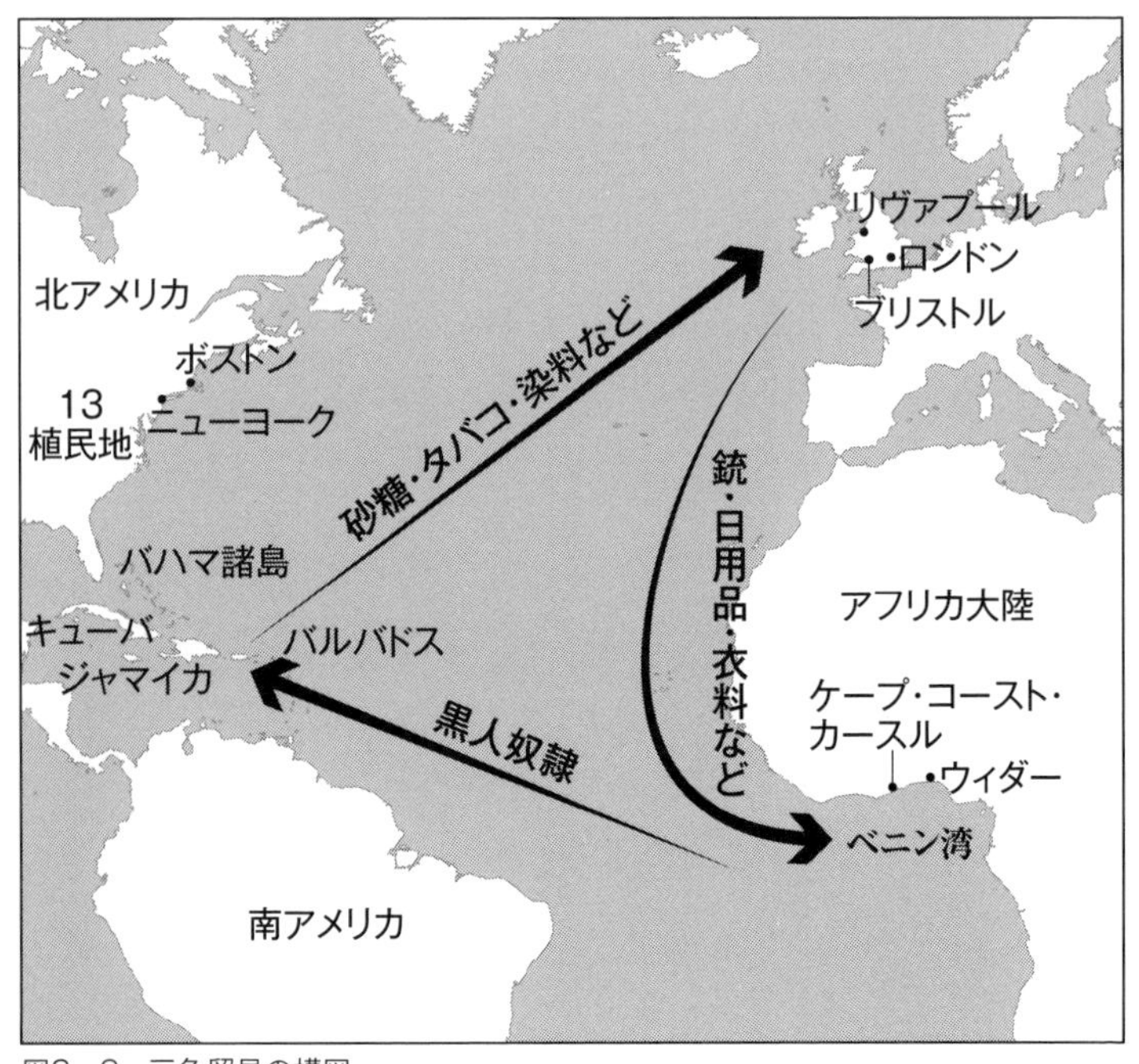

図3－3　三角貿易の構図

最初から深く関与し、貧しい二流国家だったテューダー朝が台頭し、スペインを破り、オランダに追いせまる過程で、奴隷貿易による利益が決定的な役割を果たしていたことだった。一回の貿易で一年間の国家予算の五パーセントにものぼる金額を稼ぎ出したという。ジェームズ・ワットによる蒸気機関の発明もこの奴隷貿易で得た巨額の資金によって初めて可能になったのだという説もある。

一六世紀にエリザベス女王をこの件にまき込んだ人物に、貿易商人と海賊の二つの顔を持つジョン・ホーキンズという男がいる。ホーキンズ家は英王室に代々仕えてきた名門であった。彼はスペイン無敵艦隊（アルマダ）との戦いでイギリス海軍に貢献した功績で騎士（ナイト）に叙せられ、また、金銀満載のスペイン船、ポルトガル船を襲撃・掠奪して、イギリス財政を支えたもう一人の人物でもある点で、先に取り上げたフランシス・ドレイクによく似ている。それもそのはず、ドレイクはホーキンズ家に幼少の頃から預けられ、そこに住み込んで、ホーキンズから海賊としての生き方を叩き込まれたいわば弟子筋に当たる。奴隷貿易に手を付けたのはドレイクではなく、師匠格のホーキンズのほうだった。彼がエリザベス女王に途轍もない儲け話を持ち込んだ張本人である。いったい奴隷はどのようにして捕獲されたのだろうか。豊臣秀吉が日本人が奴隷船に乗せられていくのを知って激怒した、ちょうどあの時代の頃の話である。ホーキンズは次のように記述している。

「……ここで水を補給して、一五六七年一一月の四日にギニアの海岸にむけて同島を出発、一一月一八日にヴェルデ岬に到達した。ここでわれらは一五〇人の人員を上陸させた。ニグロを捕えようというつもりだったのだが、収穫はほんの僅かしかなく、それも当方の人員に大きな損害を受けてのことであった。損害は主として相手方の毒矢によるもので、それは、始めはほんの些細な傷と見えたのに、出血のあった者は結局はほとんど一人も助からず、まことに奇妙な死に方をした。死ぬ前一〇日ほどの間、傷そのものは治（なお）っているのに、口を強く閉じたまま死んで行ったのだ。余自身もいちばん重傷を受けた中の一人だったが、神のおかげで助かった。この時から一月一二日までの日数を、われらはギニアの海岸で過ごし、リオ・グランデをはじめとする諸河川からシエラ・レオネ(ギニアの隣国——引用者)まで極力探し廻ったが、この間に手に入れ得たニグロの総数は一五〇に達しなかった」。

(『大航海時代叢書』第Ⅱ期17、朱牟田夏雄訳、岩波書店、一九八三年)

まるで浅瀬の海辺でとびはねている小魚をつかまえるような安直さでニグロ(現地人)をつかまえては、生かすも殺すも好き勝手のこの感覚は、ミサイル飛び交う現代戦争のすさまじさとはまた違った意味での恐ろしさと残忍さを感じさせずにはおかない。

「そこで、乗員たちに病人は出る、季節が遅くなったためにこの海岸をもう離れねばならない、しかも西インドの海岸に持ってゆくべき商品はほとんどない、等々の悪条件が揃った中で、余は部下の連中と、金鉱の海岸に行ってみる相談を始めた。そこで多少とも黄金を入手してわれらの商品ともし、またこれによってわれらの出費の補いもしたいとの期待からであった。ところがちょうどそういう時に、ある王から派遣されたニグロが一人訪ねて来た。聞けばこの王は、近隣の他の王たちから圧迫を受けて、われらの援助を求めて来たのだが、この戦いによって獲得された限りのニグロは全員、右の王が捕えた者とわれら自身が捕えた者とを問わず、みなわれらの用に供することを約束するというのである。そこでわれらは援助を与えることに決して、乗員一二〇人を送り、この部隊は一月一五日、われらの同盟側に敵対するニグロがたてこもる一つの町を襲撃した。そこには八〇〇〇の住民がおり、彼らの流儀ながら厳重に杭や柵をめぐらして防禦を固めていたから、わが隊もそれを打ち破るどころか、六人を失い四〇人の傷者を出して、ただちに余のもとにさらに援軍を求めて来た。そこで余は、この冒険の成功がわれらの航海の利得を大いに増進する可能性を考えて、余自身で出向くこととし、われらの味方である王の援軍も得て、海陸双方から町を攻撃、また猛烈な火攻めを加えて（町の家屋は乾いた椰子の葉でおおわれていたから）、ついに町を占領、住民らを追い払って、男女、子供を合わせてわれらの手で二五〇人を捕獲、また、友軍の王が捕虜とした数は六〇〇に及んだ。われらはもちろんこの六〇〇を、われらの自由にし得るものと期待したが、ニグロの王は（この民族にはほとんどあるいはまったく真実は認められない）、はじめからそっくり自分の勝手にするつもりで、その夜のうちに陣営を引き払うとともに捕虜全員をも他に移してしまった。従ってわれらは、われら自身で捕えた少数だけで満足せねばならなかった。」

（前掲『大航海時代叢書』第Ⅱ期17）

右は奴隷狩りを始めたばかりの記録と思われる。うまく行かなかったようだ。ホーキンズはそこでポルトガルの奴隷船を大西洋上で待ち伏せし、船と人間をまるごと強奪するという挙に出た。こうやれば何百人という奴隷を労せずしていっぺんに手に入れられるし、イギリス船より性能に秀れたポルトガル船をもせしめることができる。奴隷をのせたポルトガル船をイギリス船と偽って、積み荷の奴隷はカリブ海で売り払い、空（から）になった船にタバコや砂糖や染料などを積み込んでイギリス本国の港へ堂々と帰還したのである。しかも歓呼の声で迎えられた。こういうことが許される時代だったのだといえばそれまでだが、被害の大きさに苦しんだポルトガル政府は再三エリザベス女王に抗議を申し込んだそうである。

一番の問題は海賊行為が英王室に黙認されていただけでなく、王室海軍と切っても切れない関係にあったことである。ホーキンズは輝かしい経歴の持主とみなされ、権力中枢の人物の令嬢と結婚した。イギリス王室と海賊との結びつきについては最近の日本人研究者の間でも注目する人が多いらしく、次に示す著作にも取り上げられている。

「当時のイギリスでは、海賊船団に王室海軍の帆船が編入されたり、逆に王室海軍の遠洋艦隊に海賊船が参加したりと、両者は不可分の、持ちつ持たれつの相互依存関係にあった。」

「現実の海戦において、王室海軍と海賊の異なる指揮命令系統を調整するという、大きな役割を演じたのが、交渉力に長けたホーキンズであった。海賊と王室海軍の協力関係を見事に調整、エリザベス女王流の連合艦隊を編成し、なおかつ海賊船「アークロイヤル」を動員して無敵艦隊への攻撃を率先して行なった。その功績を讃えられ、ホーキンズは総司令官からナイトに叙せられた。二〇世紀にイギリス海軍の航空母艦として活躍した「アークロイヤル」の名前は、無敵艦隊との海戦で名を馳せたこの海賊船に由来する。」

（竹田いさみ『世界史をつくった海賊』ちくま新書、二〇一一年）

トラファルガーの勝利から第一次世界大戦まで「パックス・ブリタニカ」の名をほしいままにしたイギリスの制海権の独占が三〇〇年前の「背徳」に起源を発していたことは何ら驚くに当たらない。冒頭に述べた「インド洋の内海化」のあの舌を巻く知恵はホーキンズやドレイクが大西

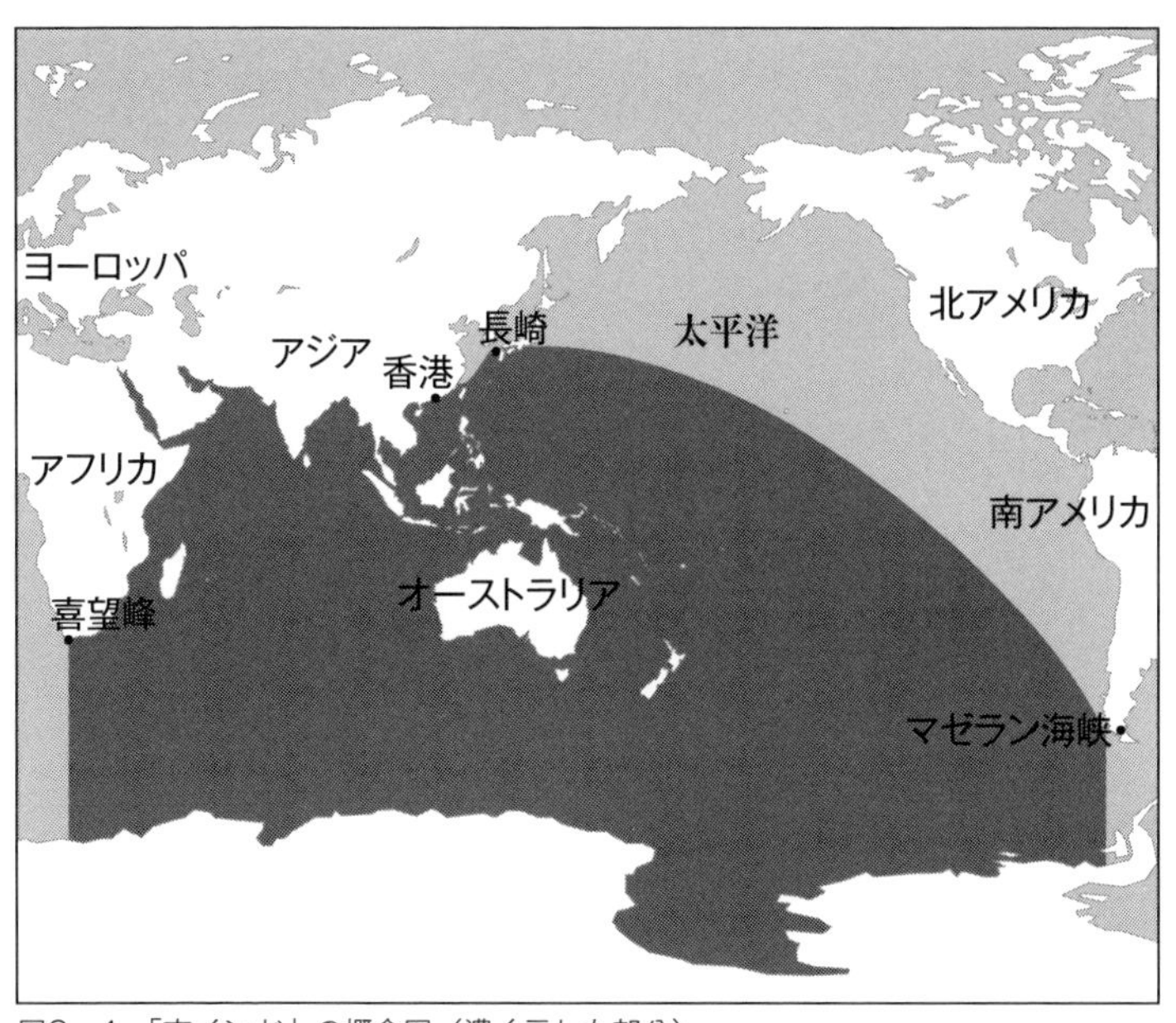

図3-4 「東インド」の概念図（濃く示した部分）

洋に展開してみせた野蛮の歴史のほとんど延長線上にあると考えられる。政治や軍事を道徳で論議するつもりは私にはない。ただ同じ時代のカリブ海の悲劇に関与しながらイギリスにはひとりのラス・カサスも出現しなかったし、「インディオは人間か」をめぐってスペイン王室が知識人を動員して大討論会を開かせたようなことも起こらなかった。イギリスの司祭が黒人奴隷の是非をめぐって神学論争に明け暮れたという話もついに聞かない。一五三四年にイギリス教会がローマから分離したことはこの点にどう関係があったかなかったか、私には判断できない。ただこのあとカトリック国スペインは近代化に立ち遅れ、新教国オランダ、イギリスが海洋国家として時代の先端を走り始めたという事実があるだけである。東インド会社がイギリスでは一六〇〇年、オランダでは一六〇二年に設立された。後者が前者を約一〇〇年間圧倒した。造船の技術はオランダが格段に上で、イギリスは上等なオランダの船を掠奪して船団を組むしかなかったのが一六―一七世紀の現実である。

ただわれわれにとってここで大切なのは「東インド」という概念である。前頁の図3―4に示されたのは東インド会社の営業地域である。このように地図にラインを引いて「境界」を定めるのはトルデシリャス条約にすでにみられた西洋人の知性のタイプを示す。「境界」はアリストテレス以来ライン の内側を文明、外側を野蛮と見なす手前勝手な標識――実際には逆だったはずだが――に外ならない。ここでもう一つ言えるのは東インドとは「海」のことだという点である。

アメリカ大陸が「島」に見えてくるまで眼を磨かなくてはならない

ドイツの公法学者カール・シュミットに『陸と海と――世界史的一考察』という魅力的な著作がある。その中に次のような含みのある表現があった。「海からだけの視点にとっては、大陸とはただの海岸、「背後地域」のある沿岸でしかない。大洋から、また海洋的存在から見ると、陸地全体ですらもただの漂流物、海の排泄物であることになる。」

(生松敬三・前野光弘訳、慈学社出版、二〇〇六年)

「東インド」を説明した図3―4を眺めていると、この言葉には妙に生々しい説得力が感じられる。私は前に「ポルトガルの鎖」について次のように書いたことがある（本書139―140頁）。インド洋に初めて入ってきたポルトガル人はいきなり沿岸地域に発砲し、陸地の奥にある王家や住民には関心がなく、海上に鎖のように軍艦を配置して、港に出入りする沿岸各国の船を臨検し、税を徴収するという海上帝国の本領をいかんなく発揮したいきさつを叙述した。ポルトガル海軍はこのやり方でまたたく間にマラッカ海峡にまで勢力を伸ばし、日本に種子島銃を運んできた。私はイギリス海軍はポルトガルのこの精神を継承しているのだと考えている。つまり、「海」から「陸」を抑え込み、大陸全体をコントロールするというあのイギリスの一貫した方式はポルトガルに先例を見る。

「一つの陸国が地球全体を包含するような世界権力を行使できるなどという考えは、陸国の世界観からすれば途方もないことであり、耐えられぬことであろう。ところが、陸から離れた海上の存在の上にうちたてられ、世界の大洋を包含する世界支配は、そうではないのである。ヨーロッパ北西辺に位置する比較的小さな島が、陸に背を向け海に賭けることによって世界帝国の中心となった」とシュミットも書いている。彼はイギリスを礼讃しているのだろうか。帝国イギリスに永続性があると、この著作の書かれた第二次大戦直後に考えていたのだろうか。

シュミットはアメリカの提督アルフレッド・T・マハンの例の『海上権力史論』（一八九〇）を引用して、マハンが米英の再統一の可能性、アングロ・サクソン民族による世界の海の支配の維持を唱えた説に注目し、これは一大事だと言っているのである。これは「新しい空間秩序の根本的な核心をついていない」昔の海の戦士たちの精神からではなく、アメリカとイギリスが手を組む「安全を求める保守的な欲求」に発している思想だと、疑問を述べているのだが、そのときマハンの言葉として、アメリカは「島国」だという驚かされる言い方を記している。

「イギリス自身は現代の発展にはあまりにも小さくなりすぎてしまい、したがってもはやこれまでの意味での島ではなくなっている。これに対して、アメリカ合衆国は時代にふさわしい真の島である。このことはアメリカの広さのためこれまでは意識されなかったことであるが、しかし今日の尺度と大きさの比率にかなっている。合衆国の島国としての性格は、海洋支配がもっと幅広い基盤の上で維持され持続されうるように働きかける。アメリカはイギリスよりももっと大きな島であり、この島からイギリスの海の占取を永遠不滅のものとし、アングロ・アメリカ人の海による世界支配としてそれをより大規模に続けなければならない、とマハンは言うのである。」

（『海上権力史論』北村謙一訳、原書房、二〇〇八年）

マハンの頭に宿っているのはイギリスの海上権、制海権による世界征覇の見事さであり、アメリカがそれを引き継ぐことによる支配の永続性への期待であり、要請であろう。アメリカは「島」である、は意表を突く表現であるが、島だからこそ陸にとらわれず、イギリスのように海上に出て、陸を外からコントロールする自由を確保できる。アメリカはたしかに伝統的に他国の領土に関心がない国なのだ。脱領土的世界支配に知恵を磨いてきている。しかし世界を全土としてコントロールしたいという他国干渉欲をつねに持っている。

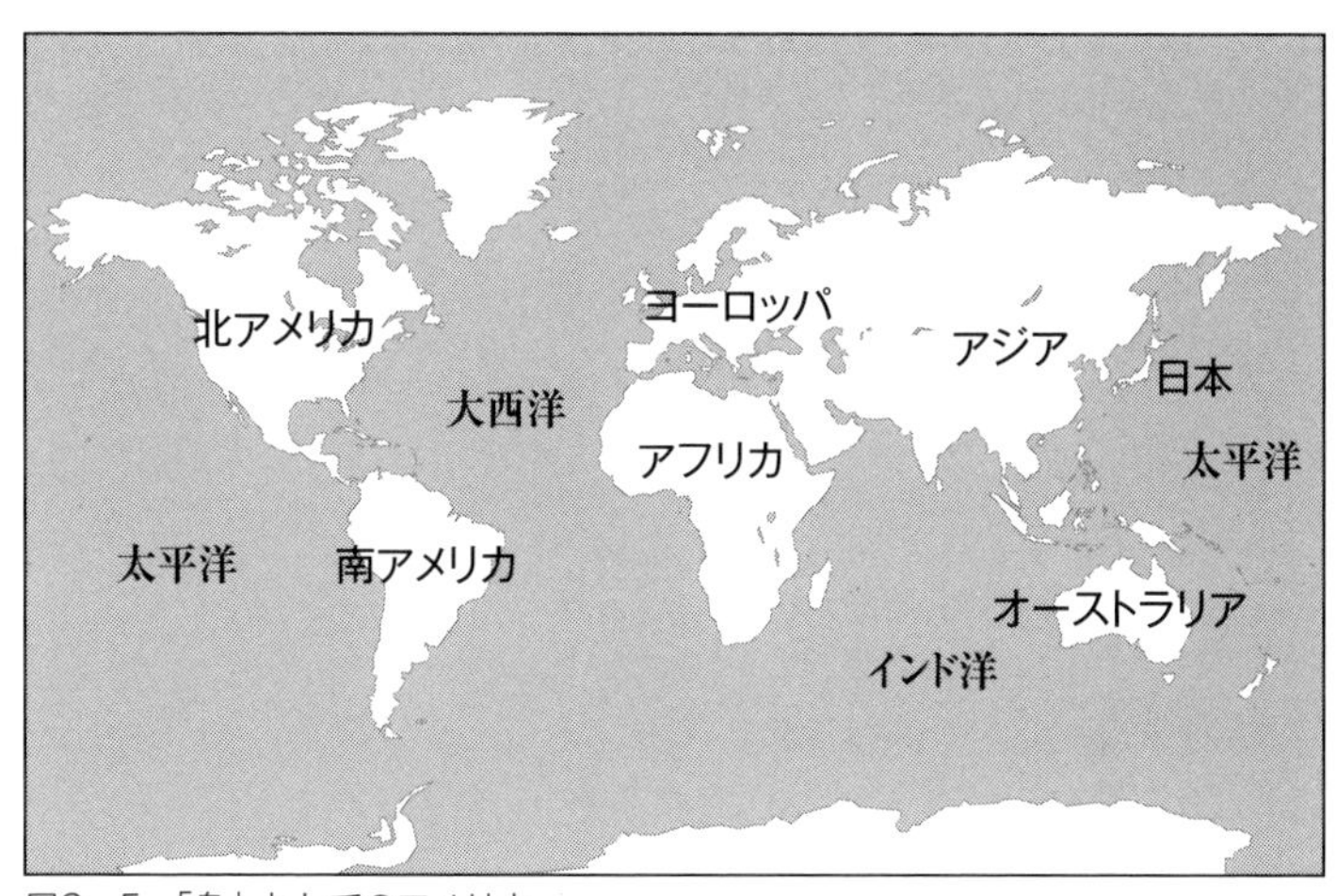

図3-5 「島」としてのアメリカ

アメリカは島である、は視点を替えれば現代にこそリアリティのある言葉ではないか。イギリスのように海に出ることだけが能ではない。「海」を「空」と置き換えたら、マハンの期待と要請はほとんどそのまま実現されているのが第二次大戦後の歴史の姿ではないだろうか。

イギリスが「海」を制し、それをアメリカが「空」で引き受けた、という世界支配の構図がこの先どうなるかは分からないが、なぜ近世ヨーロッパが「海」に活路を拓けたかを考える場合に、忘れてならないのはそれより以前の地球の力の中心はどこにあり、どのように移動したかというもう一つの視点である。

目を「海」から「陸」にもう一度転じたい。一五―一六世紀まで地上で最も活力に溢れた地域はユーラシアの中央を占める大草原であった。そこを支配したのはトルコ系遊牧騎馬民族(モンゴル人）だった。彼らが力で制圧した秩序は、東洋と西洋を一つに結ぶ安全な交通路を可能にした。マルコ・ポーロの『東方見聞録』は〝モンゴルの平和〟なくしてあり得なかった。そしてそれが西洋人たちのジパングへの空想、東インドの物産への欲望をかき立てた。

一四世紀後半から徐々に、モンゴル帝国の衰退が始まった。ユーラシア大陸の中心部のパワーが衰えるにつれ、大陸の西端と東端、すなわちモンゴルに痛めつけられなかった二つの地域、ヨーロッパと日本が徐々に本格的に動きだした。そして「海」の時代が幕を開けたのだ。こういうもう一つの大きな別の世界史の構図があるのである。

日本の起ち上がりは明治維新と日露戦争では必ずしもない。はるか以前からいろいろな意味で外へ打って出る活動は開始されていた。なぜ倭寇と呼ばれる海上勢力が動き出していたのか。なぜ秀吉は朝鮮に出兵したのか。なぜ支倉常長は「西欧偵察外交」（一六一三―二〇）をあえて試みたのだろう。山田長政ほか東南アジアになぜあれほど多数の日本人が出て行って活動したのだろう。倭寇が海賊なら、ポルトガルもスペインもオランダも海賊であり、イギリスの海賊性がなかでも群を抜いていたことが本書において今回確かめられたのである。

一六―一八世紀に「海」に躍り出て行く願望においてヨーロッパ人も日本人も共通するものがあったのに、前者に強くあって後者に欠けていたのは、歴史家が見落としがちだが、突如出現した南北アメリカ大陸の暗闇の魔的なもののもつ牽引力である。ヨーロッパの歴史をあのとき始動させ、今も動かしているのは「新大陸幻想」であって、これだけは日本人がわがものとして感じることがどうしてもできなかった代物だった。

掠奪は当時の西欧の市民社会では日常の経済行動だった

西洋の歴史は休みない戦争の歴史である。日本が敢えて外国と交流する必要を感じなかった一六一一八世紀の期間が西洋では「軍事革命」の三〇〇年だった。しかし生活の中で民衆の一人ひとりが暴力と加害に曝されていた無秩序はそれ以前の時代、中世のほうが著しかった。一六一一八世紀は「国家」が成立したので軍隊と警察も誕生し、曲がりなりにも中世の無秩序は修正されている。

ホッブズは『リヴァイアサン』の第二部「政治的共同体について」の中で次のように語っている。「権力が樹立されていないか、樹立されていてもわれわれの安全に十分な強さを持っていない場合には、各人は、他のすべての人々に対する警戒心から、自分自身の強さと術策とに頼ることになり、しかもそれは合法的なのである」(『リヴァイアサン(上)』加藤節訳、ちくま学芸文庫、二〇二二年)。

西洋の歴史は戦争の歴史と言ったが、イコール掠奪の歴史でもあった。掠奪は経済活動ですらあった。ホッブズは右につづけて、「小さな家族単位で生活していたあらゆる場所においては、互いに略奪や強奪をすることが彼らの家業であり、自然法に反するとされるどころか、略奪品が多ければ多いほど名誉も大きいとされたのである」(前掲『リヴァイアサン(上)』)。

現代社会では暴力や戦闘はあくまでも特別例外の事件であって、日常のことではない。それに対し中世ヨーロッパは平和は格別のこと、つねならざることであった。暴力が平生に社会のいたるところに露出していた。軍事的に身を守っていたのは支配階級だけではない。社会全体がたえず外を、他を警戒していて、すべての者が何らかの攻撃に対して身構えていた。中世とはある意味で「身構えた社会」だった、と言ったのはある歴史家の名言である。

それゆえに中世ヨーロッパでは城が重要で、城あるいはそれに似た防備の施設がいたるところに存在した。都市は城壁をめぐらし望楼をそなえてはじめて都市の名に値いし、単なる村落でも掘割りや防柵で自らを守った。ただしホッブズによれば、少数者が団結したからといってそれだけで安全が保障されるものではない。こちらが恐れている相手方との数のバランスが肝心である。相手が戦意を覚えるほどのものでない程度に、こちらの数を確保していることが安全の要であった。

すでに触れた堀米庸三氏の著作で学んだのだが（本書87―88頁）、トーマ・パザンの『シャルル七世の歴史』の中のこんな面白いシーンが引かれていた。

「この辺りでは、畠仕事は都市の城壁の中、砦（とりで）や城の柵（さく）の中で行われる。それ程でない場合でも高い塔や望楼の上から目の届く範囲内でなければ、到底野良（のら）仕事などできなかった。物見の者が、遠くから一列になって駆けてくる盗賊の群を見付ける。鐘や喇叭（らっぱ）はおろかなこと、およそ音のする物はことごとく乱打されて、野良やぶどう畠で働いている者たちに、即刻手近かの防備拠点に身を寄せよと警報を伝える。このようなことは、ごくありふれたことだし、またいたる所でたえず繰返されたのである。警報を聞くと、牛も馬もただちに鋤から解き放される。長い間の習慣でしつけられているから、追うたり曳いたりするまでもなく、狂わんばかりに駆け出して安全な場所へと走って行く。仔羊や豚でさえ、同じ習慣を身につけていた。」

なんだか情景が目に浮かぶような印象的な話ではないだろうか。一五世紀前半、百年戦争で農村が特に荒廃していた時代の記録だと聞く。家畜でさえも城壁内に身を隠そうと必死に駆け寄ってくる。それほどに幅広い不安があり、恐怖が一挙に高まる可能性がつねに意識されていた。ヨーロッパ中世においては戦争は経済の一部であり、他人のものを奪うということは命がけではあったが、正常な経済活動であって、非道徳でも逸脱でもなかった。だから大土地所有者は武装集団を抱えていたし、民衆も武器を常時携えていた。僧侶ですら武装していた。橋も砦になり、教会は城塞として造られ、僧院には濠、跳ね橋、防柵があり、地下牢や絞首台まで備えている所もあった。僧院や聖堂は掠奪の標的となり易かった。

このように暴力が社会内に遍在している点は平安末期の日本もそうじゃないか、といわれるだろう。おそらくそうであろう。平安末期から室町の戦乱時代の日本も似たようなものであったかもしれないが、万人の上に聳え立つ公権力が成立したときには、ことにそれが武家集団である場合には、必ずしも同じではないと思う。ヨーロッパ中世には国家がなく、国境がなく、あったのは教会であった。カトリック教会そのものが国家だった。これは精神的権威であっても政治権力ではない。ヨーロッパに国家が生まれるまでには時間を要している。万人の上に聳え立つ公権力（これをホッブズは「主権者」と言ったが）がなかったら、無秩序というものが自然状態になってしまうだろう。ホッブズの言う「万人の万人に対する戦い」という人間社会の自然状態を定義したあの有名な評語は、中世と近世初期のヨーロッパの現実の歴史的観察の上に成り立っている。

他人の痛みに対する感覚が今とはまるで違っていた

戦争が日常であり、掠奪が合法であり、プライベートな反逆とか復讐とかが当たり前なこととして横行していたのが中世だが、これは**Fehde**（フェーデ）という言葉で呼ばれた。私戦とか私闘のことで、西洋史の封建時代を扱った歴史には必ず出てくる言葉である。

他人に対する想像力がひどく弱い時代だったようにも思える。相手に対する痛みの感じ方が弱かったんじゃないか、と思わずにはいられないことが少なくない。例えば目玉をえぐり出すという刑罰があった。しかもこれは慈悲であった。死刑を宣告した相手に、刑を免ずる代りに目玉を奪う、視界（ヴィジョン）を永久に奪うという刑である。苦痛ではあろうが、おまえは目なしで残りの人生を生きるがよい、殺さないでやるだけ慈悲であると思え、というような考え方が行われていた（かつて「イスラム国」の残虐処刑が世界を震撼させたが、人類はあっという間に五〇〇年―一〇〇〇年を飛び超えて昔に立ち戻り、文明は薄氷みたいにあっけなく割れる）。

中世では暴力に対する感覚が今とは違っていた。社会学者ノルベルト・エリアスの『文明化の過程』上巻に次の記述がある。

「当時は、そうした行動を罰する社会的制裁はなかった。騎士たちにとって不安を呼び起こす可能性のある唯一の脅し、唯一の危険は、戦闘で強者に打ち負かされるという危険だけであった。十三世紀フランス社会を専攻する歴史学者リュシェールが述べるところによれば、ほんのわずかなエリートを除いて、強奪・掠奪・殺人は一般に当時の騎士社会の基準に属していた。他の国やそれに続く世紀において、事情が異なっていたことを証明できるものはほとんどない。残忍な行動のために社交生活から締め出されることはなかった。それが社会的に排撃を受けることもなかった。他人が苦しめられたり殺されたりするのを見る喜びは大きかった。しかもそれは、社会的に公認された喜びであった。」

（『文明化の過程（上）』赤井慧爾・中村元保・吉田正勝訳、法政大学出版局、一九七七年）

例の有名なホイジンガの『中世の秋』にも、以下のように記されている。

「かならず慢性症状を呈する戦争、ありとあらゆる種類の危険分子による都市や村でのたえまのない騒動、過酷（かこく）で信のおけない司法当局の不断の脅迫、そしてなによりもまず、地獄の責苦、悪魔、魔女の恐怖という重圧——ここに漠とした不安の感情がかもしだされ、生活の背景をくろぐろとぬりつぶしたのである」（『中世の秋』堀越孝一訳、中央公論社、一九七一年）

裁判があてにならないというのは根源的不安だったと思う。マルク・ブロックは『封建社会』

という有名な歴史書を書いた人である。その一節から——。

「習俗のうちにも暴力はひそんでいた。というのは、中世の人びとは、その場の衝動を抑制することが不得手であり、苦痛を目のあたりにしても感情的に過敏に反応することもなく、またこの世の生を永遠の生に移る前の仮初のものにすぎないと考えていたので、あまり生命を尊ぶということもなく、おまけに肉体的な力を半ば獣的なやり方で誇示することを名誉と考えがちであったからである。《毎日、聖ペテロ教会の従属民たちの間で野獣のように殺人が行われている。酔ったために、はたまた傲慢やつまらないことで互いに襲いかかるのである。（後略）》と一〇二四年頃にヴォルムスの司教ブルハルト（**Burchard**）が言っている。」

（『封建社会』全二冊、新村猛他訳、みすず書房、一九七三、七七年）

私闘や掠奪が恒常的な状態において、人がびくびくして生きるのは切ないほど辛いに違いない。戦前の支那の記録を読むとこれに似ているなと思う。今の中国もある程度そうかもしれないが、少なくとも蔣介石時代の支那大陸はそうだった。あるとき黄文雄（こうぶんゆう）氏が「戦いに負けたほうは匪賊になり、勝ち進んだほうは軍閥になる」という面白い言い方をされた。国家というものが確立していなかった時代の大陸の無法状態の中で、匪賊という強盗集団と、軍閥という地方権力とはパワーに大小の違いはあるものの、同根であり、同質であるという意味である。

面白いのは、八世紀の西洋のある法典にも似たような規定があることだった。ウェセックス国の法典第一三条に、七名までは窃盗、七名から三五名までは盗賊団、それを超えるものが軍隊である、という規定がある。盗賊と軍隊との違いは単に数の相違でしかなかった。軍隊は盗賊団を単に大きくしただけのものにすぎない。軍への忠誠とか国家意識といった抽象的理念のまだ芽生えていない時代の話である。たとえ王や主君がいても、その下に集まるのは個人的な利益、掠奪や強盗をより効果的に行えるようにするための集結である。私は今の中国が中世西洋のこの姿に重なって見えてならない。中国はいまだに中世なのだろうか。中世国家が次の中間の時代を飛び越えていきなり現代の高度産業金融国家に変わろうとしているのだから、万事が滅茶苦茶なのだと思う。

私闘、私戦が一般的に認められていた日常的戦争状態がヨーロッパでいつまで続いたかは明確には分からない。一二―一三世紀頃までは盗賊と軍隊の区別もつかないこういう野放図な状態だったらしい。

暴力に対するわれわれとの感覚の相違、ノルベルト・エリアスやマルク・ブロックが指摘していた血と残酷の習俗化は、もっとずっと時代を下ってもつづき、中世といわれる時代全体を覆っていたとみられる。私はケルンのヴァルラフ・リヒァルツ美術館に集中的に蒐（あつ）められたルネサンス以前の中世絵画を見たときの驚きを今も忘れられない。想像力を欠いた稚拙な描き方、切断した首から流れ出る血を赤い棒のように描く幼い即物性、平均寿命が推定二五―三五歳といわれる中世ヨーロッパに特有の未成熟、飢えと戦乱と伝染病のゆえに永く地上に生を保てないあの時代の生と死の観念、カトリック教会が司る「神の国」への信仰は、このような制約された現実の条件と深く関係していたに相違ないと私は思った。

「フロンドの乱」と秀吉の「刀狩り」

私はきわめて大づかみに歴史の特徴を述べているのであって、歴史学者の厳密な概念規定には関心がない。

ヨーロッパはいつまでもこんな状態がつづくわけもなく、暴力の鎮静化、一六世紀から一八世紀にかけて公権力が成立するにつれ、治安の維持が図られるようになる。ここでいう公権力の成立とは、国王や皇帝といった世俗権力が強くなるということである。世に言う絶対主義体制、歴史の教科書にくだくだしく書いてあったのを私ももう忘れてしまっているが、貴族や僧侶が握っていた権力を国王が掌握し、商業資本が協力して、国王に権力が一元化するという展開だったと思うが、そう間違ってはいまい。これを普通重商主義の時代ともいう。最も先端を走っていたフランス史でルイ一四世を支えた財務総監、コルベールという名前を思い出す。

さて、私の関心は市井に乱入する暴力の行方である。公権力が確立するにつれ、国家が軍を掌握し、警察力を独占するというかたちで市井の治安が次第に保たれるようになるのは自然の勢いであった。ただ警察力の成立は軍に比べて一〇〇年くらい遅れていて、十全に発達したのは一九世紀であるが、それでも一般人の日々の暮らしにとっては一大変化であったといえよう。その代わりに民衆には国家への義務が少しずつ増え、教会が徐々に権力を失っていくということが起こってくる。ローマ教皇と各国王との対立が大きくなり、教会の排除、政治と宗教の分離が少しずつ進行する。

一六四八―五三年にフロンドの乱というのがあった。貴族が起こした最後の反乱で、当時まで内乱や内戦は貴族によって起こされるものと相場が決まっていたのだが、この乱を境にそういうことがもういっさい起こらなくなって、国王によって治安はがっちり握られてしまった。貴族勢力が打倒され、絶対主義体制の確立につながったというのがフロンドの乱の歴史的意味である。

日本史においては半世紀ほど前に秀吉による「刀狩り」が行われている。これも同じような意味に解されてよい。フロンドの乱の同時代には、徳川幕府が秀吉の政策を受け継いで、全人民の武装解除を実行している。もちろん武士階級から刀剣を奪ってはいない。町人や農民に対してもさほど厳密な措置はとられなかったようだし、強圧も抵抗もなかったようだ。ここが日本の面白いところである。当時江戸は一〇〇万都市で、武士と町人は各五〇万人ずついた。それに対し幕府の治安統治のための武士はわずか三〇〇人だった。警察庁、検察庁、裁判所、刑務所に当たる役割を果たした武士がこの数で十分に足りていた、というのだから、ここに西洋との決定的な違いが認められる。近代の法治国家の前提をなす民心の安定は西洋よりも早くに形づくられていたといえるだろう。

西洋でもほぼ同時代、一七―一八世紀に狩りの法律、狩猟法に絶えず変更が加えられて、武器の所持や使用が制限された。人民の大半を非武装化することで反乱や内戦を防ごうという目的は江戸の日本と並行している興味深い共通現象であるが、しかし今までとは別の理由から、西洋は果てしない、泥沼のような新しい戦乱の時代に突入して行くのである。

もう果てしない戦争、戦争のない年はないといわれるくらい激戦が相次ぎ、国土は荒廃し、血で血を洗う死闘が全ヨーロッパでくり広げられた。日本が江戸の春を楽しんでいる時代に、西洋は正反対の激動に追いこまれた。国王が治安を維持し、貴族の反乱や暴動を抑えることには成功したものの、今度は国王同士が率先して国家同士の戦争に明け暮れた。国王や皇帝など世俗権力が力を得て、教会が権力を失ってしまうと、それと同時に、信仰というものがカトリック教会の一元的な統制から離れて、個人の心の問題、信仰は個人の自覚の本来性に戻れ、という新しい波が生じ、周知の通り宗教戦争が勃発し、世俗権力をまき込んでヨーロッパ全土を破局の嵐に追い込んでいった。

ルターやカルヴァンが登場し、カトリックとプロテスタントが骨肉相食む争いを重ねたこの近世ヨーロッパの混乱、例えば三十年戦争（一六一八―四八年）に代表される混乱は、最初に述べた中世の無差別で野放図な無秩序とは性格を異にしていることは明白である。そして、新しいこの混乱に類似の出来事が日本の歴史にはまったく起こらなかったことも特筆されてよい。

信長による比叡山の焼討ちや秀吉による切支丹の成敗は、宗教が政治を動かす衝動の芽をいち早く摘んだ象徴例である。徳川幕府は神道を仏教に従属させ、その仏教を巧みに管理する知恵と権能を有していた。仏教は腐敗したが政治的にコントロールされ、宗教独自の不合理な反社会的魔力と情念が西洋におけるようにいっぺんに解放され、威力を振るうことは起こらなかった。

西欧内部の暴力はアジア、アフリカ、中東へ向かった

宗教と政治の力関係について大きくいって地球上の三地域について考えてみよう。（一）イスラムやインド、（二）中国や韓国や日本などの東アジア、（三）そしてヨーロッパでは、それぞれ異なる特質を示してきている。（一）の地域では宗教が政治に優越して上位にあり、（二）の地域では宗教に対する政治の優位が一貫してずっと変わらず、（三）の地域はそのどちらともいえない情勢、すなわち宗教と政治のパワーが均衡し、勢力の奪い合いがくり返された地域だといえる。一六―一八世紀のヨーロッパは勢力交替の頂点にあった。白熱する熾烈な争闘が展開されたのも当然といえる。新大陸のアメリカは（三）のようでもあるが、ヨーロッパよりも（一）に近く、歴史の表面からはそれは見え難いが、予想外に深刻な二〇―二一世紀の歴史を解く一つの鍵であるかもしれない。

ヨーロッパの宗教戦争は日本ないし東アジア全域には関係がなかったと今述べた。まったく関係がなかったかといえば、近代思想の土俵をつくり、例えば地球の他の地域に影響の大きい国際法学の規準や概念などを用意したのも宗教戦争のさ中なので、考察の外に置くことはできない。ただわれわれは、近代西洋につながるキリスト教文明の総体を自らの歴史の母胎とすることはできない。それゆえ西洋をさながら自らのものであるかのごとく、ないかのごとく、つねに扱って

きた。明治以来自らの内部に育んだ「内なる西洋」を咀嚼し自家薬籠中のものとしつつ、しかし一方、厳然としてわれわれとは別個である「外なる西洋」を距離をもって冷淡に、他者として突き離して観察する二重の姿勢を忘れてはいない。

一六―一八世紀の宗教戦争、内乱を克服して、そのあとヨーロッパが到達した境地がいわゆる啓蒙主義であった。ここへ辿り着くのは大変だったと思う。私はこのプロセスの研究は日本人にとってとても大切だと思っている。私もまだ十分に勉強していないのでよく分からないのだが、どうしてあれほどのひどい凄まじい内乱を克服して啓蒙主義に辿り着くことができたのか、理性や自制は果たして本物だったのか、私にどうしても十全には理解できないのである。というのは、じつはその分だけこのあとヨーロッパ人の暴力はヨーロッパの外に溢れ出したからである。千数百年に及ぶ内乱と殺し合いをようやく抑えこんだのも束の間、次には暴力は出口を求めてアジア、アフリカ、中東を荒し回った。

このことを西洋の歴史家は書かない。本当に書かない。西洋の歴史に自分を寄り添わせている大抵の日本の研究家も書かない。帝国主義の時代というような概念は書くが、実態は書かないし研究もしない。アフリカや中東のことは少しは書くが、インドより以東のアジアと太平洋のことはとくに書かない。イギリス人、オランダ人、フランス人、アメリカ人の暴力については書かない。このことに学問的な疑問すら抱かなくなっているのが実情だ。

近年洛陽の紙価を高めている二著、イマニュエル・ウォーラーステインの『近代世界システム』（全四冊、川北稔訳、名古屋大学出版会、二〇一三年）も、フェルナン・ブローデルの『地中海』（全五冊、浜名優美訳、藤原書店、二〇〇四年）も、それぞれ立派な歴史記述で、一六―一九世紀の西洋の拡大の必然性を深く見事に描き出しているが、西洋から世界を語っているだけで、われわれ日本人の視点からみた世界史像では決してない。私たちにとってこれは歴史ではない。参考資料にすぎない。

いずれも西洋の内部の歴史の必然性とそこから見た世界史については影響の大きい思索を示しているので、日本の研究家は一生懸命それを日本史に当て嵌めようとしている。明治以来培ってきた「内なる西洋」はもちろん十分に対応能力を持っていると思うが、われわれにとって大切な問題が始まるのはそこから先ではないか。

明治以前の日本人の視点に立った「外なる西洋」に映し出されたヨーロッパ人は決して文明人ではなく、黒々とした深い闇をたたえた蛮族だった。例えば水戸学の会沢正志斎の『新論』（一八二五年）が見ていた西洋人像はそうだった。そしてそれは一面当たっていたと言えなくはない。東アジアと太平洋を襲った近代史の二〇〇年は、『新論』の予言の正しさを一部裏書きしている。

今のわれわれは内なると外なるの両方への複眼を持たなくてはいけないのだ。ウォーラーステインやブローデルがいくら近代世界に新しい歴史解釈を持ち込んでくれたからといって、われわれは彼らに科白をつけられて、またしても自らの歴史を西洋中心史観で語ることは慎まなくてはならないと自制するもう一つの自分が必要なのではないか。

中世ヨーロッパの拡大意志から太平洋への侵略が始まる

本章は暴力世界としてのヨーロッパを考察している。そしてそれは中世初期から近世の宗教戦争を経て、近代の帝国主義戦争まで一貫してつながる何かがあると予想している。簡単に説明はできないが、間違いなくつながっていて、われわれとは異質な何かである。その見地に立つとそもそもの始まりの中世キリスト教世界は何であったかを問わずにはいられない。教皇と聖者、正統と異端がせめぎ合う精神の葛藤の一大世界、「神の国」の秘蹟の神秘を湛え聖なる光に包まれた崇高な世界とばかりは言えない何かがある。われわれ東アジア人はあらためてそう問う権利を有している。

遠望すれば「神の国」は一つの閉ざされた世界だった。そしてくっきりした境界を持っていた。内と外、キリスト教世界と異教徒の世界、神と悪魔を截然と区別する意識だけはつねに強く持っていた。それでいて、その境目は固定しているのではなく絶えず動き拡大した。一つは伝道によって、しからざれば力によって、キリスト教世界が拡大し伸長することに対してローマ教皇は責任と義務を負っていた。それはキリスト教徒のためではなく、何をおいても異教徒の魂を救済するために拡大と伸長が必要だという言い方がなされたのである。これは彼らの使命でさえあった。

異教徒に対しときに力による強制を示すことは許されている、というのは聖アウグスティヌスの言葉の中にある。やがてそのための殺害や放火や略奪は罪一等を免除されるという考えに進み、これが例えば十字軍を生み出しているエネルギーだった。

四つの方向と進路で中世ヨーロッパは拡大した。(一)イエルサレムの奪還——十字軍。(二)北方の十字軍といわれるドイツ騎士団によるポーランドからエストニア等、東方地域へかけての拡大。(三)イスラム教徒が支配していたイベリア半島から彼らを追い落とす失地回復運動(レコンキスタ)。(四)アメリカ両大陸の発見と征服。

カトリック世界は拡大するだけでなく、休みなく自己を浄化し、内部の異端を排除していく、教皇を中心に据えた自己収斂の政治世界に見える。はじめは一方に皇帝という世俗権力が存在し、政治は聖俗混交の二重構造の体制だったが、一一世紀頃に教会を浄化する運動が教会の内部から生まれ教会の力を強め、皇帝権力の排除に向かった。ローマ教皇は神聖ローマ帝国皇帝から自立することをめざした。一〇七七年の有名な「カノッサの屈辱」で皇帝はいったん破門され、屈服し、教会に対抗する力を失った。司教たちだけでなく諸侯がみな教皇の側についたからだった。歴史を画する出来事だった。

ローマ教皇はキリスト教世界全体の上に立つ指導者の立場を確立した。宗教が政治を支配する時代が訪れたのである。十字軍という聖地イエルサレム奪還の運動は、教皇権力のこの強化とそこからの熱い呼び掛けがなければ起こらなかったろう。だが、キリスト教徒たちの間に世界の終末は近いという切迫感がみなぎっていたからこそ呼び掛けは成功したのである。キリストの死後一〇〇〇年が過ぎてからそういう空気は一段と激しさを増していた。
最初の十字軍は一〇九六年である。もし世界の終末が到来するのなら、その破局と最後の審判の日をイエルサレムで迎えたい。そして至福千年王国の民となりたい。キリスト教徒たちはそう思いつめた。だからこそ群れをなし、聖地への軍勢に加わったのである。

その数は夥しかった。およそ一〇万人と算定されているが、ある人の計算によると、現在の人口比に換算して西ヨーロッパから一三二万人がイエルサレム解放に参戦したと考えられる。これは理解できない行動だった。重い武器を身につけて危険な道のりを歩む。武器も食糧も自分持ち、全資金は自己調達、うまく現地に辿り着いても人を殺す仕事であり、殺される可能性のほうが高い。しかも聖地がイスラム教徒に脅かされているという明白にして合理的な根拠はなかった。ヴァスコ・ダ・ガマのインド洋海域での初接触のときにも私は強調したが、暴力に訴えたのはガマのほうであって、イスラム教徒は寛大で、温良であった。

キリスト教徒たちはイエルサレムに近づくことを拒まれていたのではない。居住も許されていた。巡礼も認められていた。それなのにキリスト教徒たちは大軍でイスラム国家に襲いかかったのだ。ある神殿に押し入って一万人を打ち首にしたという記録もある。イスラム教徒は婦女子を含め一人も生きることの許されないという場所が、イエルサレムのいたるところに生じた。まさに大虐殺が相次いだのである。

終末の日の接近に戦いていたキリスト教徒は、罪を背負ったまま死に臨むのを恐れていた。教会はその恐怖を利用した。イスラム教徒をひとりでも多く殺害すれば、あなたは罪を赦される、との教皇からのご託宣は、キリスト教徒たちを狂気に走らせた。神の恩寵を得るための戦いであるから、ここで「聖戦」の観念が与えられ、実行に移されたといっていい。

十字軍は大きなテーマで、こんな簡単な叙述で済まされないと思うが、このキリスト教的終末意識と閉ざされた「聖戦」の観念は十字軍だけでなく、本書で再三述べてきた通り、コロンブスやヴァスコ・ダ・ガマを動かし、ピューリタン革命のクロムウェルや南北戦争のリンカーンに取り憑いていた想念に通底している。

中世で起こったことは、同じレベルとはいえないが、ずっと後の時代に連動している。十字軍は一六―一八世紀の宗教戦争とも、東アジアや太平洋への侵略とも決して無関係ではない。歴史とはそういうものである。われわれは新しい時代の到来を新しい標識で飾るのではなく、過ぎ去った遠い昔の道標をそこに読みこんで、昔の人が前を向いて、すなわち今に向かって歩いたように、もう一度同じ道を踏み固めるようにして歩くべきものなのではないか。

宗教内乱を経験しなかった日本

宗教内乱を経験しなかったわが国の特質を重視すべきだ。

一五四三年、種子島に鉄砲が伝来した。船に乗っていたポルトガル人がもっていた火縄銃を島の主(あるじ)の種子島時堯(たねがしまときたか)が買い取って、それを鍛冶(かじ)に渡して複製を作らせた。瞬く間に作り上げられた製品の完成度と迅速さが歴史上の話題になってきた。当時、日本人に未知の技術であったネジや捲成法（けんせいほう）が使われていたため難易度の高い作業であったが、わずか一年で複製に成功した。たまたま同地にいた商人や僧侶によって本土に持ち帰られ、日本全土に波及した勢いもまた特筆されている。

一六世紀末には国内総数が五〇万挺を超えて、日本は当時世界一の鉄砲保有国になっていた。世界の他地域は西洋の火器で制圧され、苦しめられ、これを買い取るために貴金属や奴隷、領土などを奪われていた。日本は時まさに戦国時代である。鉄砲が全国諸侯から期待されたのもまた当然である。一五七五年に織田信長が武田勝頼の騎馬隊と対峙して、圧倒的勝利を収めた「長篠の戦い」での銃の革新的使用法は、関連事項としてしばしば取り沙汰されてきた。

火縄銃の非能率、すなわち装塡による時間の遅れを克服する方法として、『信長公記』に述べられている三段撃ちの法、これは知れば何でもないことのように思われるが、兵隊に三隊列を組ませて一斉射撃をくり返させ、発射の切れ目を作らないという方式は、単純なことだけれど、当時としては画期的で、ヨーロッパもまだ開発していなかった。この戦術はヨーロッパの戦争では一六三一年、例の三十年戦争、宗教動乱の真っ只中にスウェーデン国王グスタフ・アドルフによって、神聖ローマ帝国軍とのブライテンフェルトの戦いの場において初めて用いられた。長篠の戦いから六〇年が経っていた。日本への鉄砲伝来から九〇年が経過している。

一六世紀の日本が世界最強の陸軍を持っていたとよくいわれるのは必ずしも誇張ではあるまい。

スペイン王フェリペ二世が日本列島には手を出すな、と出先のフィリピン総督に指示したというのも肯ける。

ここまではどの本にも書いてある鉄砲伝来をめぐる愉快な物語である。しかし、じつはこの話は驚くべきことでは必ずしもない。今あらためて驚くのは、江戸時代に入ってこのような日本があっという間に武装解除してしまったことである。こちらのほうがはるかに奇異であり、重大である。

先に「刀狩り」から江戸時代の治安の良さまで一瞥（いちべつ）したので詳細はくり返さない。諸侯から大砲とか鉄砲の類いは取り上げて管理・監督し、お寺の釣鐘（つりがね）を作ったというような話も何かで読んだが、平和国家への衣更えという変身をこれほど短期間になしとげた例はたしかに他にあまりないだろう。ただ、現代風の平和国家を意識したということではもちろんなく、家康の目が国内の安定維持にしか向いていなかったこと、同時に当時の日本は外と戦う必要がまったくなかったこと、必要のないところには新しいことは何も起こらないこと、単にそれだけのことに尽きるだろう。それよりも国の内側を固めることのほうがはるかに大事だったのだと思う。

私は先の記述で、武力を持った「公権力」が確立されていない期間のヨーロッパ中世社会において、自分自身の力と技能（その中には暴力も含まれるが）に頼る以外に自らの安全を手に入れる道はなく、掠奪はときに合法的でさえあったといういきさつを語った。ホッブズの言う「万人の万人に対する戦い」という自然状態は、武力を持った領主や主君という「主権者」の出現によって克服され、Commonwealth（国家）が成立するのである。ヨーロッパではそのような主権国家の誕生は、一六四八年のウェストファリア体制の成立によるとされる。そして世界の歴史学はそれに従っている。しかし、事柄はそう簡単ではない。一六―一八世紀の宗教動乱は簡単には終わらず、中世の自然状態とは違った原因と原理に基づく無秩序がヨーロッパ社会を再び、以前にも増して圧倒したことは、先に見た通りだ。それによってヨーロッパは一面において荒廃し、他面において人間哲学を磨き、国際法学を精緻に組み立て、軍事技術の長足の進歩を可能にした。自然科学の推進にも寄与したかもしれない。

わが国は中世社会の自然状態を克服し、国内治安を確立するという段階まではヨーロッパ社会と歩みを共にしたとみていいが、しかしそのあとの次の段階の、外国との動乱に備えて戦争を構える必要はもうなかった。国内はよく治まり、外敵が攻めてくる不安もない。外国と余計な交流をしなくても困ることはなにもない。金・銀・銅が産出して経済は自足している。かくて江戸時代に近代の国民国家がすでに成立していたと言ってよいのではないかとさえ考える。

西洋史の概念では、オランダがスペインから独立したウェストファリア条約をもって主権国家体制の成立とみなすのだが、その重要な条件に外交権と貿易権をひと手に握った政府が生まれること、という前提が考えられている。であるとすれば徳川幕府も外交権と貿易権をすでに最初からはっきり掌握していてこの条件は満たしている。唯一、西洋と違うところといえば、王様が二人いるということだった。これが日本国の特異なところであった。

いずれにしてもわが国では国民国家というものはすでに形づくられていたのだ。国内を形づくるための格別の努力はもう要らない。国内はまとまっているし、外からの心配もない。もういいじゃないか、というのが「鎖国」とみられた現象の正体であろう。

　西洋が近代国家へ向かって一歩踏み出した時期に日本は幕藩封建体制に留まり停滞した、と従来の西洋中心史観は語るのが常だが、しかし政治が宗教を閉め出した江戸時代の日本は遅れていたわけではなく、少なくとも優劣の問われる問題ではない。西洋の宗教が暴力を内蔵していたのに反し、日本の宗教はそうではなかった点において日本文明はある段階から優良な文明であることを明示した、むしろそう考えるべきである。ところが日本の大概の学者はそうは考えない。あくまで西洋が先を歩んでいて、日本は救いがたく遅れていた、そういう観点に囚われている。

　田中浩『ホッブズ研究序説』（御茶の水書房、一九八二年）は『リヴァイアサン』の公刊された一六五一年には東洋の島国日本では江戸幕府の基礎がやっと固まり、「幕藩封建体制の確立を目指して政治努力が続けられていたときに、西欧の島国イングランドでは、早くも近代世界全体の起点となる市民革命が勝利し、近代国民国家の最初の橋頭堡が確立されつつあった」（傍点、田中氏）と序文に書いている。異質な文明同士の並列と等価値が相変わらず分かっていない進歩主義史観の迷妄である。

　ここでいう市民革命はチャールズ一世が処刑されたピューリタン革命のことである。革命というものが近代史の劈頭を飾るべきというひと昔前のドグマがまず滑稽だが、ピューリタン革命こそキリスト教の千年王国論の独走、狂気の暴力の爆発した事件で、この宗教と政治の一体観がニューイングランドすなわちアメリカ植民地の建設に深く関係したことが歴史により大きな波動を引き起こしたのだった。

日本は一六－一八世紀に宗教内乱を経験しなかった国である。そのことをもって進歩に取り残されたとする歴史観の訂正をまず訴えたい。次にピューリタン革命の宗教的衝動を継承したアメリカの問題性を以下において順次、考察するが、それは次の理由による。

ヨーロッパの暴力の世界というテーマを取り上げたが、これがじつは一直線につながっている国、それがアメリカなのである。ホッブズは『リヴァイアサン』の中で、国家が生まれる以前の無秩序の世界、例の「人間は人間にとって狼」である世界からどのようにして国家が生まれるかを解き明かしたこの本の中で、無秩序の典型に当然中世ヨーロッパを認識しているのであるが、同時に当時出現したアメリカという新大陸をもその中に加えているのである。新大陸と中世ヨーロッパは同じである、と。そして、それにさらに追加して私が言えば、その後のアメリカの三〇〇年の発展は中世ヨーロッパのあの拡大と伸長の仕方に類似しているのではないかということである。これこそ世界にとって端倪すべからざる深刻な問題にほかなるまい。

キリスト教国でそもそも「世の終わり」とはいったい何か

キリスト教は「無からの創造」を説く。そもそもの始めに神がこの天地を創ったのであって、始めがある以上は必ず終わりがある。キリスト教は最後の審判、世の終わりを説くのである。

そこに至るまでにはよく知られた一連の出来事がある。天地創造のあとにアダムとイヴの堕罪、イエスの誕生、受難、死、復活、そして教会の成立という出来事があり、イエス・キリストがいつの日にか再び現われて、この世の生者ならびに死者に対し最後の審判（さばき）を下すことになるであろう。それは大きな恐怖であり、かつ期待でもある。天国は近いとイエスは約束した。約束通りに、「世の終わり」と共に天国が到来するはずである。それを文字通りに信じて、明日にもイエスが現し身（うつしみ）のまま再臨して地上に立ち現われると本気で思い込むか、それとも、そういうことは必ず起こるが近未来にではなく遠い日に起こるか否かの可能性は信仰心のいかんにかかっていると考えるか、否、これはただの譬（たと）え話であって、神の再臨は現実にはない、神は教会にすべてを托されたのであって、今あなたの目の前にある教会がすでに「神の国」なのである、と考えるか、もとよりさまざまな立場がある。カトリックは大体この三番目の考え方に立つのであろう。

「世の終わり」と簡単に言うが、キリスト教徒にとってそれは破局（カタストローフ）である。仏教にもギリシア思想にも恐怖と期待、破局と天国が一緒にやって来るこんな未来志向はない。仏教にも末法思想はあるが、今は一時的に仏法がすたれているというだけのことで、そのうちいつかまた栄えると考えられているのである。古代ギリシア人は永遠に同じことがくり返されるというふうに言うだけで、「終わる」とは決して言わない。すべてが「終わる」とはいったいどういうことなのだろう。

古代ギリシアでも古代インドでも、時間というものは円環形式で進んでいくと考えられていた。人間の歴史は周期するのである。それに対し古代ユダヤ人はまったく違った考え方を持っていたようだ。ただ一つの神がこの世界を創造し、わが民を永遠の至福と繁栄に導いてくれると考えていた古代ユダヤ人たちは、時間、歴史というものはくり返すものでは決してないと考えていた。明確な目標をもって進んでいく。神の意志を実現するための一つの明らかな目的をもって進んでいく。歴史はトータルとして統一されているものでなくてはならない。神によって約束されている世界が未来に必ずやって来るのである。そして、それは「世の終わり」と共に訪れる。未来へのこの期待が歴史であり、歴史は過去から来るものなのではなく、つねに未来から来る。しかも雷鳴とどろく嵐とともにやって来る。ユダヤ人はこれを預言者の思想と呼び、キリスト教徒は承け継いで終末思想と名づけた。

「近世ヨーロッパの新大陸幻想」と題した本章で、私は歴史家のように歴史の動きの細部を実証的に追うつもりはない。誰しも知る通り、一六―一七世紀を境にスペインからイングランドへヨーロッパの政治的パワーの大きなうねりが移動した。それがアメリカ東部の新植民地ニューイングランドに波及し、さらにニューイングランドから本国イングランドにはね返って強い影響力を発揮した精神の運動の一例に目を注ぎたいのである。いうまでもなくピューリタン革命を背後から突き動かした宗教思想のことである。

イギリスの近代史にはフランス革命のような暴力革命がなかったことが政治体制の長期にわた

る安定をもたらした、というようなことが一部でよく言われたものだが、国王チャールズ一世を斬首したピューリタン革命こそが暴力革命でなくていったい何であろう。これまでピューリタンを動かした思想は、マックス・ウェーバーの『プロテスタンティズムの倫理と資本主義の精神』やA・D・リンゼイの『〔増補〕民主主義の本質——イギリス・デモクラシーとピュウリタニズム』（永岡薫訳、未来社、一九九二年）が示したように、資本主義や民主主義という明るい近代の合理性を導いた源流であるとみられてきた。しかし最近の研究動向は著しく方向を変えている。歴史の背後の闇にもっと目を注ぐようになっている。田村秀夫、岩井淳、青木道彦の諸氏その他によって、ピューリタン革命に人々を駆り立てた思想——千年王国論 **millenarianism** が従来背景にあることは知られてはいたが、革命の本質からの逸脱であると考えられていたこの宗教思想に目を向け、そこに主動機を見るようになってきた。一九七〇年前後からの研究動向の変化にあえて目を向けたい。

ヨーロッパ文明を全体として巨視的に見ていきたい私の立場からすれば、千年王国論はこの時代に特有のものではなく、古代からずっとあるものである。そもそもキリスト教教会が誕生したとき以来の二律背反、組織と信仰、集団と個人、権力と救済、ひと口で言えば正統と異端の対立が宿命的に抱えている矛盾がときとして奔流のごとく爆発する中世史の中の一こまのように思える。例えばアッシジの聖フランチェスコの清貧運動が口火となって、一三世紀中頃純粋な使徒的生活を忘れたカトリック教会に対する批判的感情が民衆の間に野火のごとく広がり、教会の手に負えなくなるのも、それ以前からくり返されてきた各種の修道会の純粋な宗教運動の再来でもあった。中世ヨーロッパ社会には救済への激しい欲求と甦った新たな秩序に対する現実的で弾力ある対応、すなわち反逆と帰服のくり返される伝統がずっとある。外からの迫害や侵略にさらされたときなど、終末論的感情が社会的に一気に高まり、異様な興奮の雰囲気がかもし出されることが珍しくなかった。教会はそのつど危うくなり、一一世紀後半のグレゴリウス改革（グレゴリウス七世によるカトリック教会の改革）など大胆な改革を取り入れては、信仰を回復し、権威を守ってきた歴史がある。

千年王国論も中世全般から続くそうした流れに棹さしていると思われる。ただ一六世紀にカトリック大国のスペイン王国と対決し、これを倒して覇を唱え始めた小国イングランドが国家として異端の側に回り、ローマ教皇庁と対決し、さながら夢魔に引き込まれるように国家全体が暴力革命にまで突っ走ったのは、間違いなく一筋の宗教的情念に導かれている。最近の研究成果はこの点に当たっている。

一六世紀後半から一七世紀前半へかけて、千年王国論的終末感情は国内で最高度に盛り上がったといわれる。スペインの無敵艦隊撃破（一五八八年）の際に起こった民族主義的熱情、ホーキンズやドレイクといった海賊たちの勇気と侠気と合理的リアリズム――これらエリザベス朝時代を特色づけていた明るくて、後先を顧みない大胆さ、暴力そのものを王室もろともに肯定するような空気は何ものかへの反逆心を孕んでいる（本書198頁参照）。中世の暗い秩序といったものへの挑戦であり、破壊行為でもある。イギリスが近代を切り拓いたというのはこのような意味においてであって、マックス・ウェーバー的な明るい近代性の濫觴（らんしょう）という意味にだけ方向づけるのは間違いである。

前千年王国論、後千年王国論、無千年王国論

岩井淳氏によると、古代から語られてきた千年王国論には三つの考え方の型がある。（一）まず神が地上に現われる。激しい争いと変革の嵐が起こって、もちろん戦争も起こって、その後に真の至福の王国が千年間続く（プロレタリア革命が起こったらその後、真に幸福な無階級社会が来る、というマルクス主義のよく知られた神話の大元をなすストーリーであり、すべての革命幻想の原型でもある）。キリストの再臨が先にあって、それから千年王国が実現される、というこの順序に立つのは急進的、過激的、突発的で、「前千年王国論」と呼ぶのだそうである。

それに対し（二）は、神の再臨を千年王国の実現の後に置く「後千年王国論」である。遠い未来に神が現われることは約束されていて、天国が地上に実現される日は来るのだけれど、それには時間がかかる。保守的で、漸進（ぜんしん）的で、ゆっくり進んで行くことを身上とする立場である。（一）は明日にでも革命が起こる、そして一遍にすべてが良くなる。（二）はいつかは必ず良くなるし、そのことは信じられているのだけれど、ゆっくりゆっくり進むと考えるべきだというのである。

急進主義と漸進主義はすべての政治変革運動に共通する二つの型であろう。これらに対し

（三）は、神が地上に現われるというのは譬え話であって、再臨は起こらない。「無千年王国論」といい、カトリック教会の正式の立場がこれである（岩井淳『千年王国論を夢みた革命——17世紀英米のピューリタン』〔講談社選書〈メチエ〉、一九九五年〕に依る）。

たしかに聖アウグスティヌスは『神の国』において、未来における地上の楽園、至福千年の時代を待望する人びとを否定的に取り上げ、「その見解は肉的な人びとによって以外には、どうしても信じられない」と批判している。彼によれば、千年王国はすでに現在の教会の中に実現されており、「教会は今でもキリストの王国であり、また天の王国である。それゆえ今でもキリストと共にその聖徒たちが支配している」（『アウグスティヌス著作集』第一五巻、松田禎二・岡野昌雄・泉治典訳、教文館、一九八三年）。

アウグスティヌスの死後開催されたエフェソス公会議（四三一年）でも、千年王国を期待する未来信仰は「迷信」であると看做され、斥けられている。以来、一貫して彼の主張はカトリック教会の正統思想として位置づけられ、守護されてきている。アウグスティヌスが成人し、思索を深めた時代は乱世も終わり、教会が安定期に入っていたからこのような考え方が確立されたのだ、という説をなす人もいる。けれども私は、ここに見られる三つの見解の相剋は大局から見て政治と宗教の対立図そのものの世界だと思う。教会こそがすでに「神の国」であるというこの確信が、カトリック中世が壮大な政治体制であったことを示している。

ドストエフスキーの「大審問官」はここを見抜いていた。現実にイエスが地上に立ち現われたシーンを彼は描いた。大審問官がイエスに向かって言うのだ。お前はわれわれを邪魔しに来たのか。民衆の真の信仰は教会にとっては迷惑であり、民衆は真の信仰、真の自由なんかに耐えられる存在ではない。彼らにとって自由ほど恐ろしい贈り物はないのだ！　と喝破するあの巨大な問いは、間違いなくここに、政治と信仰、権力と救済の逆説に関係している。後にあらためて考察する。

ピューリタン革命始末記

テューダー朝最後の王、エリザベス女王は国民から敬愛されていたが、一六〇三年に歿したあと後継者がなく、スコットランドからやって来た世継ぎがジェームズ一世を名乗った。イングランド人にとっては外国人である。ロンドンでの戴冠式を挙げるための新国王の騎馬行列が道半ばにさしかかった頃、一人の現行犯の掏摸（すり）がつかまった。王は裁判もせずに、いきなり命令を下して絞首刑に処した。この事件はイングランド国民とステュアート新王朝との間の不吉な関係を予感させるに十分だった。王がこれから統治する国の国法に対して無知であることは大きな不安材料だからである。

ロンドンに入る前、国王一行はあるジェントルマンの宏壮な屋敷に宿泊し、歓待された。屋敷の主はオリヴァー・クロムウェルの伯父にあたる人物で、ときにクロムウェルは四歳だった。よもやこの幼児の手によって王の後継ぎのチャールズ一世が処刑台の露と消えることになろうとは誰が予想したであろう、と物語作家はこのエピソードをも見逃さないのだった。

ピューリタン革命は国王父子の性格、認識不足、議会への不用意な強硬策の連発、一言でいえば専制君主の横暴に主な原因があることは表向きどの文献にも書かれている。台頭するジェントルマン階級が議会を支配し、加えて革命の末期には完全平等を求める下級士官、兵士、小農民、手工業者までが発言を求め出すという、侃侃諤諤の議論の沸騰する中で、内乱が進行し、あれよあれよという間に国王処刑という、クロムウェル自身も考えていなかった終幕へと突き進んでいったのである。時代の新しい大きな波濤に国全体が呑み込まれていくような勢いだった。

イングランドは議会政治を大切にし始めていた時代だった。ジェームズ一世は王権神授説などという時代遅れの強権を振り翳して議会を威嚇し、反発を買った。ところが息子チャールズ一世はそれに輪をかけていた。議会をほとんど無視した独断的行動をくり返した。チャールズはイギリス国教会をもっぱら心の頼みとし、カルヴァン派を中心とするピューリタンに大弾圧を加えた。同派の牧師の説教を禁止し、これに反抗したピューリタンに鞭打ちだけでなく、耳切り、鼻殺ぎなどの残酷な刑を科した。

フランスのルイ王朝の絶対君主制は一七九年もつづいたのに、イングランドのそれはわずか一七年で終わった。まず議会が二つに分かれた。王党派と議会派とに分裂し、一六四二年に武力衝突に発展した。議会派にはピューリタンが多かった。彼らは軍事的に王党派に徐々に勝利していくのだが、しかし政策方針をめぐって議会内に深刻な内部対立が発生するのはいかんとも避けがたかった。すなわち、今すぐ君主制を廃止し共和制にするのではなく、王の側近を退けて、悪政を改めるという、絶対主義王政の修正をめざすという穏健派と、それを無責任な裏切りと見て、どこまでも国王の進退について黒白をつけようとする急進派とが対立し、前者はあらためて「長老派」、後者は「独立派」と呼ばれた。ここに先述の終末論的宗教感情を絡めて考えればどのようになるかは見易いであろう。長老派は（一）の前千年王国論、独立派は（二）の後千年王国論に傾倒したひとびとであったと大雑把に図式化して言うことはそう間違ってはいないであろう。

独立派は過激集団なのではなく、各個人の宗教的自覚、信仰の自主性、各教会の独立を重んじる立場で、むしろ寛容を主張し、後の「信教の自由」につながる考え方を有していた。ジェントルマン層、自由農民、商工業者を基盤として、最初は少数で、徐々に勢力を広げた。それに反し長老派は議会内にこのように新興勢力が入ってくるのを恐れ、むしろ統制を求める現状維持的な保守勢力だった。オリヴァー・クロムウェルは独立派の最も代表的な闘士だった。

彼の伝記を読むと、母親によって幼い頃からいかに厳しいピューリタン的雰囲気の中で育て上げられたかが分かる。傾倒した師ビアードも非妥協的なピューリタンで、たとえ国王といえども神の掟は守らなければならない、とつねに語り、悪政に対し戦うことを彼に教えた。若い頃真夜中に死にそうだと口走って目を覚ます憂鬱症にしばしば襲われ、「コンヴァージョン」（回心、信仰のめざめ）と呼ばれる心的現象で、ルターの「塔の体験」に似ているとも伝えられる。

革命中の彼のどの行動にも神への祈り、神からの呼び掛けの言葉が記されている。軍事的勝利を得ると「幸運な勝利でした。神はそのしもべを喜んで使い賜うたのです」、「私はただ勝利を確信して神を誉め讃え、神にほゝ笑み掛ける以外にはなす所を知りませんでした」。君主制がいいか、貴族制がいいか、民主制がいいか、将来の政体を議論し合っているようなときに彼にははっきりした構想がつねになく、「神の摂理のお導き次第です」と答えるのみであった。

決定的瞬間の直前にとても印象的な待機の姿勢があった。直接行動にはすぐには移らずに立ち止まる。オポチュニストではないかとさえ疑われた。しかし動き出すと果断で、リアリストだと分かった。彼は神の指図を待ち望んでいたという。「神の声」に耳を傾けるという神秘家と、的確な瞬間に行動に移るという現実家とが、彼の内部において共存していた。伝記は魅力的である。決して聖者ではなく、悪どい残虐なことにも手を出すが、ずば抜けた実行家ではある。

ピューリタン革命を成功に導いたのはクロムウェルが編成した「鉄騎兵隊」という二〇〇〇騎ほどの選び抜かれた騎兵たちの俊敏果敢な機動力だった。信仰心篤い群像が選ばれていた。怪しげに変化するあらゆる政局の揺れ動きの中で、確信をもって行動し、革命をつねに前方へ導いたのは戦士たちの信仰心だった。純粋なピューリタン魂だったともいえる。クロムウェルが何を最大に重視していたかがここから分かる。

一六四九年二月九日、国王が処刑された時刻に、クロムウェルは士官たちを招集し、会議を開いていたが、神は何を考えているか尋ねてみよう、と言って、長い祈禱を始めた。処刑が終わったという使者が到着すると、彼は「諸君、神は国王が生きるのを喜び賜わぬのだ」と言ったという。南北戦争を開始するときリンカーンが「神の意志だ」と言ったのとよく似ている。

われわれ異教徒からするとこれらはご都合主義に見える。すべては神の意志だと言って、失敗は弁解できるし、次の自分の行動も正当化できる。しかし信仰と現実との関係というのは幻視と透視、イリュージョンとリアリズムとの関係でもあるので、そんなに簡単に割り切って決めつけることもやはりできないように思う。

ピューリタン革命には最後にもう一つ大きな問題が残った。独立派と長老派で議会が二つに割れたことは前に述べたが、独立派の中から「水平派（レベラー）」と呼ばれる完全平等主義者たちの第三勢力、すなわち下級士官、兵士、小農民、手工業者が台頭し、小さくない役割を果たした。フランス革命では彼らはジャコバン派の名において政権を掌握したが、イングランドのこの無産階級を力ずくで抑圧したのはクロムウェルだった。ジェントルマン層出身という彼の階級意識が働いたのだと考える人が多い。

『ヨハネの黙示録』の一大波紋

新約聖書に「ヨハネの黙示録」という外典（げてん）がある。文書に権威づけられていないので正典ではなく、中世を通じ聖書に入れるかどうかやかましい議論があった。ルターは最初収録に抵抗したといわれる。「黙示録（アポカリプス）」は天啓、啓示の書の意味であって、隠されていたものの覆いを剝いで、これから起こる世の終わりを見せるという奥義開陳の書である。ネロ皇帝（在位五四―六八年）

による迫害の時代に生まれた千年王国の思想である。「ヨハネの福音書」のヨハネと同一人物かどうかはよく分かっていない。彼がパトモス島を歩いているとき——だから「パトモスのヨハネ」という呼び名もある——背後からキリストが声を掛けてきたという。その頃パウロもペテロも処刑されてもはやいない。

世界の終末は二度訪れると述べられている。最初のそれは世界が滅び、メシアが来臨し、幸福な千年王国が樹立されるが、そこでサタンが復活し、最後の決戦（ハルマゲドン）が行われ、これによりサタンは滅び、神による最後の審判が下されて、新しい天地、永遠の世界が開示されるというのである。「ヨハネの黙示録」第二〇章に恐怖を煽り立てるような叙述が示されている。牢から解放されたサタンは諸国の民を集めて互いに戦わせようとし、その数は海の砂のように多い。地上の広い場所に攻め上って都を囲む。すると天から火が下って来て、彼らを焼き尽くした。悪魔は火と硫黄の池に投げこまれた。死者たちは白い玉座の前に立たされ、行いに応じて裁かれた。「海（うみ）は、その中（なか）にいた死者（ししゃ）を外（そと）に出（だ）した。死（し）と陰府（よみ）も火（ひ）の池（いけ）に投げ込まれた。この火（ひ）の池（いけ）が第（だい）二の死（し）である」（『聖書』新共同訳、日本聖書協会、一九八七年）。

ヨーロッパの美術館に行くと堕地獄絵は珍しくない。イタリア・トスカーナ州の都市ピサのカンポサントなど印象に残っている。日本でも地獄絵は描かれていたし、生前の行いを審判する閻魔大王の話は幼い頃から聞かされている。「黙示録」はだから驚くほどの内容ではないと思うが、問題はヨーロッパでは一六—一七世紀という近代初期に、歴史の最先端を歩んだはずのイングランドにこの摩訶不思議な物語が復活し、政治変革運動を背後から突き動かしたことだった。加えてそれがニューイングランドに飛び火し、独立戦争、南北戦争、二度の世界大戦の際に強力に作用したことが跡づけられているのである。物語よりもこのことのほうがはるかに摩訶不思議である。

千年王国論はとりわけ終末感情の高まる宗教迫害や天変地異などの大きな危機に際し蘇ったが、カトリック教会はアウグスティヌスの正統論を継承して、教義から排除した。ルターやカルヴァンも最初それに同調していた。神が明日にも地上に現われるという切迫感は共有し得ても、本気でそれを確信するまでの間には大きな距たりがあったのだと思う。

イングランドでは外国人の国王がカトリックに近寄りプロテスタントを迫害するたびにこの感情が燃え上がった。カトリック大国スペインと抗争中で、大陸における三十年戦争（一六一八―四八）の動向と切り離せなかった。同じ時期にヘブライ学の研究が進み、ユダヤ人にとっての光輝ある未来を預言した旧約聖書が原語で解読され、黙示録の内容が単なる譬え話ではなく、比喩に富んだあの小さな物語の一つひとつに実際の歴史に起こった内容との一致点が見出せると解釈されたりした。この時期にユダヤ教徒とキリスト教徒との接近が認められるのは注目される。加えて、ルターが最初の対応を改めて、黙示録を読み込み、歴史の未来を解く鍵をそこに見出した。ヨーロッパ全土のプロテスタントの黙示録に対する関心が一気に高まった。かくてローマ教皇こそがキリスト教の敵、「反(アンチ)キリスト者」であると宣言されるようになった。そこに二人の神学者

J・H・アルシュテット（一五八八―一六三八）とJ・ミード（一五八六―一六三八）による古文献解釈が現われ、手堅い基礎資料を提供し、信仰を促進した。

カトリック教会の七つの「秘蹟」の矛盾から起こること

私はどこまでも日本人の立場から考える。キリスト教のどの派とも関係のない見地に立って、カトリック教会とプロテスタントの抗争の歴史を全体として考えると、それはそれなりに大変に興味深い。私に理解できる範囲は限られている。余りにも多くの知識と研鑽が求められるテーマだけに、背伸びしても隔靴掻痒の感は免れまいが、抗争の一方の立場に味方して探究を深めても、足を取られるばかりのように思われる。さりとてどちらかの立場に固執しない限り、根底に届く探究はできないはずである。それが信仰問題を対象にすることの困難であり、矛盾である。私は浅慮に終わることを承知の上で、以下に私的な一感想を述べることにしたい。

カトリック教会には七つの秘蹟（サクラメント）がある。洗礼、堅信、聖体、悔悛、終油、叙品、婚姻の七つである。このうち洗礼と叙品から矛盾が噴き出した。

洗礼は原則として幼児に与えられる。物心がついたときにはカトリック信徒にされているのである。現代では親の意向が決定的役割を果たす。私は幾人かの友人の例を見て、ご家庭の影響ですね、と言ったものだった。本人の選択の意志、ないし自覚ははなから無視されている。自由というものがないではないかと、極東の異教徒の目から見ての率直な疑問を口にしたこともある。

しかし個人の自覚的努力というようなことを言い出すと、それがすでに異端の表現なのである。

幼児洗礼は四―五世紀のアウグスティヌスの時代から教会側が一貫して問責されてきた主題の一つであった。カトリック教会は神の恵みの器であり、秘蹟を持ち、聖霊に導かれる場所、恩寵の宝庫なのであるから、教会の営みに加わることはそのまま恩寵への参与を意味する。異教徒の教会へは人は改宗して参加するのだが、カトリック教徒は教会の中で生まれるのである。教会のこの上ない聖性はそこに属する個人の人間的聖性のいかんによるのではない。秘蹟と聖霊によるのである。秘蹟はそれを授ける人間の聖性とは関係ない。三位一体の名において手続きを踏んでなされればすべて有効である。また一度行われたらそれは有効でありつづける。それがアウグスティヌスの判断だった。

恩寵が与えられるかどうかは個人の意識的努力、自覚とは関係ない。人間を超えた、人間よりもはるかに大きな何ものか、目に見えぬ聖霊への帰依が前提とされている。しかもそれは教会という「場」を必要とする。

私はヨーロッパの旅で巨大な寺院、聖堂の内陣のきらびやかな過剰装飾による演出された荘厳さに触れるたびに、人間は弱い存在だ、人間は瞞されることなしで信じることはできない、瞞されるためには装置が必要なのだ、などと考えた。そして日本の知識人に例の多い無教会派のキリスト信者の根無し草的ひ弱さを考えた。佐渡を旅行したときに、あの小さな島に三〇〇の仏寺があり、教会は一つしかないことを知った。このときも私は逆にヨーロッパ正統派教会の政治的基盤の強さに思いを馳せ、日本はキリスト教国にはなり得ないわけだ、とあらためて思った。

三世紀に起こったキリスト教徒への大迫害で、聖職者の中に信仰を曲げた「棄教」と信仰のために自分を犠牲にした「殉教」の両方がみられた。後者は讃美されたが、前者は残された信徒たちに複雑な波紋を投げかけた。棄教聖職者を教会が再び正式の司祭に迎え入れ、ミサや祈禱を主宰させたからである。当然のことだがそれは許しがたいとの反発の声がもち上った。共産党の転向問題にも似ている。いかなる理由であれ迫害に屈服した裏切り者の聖務は効力を失っているはずではないか、と問われた。それだけではない。そのような背教者によって過去に司祭に叙任されていた他の聖職者も地位を失うべきである。もしくは叙品をもう一度やり直させるべきである。各地の修道士会からこのような声が澎湃(ほうはい)として湧き起こった。「叙品」または「品級」という名でよばれる秘蹟の論争である。

長い歴史のうちには道徳的に破廉恥なことをしたり各種の罪を犯した聖職者が少なからず数えられた。彼らが司祭の地位を失うのは当然としても、彼らに叙任され、すでに聖務を執り行ってきた他の聖職者たちによる「洗礼」や「叙品」も、同時に効力を失ってしまうので、すべてやり直せという告発が相次ぎ、中世を通じ大騒ぎになった。五世紀初めのドナティスト論争の名で知られる。これは教会の組織そのものを揺るがす大問題であった。

この点でもアウグスティヌスの与えた解釈は明解だった。兵士や貨幣や羊につねに印が刻まれているように、洗礼と叙品の秘蹟は、各キリスト教徒に「主の印」を刻んでいる。たとえ背教者であろうと、聖なるその印は消えるものではない。消えるという者は秘蹟と秘蹟の効果を区別していないのである。秘蹟とは神の恩寵を信徒に与える際の儀式のことで、恩寵そのものは神みずからによってか、聖者によってかしか与えられない。一方、恩寵の秘蹟はそれゆえ悪人を介してでももたらされる、と。

疎略な概括ではあるが、アウグスティヌスの教会擁護のロジックである。中世を通じ、「洗礼」や「叙品」にやり直しがあり得るとする声は執拗に出されたが、つねに異端の説として斥けられ、カトリック教会は一貫して自らの正統性のこの立場を堅持し、譲らなかった。

私は中世ヨーロッパは神と聖霊に守られた巨大な政治体制であったとあらためて思う。一六世紀にルターやカルヴァンが登場するよりはるか前に、否、原始キリスト教会の誕生のそのときから、各人の自覚や魂の救済を社会組織より上位に置くプ、ロ、テ、ス、タ、ン、ト、的、な、告発や、弾劾はずっとあった。ただ一五〇〇年間抑止されていた。時代と共に抑止が効かなくなり、人はそれを「自由」と呼んだ。ピューリタン革命もフランス革命も反カトリック暴動にほかならない。

ドストエフスキーの「大審問官」

イワン・カラマーゾフが弟アリョーシャに語って聞かせた自作の物語詩「大審問官」は、一六世紀のスペインのセヴィリアが舞台で、町の広場は火刑場になっていた。国王・廷臣・枢機卿が居並び、とびきり美しい宮廷の奥方たちが列席して、多数の住民たちも見守る中、一〇〇人近い異端者たちが大審問官の手でいちどきに焼き殺された。その翌日、イエスが静かに、町中に姿を現わしたのだ。人に気づかれないようにしていたが広場の民衆にはすぐにそれと分かった。彼は盲(めし)いの老人の目を開かせ、七歳の少女の亡骸(なきがら)を蘇生させた。イエスが本当にこの地上に一五の世紀を待たせてついに再臨したのだ、という設定である。

　これは譬え話ではない。イエスの現身(うつしみ)の登場である。けれども嵐も雷鳴も聞こえない。最終戦争(ハルマゲドン)もまだ来ない。火焙(ひあぶ)りの刑場の興奮だけはつづいている。その中を長身で、九〇歳になんなんとする、頬はこけ火花のようなきらめきに満ちた目をした老大審問官が、群衆の背後から一部始終をじっと観察していた。彼にはすべてがたちどころに分かった。「その者を召し捕れ」と護衛たちに命じた。

　その夜、鉄の扉を開いて手に燭台を持った老審問官が牢獄の中に入って来て、囚人の前で語りだした。

　「なぜ、われわれの邪魔をしに来た？　……明日にはおまえを裁きにかけ、最悪の異端者として火焙(あぶ)りにしてやる。……今日おまえの足に口づけした民衆も、明日はわたしの指一本の合図で火焙りの焚き火めがけ、われ先に炭を投げこむのだよ、それがわかっているのか？　そう、おまえはきっとそのことがわかっている。」

（『カラマーゾフの兄弟』2、亀山郁夫訳、光文社古典新訳文庫、二〇〇六年。以下同）

芝居がかっているといえばいえないこともない絶妙なドストエフスキーの舞台設定は、つづく老審問官のイエスに向けた長大な演説の内容で陳腐さを救われている。概括するのは難しい。ポイントの一点を引用する。

「人々の自由を支配するかわりに、おまえは彼らの自由を増大させてしまった！　それともおまえは忘れたというのか。人間にとっては、善悪を自由に認識できることより、安らぎや、むしろ死のほうが、大事だということを。

　人間にとって、良心の自由にまさる魅惑的なものはないが、しかしこれほど苦しいものもまたない。ところがおまえは、人間の良心に永遠に安らぎをもたらす確固とした基盤を与えるどころか、人間の手にはとうてい負えない異常なもの、怪しげなもの、あいまいなものばかりを選んで分けあたえた。だから、おまえのやったことは、まるきり人間を愛していないかのような行為になってしまった。」

「人間の自由を支配するかわりに、おまえはそれを増大させ、人間の魂の王国に、永久に自由という苦しみを背負わせてしまった。おまえが人間の自由な愛を望んだのは、おまえに魅せられ、虜（とりこ）になった彼らが、あとから自由についてこられるようにするためだった。確固とした古代の掟にしたがうかわりに、人間はその後、おまえの姿をたんなる自分たちの指針とするだけで、何が善で何が悪かは、自分の自由な心によって自分なりに判断していかなくてはならなくなった。

　でも、おまえはほんとうに考えなかったのか。選択の自由という恐ろしい重荷に圧（お）しひしがれた人間が、ついにはおまえの姿もしりぞけ、おまえの真実にも異議を唱えるようになるということを。彼らはしまいには、真実はおまえのなかにはない、とまで叫ぶようになるのだ。」

「人々がおまえをからかい、あざけりながら「十字架から降りてみろ、そしたらおまえだと信じてやる」と叫んだときも、おまえは十字架から降りなかった。おまえが降りなかったのは、あらためて人間を奇跡の奴隷にしたくなかったからだし、奇跡による信仰ではなく、自由な信仰を望んでいたからだ。

おまえが望んでいたのは自由な愛であって、人間を永遠におののかせる強大な力を前にした囚人の奴隷的な歓びではなかった。だが、そこでもおまえは、あまりに人間を買いかぶりすぎていた。なぜかと言えば、彼らはたしかに反逆者として創られているが、むろん囚人であることに変わりはないからだ。まわりをよく見て判断するがいい。見てのとおり、すでに一五世紀が過ぎている。さあ、彼らをよく見てくるがいい。おまえが自分のところまで引き上げた相手がどんな連中か？　誓ってもいいが、人間というのは、おまえが考えていたよりもかよわく、卑しく創られているのだ！　いったいその人間に、おまえと同じことをなしとげる力があるというのか？

人間をあれほど敬いながら、まるで彼らに同情するのを止めてしまったかのようにおまえはふるまった。なぜなら、おまえは彼らにあまりにも多くのものを要求したからだ。そして、それがだれかといえば、自分以上に人間を愛したおまえではないか！　人間をあれほど敬わなければ、人間にあれほど要求はしなかったろうし、そうすれば、人間はもっと愛に近づけたはずだ。なぜなら、そのほうが人間の重荷は軽くなったはずだからな。

人間は、いくじなしで、あさましい。彼らはいま、われわれの権威に対していたるところで反逆し、反逆していることを誇りにしている。だからといって、なんのこともない。そんなものは子どもの、小学生の自慢話にすぎない。教室で反乱を起こし、先生を追い出した子どもと同じふるまいだ。で、そんな子どもの大はしゃぎもいずれ終わりがきて、彼らは高いつけを払わせられることになる。

子どもたちは神殿をぶち壊し、大地に血を注ぐ。だが、愚かな子どもたちはしまいに思いあたる。反逆者など名ばかり、自分の反逆もろくに持ちこたえられない非力な反逆者だということに。」

およそ近代の自由とはそんなレベルのものなのだ、とイワン・カラマーゾフは言っているのである。必ずしもドストエフスキーの立場ではない。

イエスはひとことも発しなかった。ふいに近づいて血の気の失せた九〇歳の大審問官の唇に静かにキスをする、これが答えのすべてだった、と物語詩の作者に言わせている。イエスの再臨と歴史の行方を論じた本稿にも、もとより結論はない。

人間は無意識という幻の中を漂って生きている

人間の意志は自由であるか。

自由は何ものにも縛られていない、いっさいの束縛から解放されている状態であると簡単に定義してもよい。私たちは家族、社会、制度、国家などさまざまな外的世界から制約されて生きているが、そういうものから解放されている瞬間はたしかにあり、それを自由と呼んでももちろんいい。しかし人間の意志は自由であるかと私は問うたのだ。意志は意欲、欲望、情念、衝動などを孕む概念でもある。私たちは外的な束縛からは仮りに解放されても、何かを欲することとそのことに、つまり意欲し欲望をもつこと自体に、すなわち自分の心の中の世界に縛られて生きていないであろうか。人間は何ものにも縛られないつもりでいても、そういう自分に縛られるということがある。

私たちは自分の意志で行動を起こし、自ら決断し、何ごとかを決定したつもりでいることが少なくない。希望の大学に合格したり、目的の事業に成功したり、ことごとく自分の思う通りだった、と。しかしひょっとしてその人の遺伝と環境が良かったせいであったのかもしれない。昔から「氏より育ち」というではないか。どこまでが自分の自由であり、どこからが不自由であるかははっきり定め難い。

何か原因があって、あるいは理由があって、決断し決定を下したのだとすれば、それは自由ではない。必然である。本当の自由な行動にはそれを引き起こした原因が認められないはずである。真の自由な意志決定には理由が先行しないはずである。前に私は、意志は意欲、欲望、情念、衝動などを孕む概念であると仮りに言っておいたが、だとしたらこのような規定におけるすべての意志決定は必然の結果ということになってしまうだろう。意欲、欲望、情念、衝動などをいっさい含まない意志、純粋意志という言い方をしてもいいが、そういうものを想定してみたい。そして、そういう意志が先行するいかなる原因や理由もなしに決断する、そこに行為の真の自由を見たいのであるが、キリスト教文化圏ではそういう自由は全知全能の神のみのなし得る自由というであろう。そしてそれを恩寵という言葉で表わすであろう。そういう意味における意志の自由は人間の身には決して起こり得ないと考えられるのが通例である。

　若い頃に読んで感動したカミュの『異邦人』の第一部幕切れのシーン、主人公ムルソーが理由なきピストル殺人を起こし、太陽が眩(まぶ)しかったせいだ、と言ったあのシーンは日本の文壇でも物議をかもし、たしか広津和郎と中村光夫が論争したが、内容はもう覚えていない。カミュの意図は明らかである。人は神になり得るかという意志の自由の文学的実験であった。

　現代社会では殺人事件が起こるたびに犯人の精神鑑定が取り沙汰される。残虐な事件であればあるほど個人の人格責任は問えるのかどうかが論争の焦点となる。長崎の女子高校生による同級生殺害事件――父親が自決した――などはさしずめ精神医学者を悩ませる案件であろう。神のみぞ知る心の秘密に医師がどこまで介入できるか。被害者の遺族や一般社会は犯人が病気だから無罪だというようなことにはおそらくどうしても納得できまい。犯人の「意志の自由」をあくまで主張するはずである。他方、この事件に限らず、世の中で起こる大概の犯罪には原因や理由がある。貧困など社会的理由だけでなく、殺人事件の大半の犯人は病疾者である可能性が高い。つまり、「意志の自由」はなかった、と考えるほうがたしかに現実的である。

しかし、こうなると大変なことになる。一方に、すべての犯罪の犯人に「意志の自由」を認めて、どんなケースでも人格的責任を問うべきだという極論が存在する。他方にすべて犯罪の犯人は社会的犠牲者であるか、ないし何らかの形で病疾者であるから「意志の自由」はなく、責任は問えないという逆の極論が成り立つ。両者の間には無限のへだたりがある。前者は刑法における報復の観念、後者は教育の観念に基づく。現代の法曹界は後者の観念、犯人に優しく遺族に厳しい決定に傾く「意志の不自由」論を選びがちである。しかし、法律家のいったい誰が神の領域に立ち入れるのであろう。私はいつも疑問に思っている。考えようによれば空恐ろしい話である。メディアや世論の動きに左右されて、基準のない世界に無理に機械的な基準を設けたりしていないだろうか。

『異邦人』のムルソーのような「意志の自由」は神ならぬ身の人間世界には想定できないのである。そこからありとあらゆる現実の矛盾が生じる。

現代では「意志の自由」をめぐっては科学的実験までもが行われている。ある人が手首を曲げる。そのとき脳活動による電位の変化が測定される。被験者が意識的に手首を曲げる動作を決定するおよそ三分の一秒前に脳の活動が開始されることが一九八三年に発見された。すなわち、動作を起こす決定がまず潜在意識でなされていて、それが意識的決定へ翻訳され、それから後に実際の行動が起こる順序が確認されている（実験はカリフォルニア大学神経生理学教室ベンジャミン・リベット教授による）。

私たちは平生、私たちの意識が行動を決めているような気がしている。しかし意識は判断を下す司令塔ではない。意識とは、脳の無意識の部分が動いた結果を単に受動的に受け取って、あたかも自らが主体的に決定したかのように錯覚する機能にほかならない。私たちは無意識という幻の中を漂って生きているのである。

「意志の自由」は通例、意識の主体性を前提とする。それを妨げ、人間から責任観念を少しずつ弱めてきたのは貧困など社会環境の認識と、人間の心身全体を司る無意識界の発見であった。マルクスとフロイトの出現は個人の良心の自律性というものを絶望的なまでに危うくしたのである。だが、奇異なことに、その「個人」を確立せしめたのはキリスト教であり、と同時に、同じ「個人」を窮境に追い込んだのもキリスト教であった。

ルター＝エラスムス論争と私の青春

近世ヨーロッパにおける「意志の自由」をめぐる最大の事件は、ロッテルダムのエラスムスとマルティン・ルターとの間の世紀を湧かせた論争だった。一五二四年に『自由意志論』を書いて論戦に火を点けたのはエラスムスのほうだった。ルターが九五カ条の提題を打ち出してから七年後、世は騒然とし始め、彼はウォルムスの国会に喚問され、火刑に処されるのではないかという万が一の恐れをも胸中に押さえて、協力者や市民たちの熱い支援に支えられつつ、宗教改革の焔の只中に立った。すでに当時、農民戦争（一五二四―二五年）が勃発していて足許を脅かされてもいた。

他方、いっさいの争い、党派対立を好まないエラスムスは、本心では火中の栗を拾いたくないと考えていたようだ。もともとルターに好意を寄せていたし、カトリック教会の堕落、教皇や司祭たちの腐敗した、信仰からほど遠い生活振りに対し彼自身批判の矢を向けていた。『痴愚神礼讃』（渡辺一夫訳、岩波文庫、一九五四年）五八―六二節あたりを読んでみていただきたい。聖職者を舌鋒鋭くこき下ろしている戯画的風刺の筆は冴え、読書界からやんやと拍手喝采を浴びていたさまがうかがえる。

既存の教会のあり方に疑問を持つこと、聖書を尊重し、信仰を第一義とすること、エラスムスもこの基本においてルターと距りはなかった。ルターのほうもエラスムスの名声、人文学における才能と業績を尊敬していた。味方になって欲しいが、それが叶わぬならせめて自分たち改革運動に関わらないでいてもらいたいと手紙を書いてさえいた。相手の強力さを知っていたのである。ルターはもし神の恩寵がなければ人間の自由意志は何もなし得ないではないか、と否定的に問い、エラスムスは神の恩寵があればこそその援（たす）けにより人間は何をなし得るのか、を肯定的に問うている。この設問の差異に宗教改革者と人文主義者(ヒューマニスト)の違いが現われている、等とよく言われるが、私は若いときに修道院入りした二人の動機をめぐるエピソードが決定的な差異の現われであって、面白いと思っている。

どちらももちろん修道士である。エラスムスは司祭の私生児で、一四歳で孤児となり、後見人に求められて修道院に入ったが、それは信仰心のためではなく、修道院の豊富な蔵書を利用して、ラテン語、ラテン文学を勉学するためであった。神学にはさしたる関心もなかった。途中から苦心して独学でギリシア語を学んだのは聖書の原典すなわちギリシア語聖書の校訂とそれに基づく研究をするためだった。そもそも聖書は初めなぜかギリシア語で書かれていたのであって、当時すでに失われ、ごく少数の例外を除いて中世ヨーロッパで写本を見た者もいなかった。

ルターの父親は農民で、息子の出世に期待していた。家は貧しく、学費が乏しいので、一四歳のルターは町の家々の戸口をパンを乞うて歩き回らなければならなかった。学業成績秀れ、エルフルト大学で法学を学び、学士・修士を経て講座を担当することになっていた。帰省の途次、運命を決する瞬間が訪れる。雷に打たれたのである。「聖アンナ様、お助け下さい。私は修道僧になります」と思わず叫んだ。その誓いを彼は守った。父は狂気のように怒ったという。「だが、私は決意を守りつづけ、断じて修道院を去ろうとはしなかった。私は俗世に対してまったく死んだも同然になった。」と後に語っている。

ルターとエラスムスのことをこの章で取り上げたのには多少の個人的な思い出がある。文学部ドイツ文学科のある友人との間で「自由意志論争」をしばしば話題にしていた。私たちは二人ともルターの「奴隷意志論」に共感していた。私はさして勉強していたわけではなく、当時名著といわれた森有正『近代精神とキリスト教』（河出書房、一九四八年初版、五〇年再版）などを必死に読んでいた。難解な内容はよく分からなかった。冒頭の論文「原罪の問題——ルター・パスカル・ドストエーフスキー」の題名などに魅了されていたにすぎないのである。今度書棚の奥からボロボロになって読みこまれた同書を引っ張り出してみたが、全学連が荒れ狂っていた時代の片隅で、よく分からないながら夢中で読んで友と論じ合った昭和二九—三三年の時代が懐しく、私の青春のひとこまであった。友はルターを研究するために宗教学科に転じた。その後ルター学者ハインリヒ・ボルンカムのいるハイデルベルク大学へ留学したから、私とは違って本気だったのである。

私がどうしてもその先に踏み込めなかったのは「原罪」とか「恩寵」がどういうことか究極的に分からないと気がついたためだった。その友も結局キリスト教徒にはならなかった。私はニーチェのほうがまだ了解範囲に入ると思って舵を切り替えたのかもしれない。今では思い出せない。ただしキリスト教が西洋文明を知る鍵であることに変わりはない。『近代精神とキリスト教』というあの書名の示す含意は、少なくとも書名に関する限り、「西洋化＝近代化」をめざしていた敗戦後の日本人にとって、看過ごせない時代の課題に直結してもいたのである。キリスト教は「近代」の確立にとって避けて通れない思想世界だ、と今の日本の知識人の多くはおそらくほとんど考えていないであろう。しかし当時は違う。東大文学部助教授の森有正はそのためにフランスに渡って帰国しなかった。これも話題のひとつだった。他方で、大学のキャンパスは別の方向の近代主義者たち、マルクス主義者やウェーバー主義者が跋扈し、丸山真男一派に牛耳られていた。ルターの「奴隷意志論」を論じ合うのは私たち二人の文学的行為であり、秘かな反逆の一形式になる、そういう時代の学生生活だった。

救いの根源は神の「選び」のみにある

エラスムスは人間の理性を信頼していた。今日で言う社会常識に近いところから問題を考えようとしているさまが窺える。それに対しルターは人間の理性を信頼しなかった。神の全知全能と人間の無力が彼の思索の出発点である。救いは人間の意志や努力に関係なく、神の恩寵にのみ関係があるということを徹底化している。近代人のように人間を中心に据えて神を見るのではなく、むしろ人間は神のために存在するのである。人間は救いに関して神の一方的活動をただ受け容れるだけであって、神の意向を避けることも変えることもできないとされる。ルターの有名な神秘的体験、「塔の体験」で彼が悟ったのは、「神の義」（正しい人間として神に認められること、罪の赦し）は自分で努力して獲得するのではなく、神から与えられるものをただ受容するだけの、どこまでも受け身の活動である。神はすべてを独占していて、予めある者を救い、ある者を滅びに任せる選択は、前もって神が予定している思想のうちに入っている。救いの根源は神のこの選びにある。人間の側の善行や功績はまったく無力であり、救いは神の意志によって定められているのみで、人間の自由意志は認められないとされる。「奴隷意志論」とはそういう方向のことである。

エラスムスはこれに対し、人間に自由意志の力を認めないとしたら、人間の責任の所在はどこに行ってしまうのか分からないではないか、と問うている。意志の自由が責任の前提であるとする、先述の現代の刑法にまでつながる例のテーマである。もし神の予定する必然性によって人間界のすべてが決定されていて、善悪両方に変わり得る自由な意志決定は人間の力ではなされないのだとしたら、人間には何の責任もないことになり、罰せられるような罪もないということになってしまうだろう。それはおかしい。人間に自由意志による努力を認めるべきであって、その努力を神が認めたとき、救いが与えられるというのでなくては道理に合わない、と主張している。

どこまでも人間を基本に置いた思想である。しかし世界に善とか悪とかいうもののはっきりした区別があって、その区別を人間が決めるというような考えをルターは採らない。

「人間の意志は両者（神とサタン）の間に、いわば荷役獣（Lasttier 馬やろばなど）のように置かれているのである。もし神がその上に坐し賜うなら、神が欲するところへ向かうであろう。もしサタンが坐していれば、サタンが欲するところへ向かうであろう。二人の馭者のどちらを求めるかを選択する力は、人間にはない。むしろ馭者のほうが、自分たちのどちらが人間をつかまえ独り占めにするのかを、競り合っているのである。」

このように人間の自由意志というものはまったく認められていない。もしほんの少しでもこれを認めれば、人間は徹底的に謙遜にはなれない存在だ、とルターは考える。「なぜなら、自己の救いに対して、どれほど些細なものであれ、自分はなにごとかをなし得ると確信している限り、彼は自己信頼に留まり、自分自身に徹底的に絶望するには至らない」。謙遜とは彼の場合、ドイツ神秘主義や東洋哲学の考える自我を脱し無になることではなく、神の前における自分の悪、汚れ、無力を認識して、自己を嫌悪し、否認するに至ることである。言いかえれば自己の罪の意識、すなわち罪人としての自己認識が必要だということであるが、さて、ここがどうしてもいまひとつ私には分からない点だった。なぜここでひとっ飛びに「罪」という概念が出てくるのか。

「神の義」すなわち神の前で正しさが認められ赦されるということは、ルターはパウロに倣い、二種に分けて考えている。「業（わざ）」の義と「信」の義の二つである。「業（わざ）」すなわち**Werke**は英語でいえば**Works**に当たり、道徳的な市民的な正しさのことで、人間社会の中で認められ、讃えられたり栄誉を得たりすることであるから、ルターによれば神の前では認められない、不敬虔とさえ看做される。

一方、「信」の義は神の恩恵によっていかなる「代価もなしに」与えられるべきはずのものなのである。人間の熱心や努力の代償として与えられる報酬が救いであり得るはずはない。報酬を期待する心は自己の功績を誇る高慢心を生む。かつて自らの意志の力で律法を守るべきことを説くユダヤ教徒に対して、パウロは自由意志によっては神の恵みは得られないと言った。ルター以前にも、意志の不自由を主張し、神の恩寵を強調する人はほかにもいたのだ。

エラスムスとルターの対立劇と大変によく似た構図を四―五世紀に示したのはペラギウスとアウグスティヌスとの関係であった。一〇〇〇年前のこの相似形はよく知られている。前にも述べた通り、アウグスティヌスは中世カトリック世界を指導し統合した存在で、いわば政治勢力としてのカトリック教会の思想的象徴であるが、今にしてみればキリスト教の歴史の中でマルティン・ルターに最も精神的に近い存在はアウグスティヌスである。

これは逆説でも何でもない。アウグスティヌスの『告白』を読むと、その罪の自覚、苦悩の深さ、回心の神秘的ドラマは青年ルターのそれらによく似ている。カトリックとプロテスタントのどちらの味方でもない、党派心に関心のない異教徒の国の読書人からみての偏見である。救いに関してすべての決定権は神の意志にあるとする点で両人は徹底している。対立関係とは思えない。

ただルターには心理的欺瞞をえぐり出す近代人らしい鋭い勘、意識下の世界をも見抜いてわずかの自己錯覚をも許すまいとする犀利な洞察眼がある。神に祈るとき、期待し報酬を求める心が忍び込むのをどう防ぐか。善をなそうと思う意識が邪魔をしないか。人間はその点で底抜けに弱い存在で、自分で自分を瞞そうとしつづける。人間が定めている善悪基準をどう超えて行くか。善は神が与えてくれるものであって、何が善悪であるかは人間には分からない。それだけに自分の自由意志で律法を守ろうとすればするほど、神の義、神から与えられる赦しに対しては、事態はどんどん悪化する。ルターは意識の及ばない心の奥を見てそう考える。フロイトにつながる意識下が意識世界を縛り不自由にする心の全像の認識こそが「意志の不自由」論の実相で、アウグスティヌスとは異なる近代人ルターの一種の科学精神である。

私は少し前に、真の自由な行動には、それに先立つ原因も理由も見定められないはずだと言った（本書255頁参照）。キリスト教文化圏ではそういう自由は全知全能の神のみのよくなし得ることで、人間には許されず、わずかに恩寵という言葉で言い表わされるだろう、とも付け加えた。

わが文化の中で強いて対応するものはといえば、「歎異抄」の第一条を見られよ。

「弥陀の誓願不思議にたすけられまゐらせて、往生をばとぐるなりと信じて念仏申さんとおもひたつこころのおこるとき、……弥陀の本願には、老少・善悪のひとをえらばれず、ただ信心を要とすとしるべし。……本願を信ぜんには、他の善も要にあらず、念仏にまさるべき善なきがゆゑに。悪をもおそるべからず、弥陀の本願をさまたぐるほどの悪なきゆゑにと云々。」

（『歎異抄』金子大栄校注、岩波文庫、一九五八年）

まことに、本願の力は絶対で、世の中のいっさいの相対的善悪を問題にしないと喝破している。親鸞の言う阿弥陀仏のお力にまかせ切るという他力本願は、姿を替えた「奴隷意志論」のことである。「自力のこころをひるがへして、他力をたのみたてまつれば、真実報土の往生をとぐるなり」（第三条）

ルターは神は愛であるという。人間の感覚や理性から神は隠されているという。人間性にとって隠された神である。これは真意が私にはまだよく分からないが――「愛」という文字を使われると東洋人には手に負えない――、親鸞の言う「浄土の慈悲」にひょっとして似ているかもしれない。

エラスムスは大知識人ではあったが、理性の徒であり、人間の感覚や理性から隠されている世界の洞察にはいまひとつ難があったように思われる。けだし西洋人文主義の流れは宗教改革とは血脈を異にした違う流れで、二人は「自由」という同じ言葉を用いて違う内容を語っていたようにも見てとれる。エラスムス＝ルター論争は、すべての論争がそうであるように、すれ違いであった。

ルターからカルヴァンに進む心の甘さの追放劇、これが西欧「近代」の門戸を開いた

私は本書で、中世のヨーロッパ世界といわれるものは信仰と暴力から成る一大政治勢力であると見立ててきた。ここに一六世紀の科学革命がつけ加わって、地球上の他の地域に対し怖いもののない自己中心の拡大運動体となった。破壊と文明、闇と光の二重性をその特色としてきた。「近代」とはひとりヨーロッパだけが生み出したものではない。日本の「近代」は独自の歴史の古層からの結実である。けれども西欧のそれは強力であった。地球の他の地域にとってつねに模範であり、尺度であった。それは中世ヨーロッパに深い関係がある。信仰・暴力・科学の母胎は中世に始まる。近代西欧のさまざまな構成要素は中世にすでに形成されていた。

中世、近世から近代へと時代が下るにつれて西欧文明のたたずまい、その外容は、地球の他の地域のそれに似てくる。二〇世紀以後になると、地表の文明の外見は均質化し、平板な共通性が

当たり前になってくる。そのため今、ヨーロッパ・キリスト教世界がアメリカに広がり、さながら地表全体を蔽い尽くしているかのような感覚的錯覚が生じている。経済や社会思想だけで歴史を語り、宗教を中心に据えずに叙述している世界の歴史家、人文学者は、おおむねこの錯覚に囚われて学問を展開している。日本の学者で反旗を翻す者はいない。西欧の学者にのみ自らを世界の中心の座標軸と考えたくなる環境が与えられているのである。フェルナン・ブローデルやイマニュエル・ウォーラーステインが最近では日本の歴史の学問の規矩準縄になっているさまを見るがよい。

近世から中世へと時間を少しずつさかのぼって行くと、彼我の間の歴史や文化の相違は否でも応でも誰の目にもはっきりしてくるだろう。信仰が中心になるからである。違いが大きく見えれば、現代の違いの少なさは目の錯覚であると気がつくだろう。そこで遠い過去から、順を追って近代や現代を透視するようにしていけば、今までの日本の歴史の学問が宗教を死物のように扱っていたための間違い、例えば宗教改革が果たした「近代」を誕生させた役割としての意義などにあらためて考えが及ぶに相違ない。

日本の知識人は相当程度にキリスト教の理解者であろうとしている。教養としてのキリスト教に関心が深い。けれども大半は信者にならない。それでいてヨーロッパ・キリスト教世界の歴史に自己の歴史を無反省に寄り添わせてきた。日本の歴史に関する説明の泉をヨーロッパ史から汲み取ってきた。が、二つの歴史像は近づけても重なることはない。時代が遠くなると、ますます大きく距離を開いてしまう。別の文明なのだから当たり前である。それでいてヨーロッパの「近代」は模範であり、尺度でありつづける。

神学上の大問題であるエラスムス＝ルター論争は汗牛充棟（かんぎゅうじゅうとう）をなす文献を追究しなければ扱えないテーマで、私がそれを知りながら研究書を書くのではなく、恥ずかしながら簡単なスケッチを試みたのは、どこまでも歴史叙述の都合からにすぎない。ヨーロッパにおける「近代」の成立は宗教の歴史と切り離せない関係にある。近代とは「個人」を確立させた時代であるとひと口で言っていいと思うが、その「個人」とは信仰を自ら選び取るという自覚においてスタートした。エラスムスふうの楽天的人間主義によってではなく、ルターからカルヴァンに進む過激なまでの自己否定の論理、自己の心の甘さの追放劇を潜り抜けなければ信仰を一六世紀に自己のものに再生はできなかったのだ。私はそのことを概念的スケッチでもいいから伝えたかったのである。

宗教改革はもう一つの「十字軍」だったのか

中世を通じヨーロッパは安定したキリスト教支配の時代だった、と日本人は簡単に考えているが、そうではない。四世紀のゲルマン民族の大移動とともに、ことに北方は多神教風土に蔽われていた。洞窟や樹木に聖性を見るアニミズム、神秘や怪異などに寄せる民俗的な宗教、無敵の英雄の活躍するゲルマン神話等々が生動していた。

ケルトの宗教ドルイド教は太陽神と土地・豊作の神を崇める汎神論で、魂は死後、他の肉体へ移るという輪廻転生的な考え方をしていた。紀元前には大陸に根を張っていて、フランス、スペイン、ベルギーが現在ある地域に広く分布していた。ローマ帝国の隆盛とともに次第に衰退し、西のほうへ移動し、アイルランドに定住するようになって、今日に及ぶ。

神秘主義的哲学として知られるグノーシス主義、ペルシャに生まれたゾロアスター教、太陽崇拝のミトラ教、これらをつき混ぜたような徹底した二元論教義を有するマニ教。パレスチナを発祥の地とするユダヤ教及びキリスト教はこうした数々の宗教の一つにすぎなかったのである。中世になってキリスト教だけがひとり権威の高まりをみせたのはじつに不思議である。普遍的世界宗教たり得る資格を備えていたから当然だと言う向きがあることは分かっているが、本当のところは何が原因かは謎である。

ゲルマン人とローマ人が混血し、そこに多民族が動乱とともに流れ込んできたヨーロッパは、昔から個人と個人が、民族と民族が、宗派と宗派が突っ張り合う多様性の坩堝(るつぼ)であった。それは今のヨーロッパに影響している。以前私が「部分がじゅうぶんに部分としての個性を発揮し、相互に他を否定し合い、反発し合い、あるいはまた他を是認し、味方に引き入れ、そういう離合集散のプロセスのなかで、全体の統一性が自動的に成立する」(『ヨーロッパの個人主義』講談社現代新書、一九六九年)と書いた文化的統一体としてのヨーロッパは、昔から単純な神権政治で支配されるような画一的世界ではなかった。中世カトリック教会は権威であって、権力では決してない。多様な全体を柔軟にまとめる精神的権威であって、地上の権力は皇帝に委ねられていた。アウグスティヌスでさえマニ教への信仰に溺れかかって異端とされかねない危うい縁に立ったことがある。信仰は硬直した一枚岩ではなかった。

さて、しかし、ある時期からカトリック教会はにわかに政治権力に化したのである。なぜか分からない。十字軍（第一回一〇九六年）がその最初の現われである。教会は信仰と暴力から成る一大政治勢力として動き出した。十字軍はイエルサレム、北方バルト海域、イベリア半島のイスラム勢力の掃蕩に向けられた。アメリカ大陸の発見と征服もその大きな流れに沿った動きだということはこれまでにも何度も書いた。ヨーロッパ中世世界の力ずくでの境界の拡大が始まった。そして二〇世紀におけるソ連や中共と同じように、外に拡張すると共に、内に異分子を粛清する力学も動き出す。それはヨーロッパ内部の異端に向けての「十字軍」のことであって、次に述べる通り、壊れかかった中世世界を建て直す引き締め行為だった。

グノーシス主義とマニ教は数ある異端の中で、中世期に入っても絶え間なく浮かんでは消える異端群の中の一大底流をなしていた。一神教を強力に推進する正統キリスト教からみると、この流れを汲む二元論的宇宙観を主張する「カタリ派」の誕生は最悪の事態だった。南フランスのトゥルーズで爆発的な普及が始まった。教会はこれを黙って看過するわけにいかなかった。

一二〇八年、教皇インノケンティウス三世は南フランスを討つ十字軍の兵士となった者には免罪と永遠の救済を約束するだけでなく、異端者とその支持者の土地と財産を与えると呼びかけた。攻め込んだ町でカトリックとカタリ派をどうやって見分ければいいのかと問われて、指揮官の教皇特使は「全部殺してしまえ。見分けるのは神だから！」と答えたという。ここから虐殺に次ぐ虐殺が始まった。町は火の海となり、二日間燃えつづけた。犠牲者の数は三万とも一〇万ともいわれる。「カタリ派」が立て籠るカルカッソンヌの城も陥落した。この城は南フランスを訪れる観光客に今、美しくライトアップされた石造りの巨大古城の風姿を見せている。私も夏の夜、城の周りを散策して楽しんだ覚えがある。別名で「アルビジョワ十字軍」と呼ばれるこの虐殺事件は、通例フランスの歴史書にはあまり出てこない。

図3－6　キリスト教の異端カタリ派の拠点だった城塞都市カルカッソンヌ

エラスムス゠ルター論争はそれから三〇〇年を経過している。もちろん直接のつながりがあるようには誰にも思えまい。ただルターの宗教改革は、ヨーロッパ内部に残存している異端的な心性、二元論的宇宙観とか多神教とか汎神論への心の傾きなどに対する一神教からの最後の、徹底した攻撃であり、排除の運動であったとはいえるだろう。その意味で宗教改革こそが、もうひとつの「十字軍」だった。

時代が近代の入り口にさしかかり、エラスムスのようなギリシア゠ローマの古典の智恵を身につけた開明主義者も立ち現われている時代に、「個人」の内面の確立を言うのに、ルターは理性に訴える常識的立場はとれない。各人の心の奥に隠されている闇を突く自己否定の論理をもってするしかなかった。ただ彼が確信していたのは、一神教としてのキリスト教の信仰を選ぶのにあれかこれかではなく、どこまでも「個人」の自覚に俟つべきだ、ということにほかならなかったのである。「近代」の確立とはそういうことであった。

ヨーロッパ文明は宗教改革によってじつは再統一を計ることに成功したのである。宗教戦争という内乱を引き起こし、荒廃を招いたではないかと人は言うかもしれないが、カトリック教徒が新教の呼びかけによって目覚め、あらためて自覚的に自らの信仰を選び直すということが起こったからだ。私がマルティン・ルターにいちばん似ているのは聖アウグスティヌスだと言ったことの暗示的意味がお分かりになるであろう。

ニーチェは『アンチクリスト』六一節で次のように言っている。「ルターは教会を再興したのであった、つまり彼は教会を攻撃したからだ」（西尾幹二訳、白水社、一九九一年）。ニーチェは地上から消えてなくなるはずだったキリスト教が息を吹き返したのを嘆いているのである。痛烈な皮肉であり、現実に起こった逆説への辛辣な心理的洞察であると思う。

今にして思えば西欧の誕生地は文化果てる野蛮な僻地だった

旧約聖書はユダヤ教の聖典であるからヘブライ語で書かれていたが、ユダヤはローマ帝国の属州となり、イエスが登場する頃にはヘブライ語を読めない人が大半となっていた。当時はヘレニズム世界の共通語、国際語はギリシア語だったので、「七十人訳聖書」と呼ばれる旧約のギリシア語訳が作成された。初期キリスト教徒はイエスの救世主としての事蹟の証拠を探して必死になって「七十人訳」を読んだに相違ない。パウロをはじめ使徒たちの旧約引用はこのギリシア語訳を用いることが多かったといわれる。そこで新約聖書は最初からギリシア語で記されることとなった。

五世紀に聖ヒエロニムスが新旧約聖書のラテン語訳を作成した。旧約に関しては「七十人訳」の原本のヘブライ語を参照にしたといわれるが、新旧約ともにこのラテン語訳は中世を通じ重きをなし、パリ大学の一三世紀の校訂を経て、ウルガタ聖書として確定する。宗教改革の時代まではもっぱらこれが用いられていた。

新約聖書の原書はギリシア語であったわけだが、イスラムの急激な進出によって、ローマを中心とした西方政治の中心は地中海から北方へ大きく移動した。その関係で、西欧世界ではギリシア語を理解する人がほとんどいなくなった。フランク王国（カロリング王朝）は内陸の北西方向に封鎖され、東方との交路を断たれた。ラテン語は日常語として用いられてはいたものの、アラビア語の登場によってやがて変質し、スペイン語、イタリア語、ドイツ語などのいわゆる方言が、まだ書き言葉ではなかったが、通用されるようになった。ルターによる聖書のドイツ語訳の登場はこうした情勢を背景にして起こったのである。

東方から切り離された当時の西欧では、ギリシア語で書かれた聖書のオリジナルのことなどは誰ももう思い出す人さえいなくなった。たとえ断片が見つかっても、聖職者ですら読むことはできない。あっという間に四書五経を読める人がいなくなった現代日本を考えてみれば分かり易い話ではある。

新約聖書のギリシア語の原典を復元する必要を痛切に自覚したのはエラスムスだった。イタリア半島の南端やシシリーにはギリシア語を話す人がまだいた。一四世紀に詩人ペトラルカがホメロスの写本を入手してその一人から手ほどきを受けたが、読めるだけの語学力は身につかない。その後一〇〇年を経てエラスムスは、東ローマ帝国が亡び、亡命者がイタリアにやってきたのでギリシア語教師を求めたが、有能な人にはめぐり会えなかった。アリストテレスのギリシア語テキストを入手し、アラビア語経由のラテン語訳を照らし合わせてギリシア語を学習したりした。満足な辞典も文法書もなく、どうやって学んだのか。じつに驚くほどの忍耐と苦心である。パリで資料として四つのギリシア語聖書の写本を手に入れたが、最古の写本も一五世紀のそれで研究に適さない。一世紀まで遡る写本だと彼が信じた黙示録のある写本は、現代の研究では一二世紀のそれであると分かっている。彼はラテン語訳聖書を見ながら自身でギリシア語を作文さえした。「原典に帰れ!」という彼の主張がこれで満たされるはずはない。が、ともあれ紆余曲折を経て、一五一六年に、ギリシア語新約聖書の最初の校訂版をラテン語の翻訳と註釈をつけて出版した。聖書の文献学史における目を見張らせる成果であり、偉業である。ルターとはまた違った通路から彼は信仰への道を開拓したといえる。

さりながら問題はまさにここに胚胎していた。西欧の地域は大略七世紀から一六世紀まで、荒れ果てた野蛮の地となり果てていた。一四―一六世紀はことに飢饉と病気と戦火に見舞われ悲惨だった。これが西洋史の起点である。西洋は中世に始まり、古代ギリシアとは関係がない。古代ローマとはある種のつながりはあるが、西洋人が古典古代世界を自らの古代史に仕立てるのはルネサンス期に生じたイデオロギーにすぎない。それにもかかわらず、否、それだからこそヨーロッパ人は学問に、哲学に、芸術に、絶え間なくギリシアを追い求め、讃仰するのである。

エラスムスが身をもって示したのは、自らの聖典を原書で読むことを拒絶されていたこの文明の根源的な飢えの姿である。ヨーロッパはその歴史の始源において癒し難い不安を蔵していたといえないだろうか。中世に始まり近代に及ぶ外への拡張と内への引き締め、侵略と粛清のあのドラマは、最初に根差す飢えと不安のいわば姿を変えた自己露出であり、手負いの傷の自己治療の欲求の姿なのではあるまいか。

文明と野蛮の境い目を自由に跳び越えるモンテーニュ

山の向こうの民族と戦争をしたとき、この地の兵士は戦勝のしるしに、殺した敵の首を持ち帰って戸口に掛けておいた。敵の首級を戦利品にするのは世界の歴史で珍しくない。ただしこの地のやり方はさらに違っていた。捕虜を連れ帰ると、長い間十分にもてなし、大切に扱い、思いつく限りの便宜を与えた後で、彼を火炙りにして殺し、知り合いや仲間を大勢招集して皆でその肉を食べるのである。来なかった人にはその肉片を届けてやる。最上の復讐を表わすための儀式にほかならない。殺される者も最初からそのことを承知で従容と死につく。

モンテーニュ（一五三三―九二）が「食人種について」（『エセー』第一巻第三十一章〔原二郎訳、岩波文庫、一九六五年〕。以下同）で取り上げている新大陸からの情報のひとつで、感想がこれにつづく。

「新大陸の国民について私が聞いたところによると、そこには野蛮なものは何もないように思う。もっとも、誰でも自分の習慣にないものを野蛮と呼ぶなら話は別である。まったく、われわれは自分たちが住んでいる国の考え方や習慣の実例と観念以外には真理と理性の尺度をもたないように思われる。だがあの新大陸にもやはり完全な宗教と完全な政治があるし、あらゆるものについての十全な習慣がある。彼らは野生である。われわれが、自然がひとりでに、その自然な推移の中に産み出す成果を野生と呼ぶのと同じ意味において野生である。しかし実際は、われわれが人為によって変容させ、自然の歩みから逸脱させたものをこそ野生と呼ぶべきである。（中略）われわれは自然の作物の美しさと豊かさの上に、あまりに多くの作為を加えすぎて、これをすっかり窒息させてしまったのだ。けれども自然はその純粋さの輝くいたるところで、われわれのはかなくつまらない試みに赤恥をかかせている。」

食人を最大級のことばで野蛮と切り捨てるこの人の世の中で、右のような判定は当時の人だけでなく、今の人をも真に驚かせるに足るものがある。新大陸からの情報が一六世紀のヨーロッパ人をいかに魅きつけていたか。また物を考えるうえでいかに多くの材料を提供していたことか。モンテーニュは自分の尺度というものに囚われないで、他人の中にある自分と違うものを信じ、世界には互いに反発し合う多種多様な生き方が存在することを、単に理解するだけでなく、相対化して判断されたその尺度を、自分を越えた一つの規範として確立する地点にまで高めたのである。

もちろんそれには経験と学習が介在する。ブラジルに一〇年か二〇年住んだことのある男を家事雇い人にしていた。男が旅先で出会った水夫や商人にも会わせてもらう。現地報告の本もそれなりに利用している。インディアスの土を踏まなくてもこのように分かる人には分かる。現地を体験したからといって、イデオロギーを抱えて旅をしてそのまま帰国した人には何の変化も起こらない。しかし何といってもモンテーニュをつき動かしたのはヨーロッパの、すなわちフランスの当時の現実だった。

モンテーニュが生涯のど真ん中で出会ったのはユグノー戦争（一五六二―九八年）であった。フランスのカトリックとプロテスタントが七回の休戦を挟んで四〇年近くにわたり戦った内戦である。プロテスタントはユグノーの名で呼ばれ、弾圧にもかかわらず勢力を広げて行った。カトリックの中心人物ギーズ公によるユグノー虐殺事件（ヴァシーの虐殺、一五六二年）につづいて、一五七二年には、「サン・バルテルミの虐殺」の名で知られる大惨劇が起こった。ユグノーのある代表的指導者がイングランドやオランダの新教勢力と同盟を企てているとの噂が流れ、ギーズ公の手勢によって殺害されて、死体は窓外に投げ出された。パリ市民によってその後無惨に切り刻まれ、群衆の中を引き回された末に河に投げこまれ、さらに絞首台につり上げられたうえで焼かれた。群衆は興奮し、五日間にわたって大規模な虐殺が行われた。カルヴァン派は男も女も、そして子供までもが殺され、家々は略奪された。パリではおよそ二〇〇〇人、地方ではおそらく一万人が犠牲となったといわれる。

モンテーニュはボルドー市で法官生活から引退し、シャトーに籠って読書と執筆に日を送っていた。市のとるべき方策を提案したりもしたが、出世の路から敢えて離れ、自由に自己の精神の課題を追究した。サン・バルテルミの虐殺のあった年に奇しくも『エセー』の執筆が開始されたとみられている。「食人種について」は先の引用のあと次のように書かれている。

「私は、このような行為のうちに恐ろしい野蛮さを認めて悲しむのではない。むしろわれわれが彼らの過ちに正しい判断を下だしながら、われわれの過ちにまったく盲目であることを悲しむのである。私は死んだ人間を食うよりも、生きた人間を食うほうがずっと野蛮だと思う。まだ十分に感覚の残っている肉体を責苦と拷問で引き裂いたり、じわじわと火あぶりにしたり、犬や豚に嚙み殺させたりするほうが、(われわれはこのような事実を書物で読んだだけでなく、実際に見て、なまなましい記憶として覚えている。それが昔の敵同士の間でなく、隣人や同胞の間におこなわれているのを、しかもなおいけないことには、敬虔と宗教の口実のもとにおこなわれているのを見ている。)死んでから焼いたり、食ったりすることよりも野蛮であると思う。」

それに対し「新世界」の原住民の戦争行為は高貴で、毅然としていて、美しささえ持っている、とモンテーニュは語りつづける。彼らは勇気に対する執着のほかにどんな動機も持たない。従容と死についたかの捕虜も勇気が試されていたのだ。彼らは新しい土地を征服するために戦うことはない。自然は豊かで、土地の境界を広げる必要などないのである。自然が命じる要求しか欲しない。彼らは幸福で満ち足りた地点にいる。

何度か注意を喚起したが、私が本書のそもそもの冒頭で次のように記したことを、くどいようだが、今一度思い出していただきたい。

「私たちは空間的な拡大や移動を求めない民族だった。私たちだけではない、アジアの多くの民、大海原の向こうのインディアンたちも広がりを求めず、過剰を求めず、バッファローと共に暮らし、次の世代のために余分な狩りはしない民族、空間ではなく時間に自足していた民族であったに違いない。白人は彼らを追い詰め、抵抗に手が負えなくなってバッファローを大量虐殺することで民族としての息の根を止めた。」（本書35頁）

日本人は近代化＝西洋化をめざしてからあとヨーロッパ文明国の視座の外に立ってものを見ることがかえって難しくなっているが、モンテーニュはここで暮らしながら意識は例外的に外に立ち、外から内を見ようとしている。ヨーロッパ人（主に征服スペイン人）の暴虐と非道に対し彼は容赦ない。

「真珠と胡椒の取り引きのために、これほど多くの都市が劫掠され、これほど多くの国民が絶滅され、何百万という人々が刃にかけられ、世界で最も美しい土地が顛覆されたのである。何と卑劣な勝利ではないか。」（前掲『エセー』）

聖書に描かれていない地に生きるアメリカ先住民とはそも何者なのか？　彼らは果たして人間か？　の問いが征服スペイン人の頭脳を襲い、教会や国王をも悩ませた時代に、モンテーニュは彼なりの答を出していたのである。それは「人間」の発見なのだろうか。「人類」の概念の新しい獲得といえるのだろうか。そういうふうに考えるべきなのだろうか。私にはそうは思えない。

モンテーニュの精神に近かったのは行動家ラス・カサスだった

私は先にインディアスの現場から報告を始めたドミニコ会の修道士ラス・カサスの告発のいくつかを紹介した（本書152頁）。その中に丸裸で暮らす習慣の原住民に二〇匹の獰猛な猟犬をけしかけ、一時間に一〇〇人のインディオをずたずたに咬み切らせる情景説明があった。犬に咬み殺させる刑罰がフランス国内にもあったというモンテーニュの先の記述を見て、恐ろしいことを人間が思いつく愚劣なる頭脳の単純さは何処に行っても同じなのだと思った。想像するだに身の毛がよだつ恐怖だ。

ラス・カサスは神聖ローマ帝国皇帝——当時その理念は過去のものになりつつあった——であるスペイン国王への忠誠心を片ときも忘れたことのない政治的に古いタイプの人間だったが、彼の書き残した告発の言葉は数世紀をへだててなお今日に強い衝撃力を持っている。自分の生きている国家や社会の通念を突き破って、ヨーロッパ人の共同幻想の外に立っている一面があるからである。その点でモンテーニュと同じ精神を具えていたともいえる。彼らは何らかの固定観念に基づかない。概念で世界を組み立てて見ない。ヨーロッパの思想家の中では数少ない例外者である。

ラス・カサスがインディアス征服の中止を訴えて、国王の前でアリストテレス学者セプールベダなどを相手に「バリャドリッド大論戦」（一五五〇—五一年）を展開したことは前に言及した。それに先立って同じ立場に立脚し、帝国主義者セプールベダに対決する法的根拠を開示したフランシスコ・デ・ビトリア（一四九三—一五四六）のことも私は取り上げ、「インディオについて」と「戦争の法について」の二講演を考察した（本書161頁参照）。ビトリアは近代西洋の「国際法」の流れを切り拓いた明識の人として名高く、ラス・カサスと同じ一六世紀にサラマンカ大学を拠点としたサラマンカ学派に属する。けれども、このスコラ哲学晩期の法哲学者が専門分野でいかに評価されようとも、ラス・カサスやモンテーニュとはどこか決定的に違う、と私の本能は告げている。

異教徒もキリスト教徒もともに人間であり、共通の本性を持つことを論証したビトリアは、たしかに積年の論争に終止符を打った。異教徒たちの所有権は正当で、彼らの所有物を奪うことはできないと整然と証明する理性的な論理の展開を私は大変に興味をもって読み、先に分かり易く再現している。ただし彼が異教徒にもキリスト教徒にも共通する本性として高らかに掲げたのは「人類」の概念なのであった。異教徒は決して野獣でも怪物でもなく、同じ「人類」なのだという認識にやっと辿り着き、説得力をもってそれが唱えられたことはたしかに理性の一大進歩であろう。ラス・カサスと違って彼は皇帝をも国王をも超えた上位の抽象概念を打ち出すことに成功したというわけだ。だからこそ彼は「国際法の父」と呼ばれ、やがて次の時代のフーゴー・グロティウスを呼び出す役割をも果たすことができたといえるだろう。

ビトリアやグロティウスは近代を開示した人々だ。しかし「人類」という概念が初めて打ち出されたことにむしろ問題があり、陥し穴があるのではないか。ラス・カサスやモンテーニュは決してそういう概念からは出発していない。ビトリアに「正しい戦争」の観念があり、野蛮人(バルバロ)がキリスト教の布教を妨害するような場合に「応戦したり宣戦を布告することができる」と定めているなどがすでに問題で、戦いを是認すれば武器の差が決定的になることを彼は考えない。現場では征服戦争の承認となるのが落ちであろう。ビトリアにはやはりどこか「人類」の概念とキリスト教徒の概念を混同しているところがある(「インディオについて」第一部第三章、『人類共通の法を求めて』所収)。

モンテーニュの「習慣について」における叡智は、自分の国の習慣には従うべきこと、自分の魂の内なる思想は別だが、外面は一般に認められている形式に全面的に従うべきで、自分の意見を余りに重大に考え、それを実現するためには国家の平和をくつがえすことも必要だなどと考えるのは思い上りであり、われわれが支配し得るのは自分の思想だけである、という断念に裏打ちされている。「習慣」の恐るべき力についての洞察は鋭く、深い。どの国にもどの民族にもある自らの文化を絶対視させる原因のひとつは、たしかにこの習慣の力である。そう内省する彼は、一方では、野蛮と見なされる遠い異域にも違う習慣が同じ力で支配しているであろうことを見逃さない。「ここでは人間の肉を常食とし、あそこではある年齢に達した父親を殺すのが子としての義務である」（前掲『エセー』第一巻第二十三章）。またヘロドトスを引きつつ、死んだ父親の肉を食うことが、父親の屍体を焼くことより恐ろしいことに思えるとしたら、それも習慣のなせるわざにすぎない、と。

ここからとかく人文主義における価値の相対化論とか、啓蒙思想の寛容論とかが取りざたされるが、私はそういう思想史的概括論を好まない。

日本では支配階層に「切腹」という制度があった。もしも当時モンテーニュの耳に達していたとしたら、これも「習慣」のうちに入れられたであろう。世界には信じられない不思議な習慣がある、と。ただし西洋人が平気で行っている行為、例えば「魔女裁判」を日本人が見たらやはり信じられない行為と思われるであろう、と付け加えることを忘れなかったに相違ない。彼が決定的に他の西洋の思想家とは異なった点である。当時としては考えられないほどにヨーロッパの自己中心思想を免れた人であった。

裏目に出たグロティウスの「自然法」への依存

ヨーロッパ全域を戦乱の渦に巻き込んだ三十年戦争の只中で『戦争と平和の法』を著したオランダのフーゴー・グロティウス（一五八三―一六四五）は、戦争のルールを初めて法的に整理し、戦争を絶対悪とする平和主義者では決してなかった。同じヒューマニズムの方向、人文主義の流れをくむとはいえ、ロッテルダムのエラスムスとは、この点で異なる。

そもそも中世以来の西洋の戦争観は、例えば「国家は理性を持つ」（ヘーゲル）を前提に、「国家はいざというときに戦争に訴える権利がある」（マキアヴェッリ）や「内戦は熱病だが対外戦争は健康に良い」（F・ベーコン）のように、戦争するしないは各国家の自由で、あらゆる国家の上に立って神のように裁く超越的立場を設定する考え方はむしろ傲慢として退けられていた。たしかに各国家が対等で、西洋の内部は安定し、西洋全体の秩序が成り立っている時代には、戦争はお互い様で、するもしないも各国の勝手で、するしないに善悪の区別は関係しない、と嘯（うそぶ）いていられたであろう。

だが、一七世紀の三十年戦争のような西洋の秩序そのものを揺るがす悲惨な時代になると、別の考え方が支持されざるを得なかった。「正しい戦争と不正な戦争の区別がある」（聖アウグスティヌス）というような四―五世紀人の厳格な他罰的考え方が思い出されるようになった。グロティウスが『戦争と平和の法』において国際社会の戦争観を中世の思想を見習って整理せざるを得なかった所以である。当然ながら超越する立場で各国を見下ろす視点から各国の善悪を判定する裁きの姿勢にどうしても傾いていく。

グロティウスは『海洋の自由』という先立つ書で、ローマ教皇がスペインとポルトガルに地球分割を許し、とりわけポルトガルに東インドの広い海域の征服の自由、通商の独占を許していることを、教皇にそんな権限はあるのかと鋭く批判し、「自然法」の名のもとに海洋の自由を主張した。海洋国家オランダの登場を象徴的に示す法理論である。ただし「自然法」とは矛盾を孕んだ厄介な概念である。ローマ教皇もまた、非キリスト教世界にどう対応するかという中世にすでにあった問題に対処するのにしばしば「自然法」を利用し、これに依拠した。

図3-7 「国際法の父」と称されたオランダの思想家グロティウス

不倶戴天の敵イスラムに比較的寛容であったことで知られる教皇インノケンティウス四世（在位一二四三―五四年）は、異教徒といえども服属の意を示す限り、攻撃を加えない。十字軍そのものは認めたが、いたずらに異教徒と戦うことは望まなかった。彼はモンゴルとも北アフリカのイスラム教徒とも交流した。キリストはペトロとその後継者であるローマ教皇に「わたしの羊（ひつじ）たちを飼いなさい」（「ヨハネによる福音書」21・17、前掲『聖書 新共同訳』）と教えたわけだが、羊には異教徒も含まれているというのがこの教皇の考え方である。

彼が許した十字軍は、異教徒から奪われたものは奪い返す、という範囲の論拠に限られ、殲滅的な聖戦論に立つものではなかった。異教徒の支配権や財産権を決して否定しない、という点でかのビトリアに先がけていて、ビトリアに指導的理念を与えていたともいっていい。近代は中世に根を持つのである。インノケンティウス四世にとって重要なのは、異教徒か否かではなく普遍的規範に則っているかどうかであり、その規範とはほかでもない、「自然法」なのである。

このあたりを精密に論じているのは西洋法制史学者、山内進氏のいくつかの著作である。インノケンティウス四世はこの世のすべてのものは最初は「共有」であったという。「共有物は神以外の何者の物でもない」。慣習によってその後誰かの所有権が発生したとしても、それは悪いことでは必ずしもない。一定の空間がなおざりにされ放って置かれることは決して良いことではないからである。「何人も占有していない空間は誰もがこれを占有し得るが、いったん誰かによって占有されている空間は、何人も侵略することが許されない」。そのような侵略は「自然法」に反する、と彼は述べる。

後世にいろいろな意味で影響の大きいこの判断は、異教徒の支配権や財産権を侵害してはいけないという、人間の普遍的権利を認める理論の先駆けであったといっていい。カトリック教会はとりあえずここで自他の対立と相違の枠を取り払う共生の観念を打ち出したのである。

けれども、自然法はもうひとつ別の逆説的結果を引き起こした。自然法に反する行為をした場合にローマ教皇は違反者を罰することができるとしたからである。神を崇めることは自然であるのに、偶像を崇拝した異教徒はこの点において処罰に値する。とりわけ人肉嗜食や人身御供は自然法に反する大罪である。ここでまたしても「食人」が大きな鍵をなして立ちはだかった。しかもかのグロティウスまでもがインノケンティウス四世のこの同じ論理を用いた。「われわれは自然に対して罪を犯している者たちに戦争を行使し得る、と主張するインノケンティウス四世やその他に賛同し……」（『戦争と平和の法』二、一又正雄訳、酒井書店、一九八九年）。

　近世ヨーロッパの人文主義（ヒューマニズム）は中世に深く根を持っている。非ヨーロッパ世界に必ずしも融和的になったのではない。しかも個人と都市の独立を重視するアリストテレスの影響も強まった。アリストテレス主義は教皇や皇帝の世界支配を揺さぶり、近代の国家観を引き出す役にも立ったが、他方でそこには文明が野蛮を制するという思想があった。文明と野蛮との間に「境界」を設け、前者が後者を「裁く」という、これ以後の地球を動かしていく思想の流れは、宗教戦争に終止符を打ちたいと願った人文主義そのものの中に胚胎していたのである。グロティウスはいわばその中心にいた主導者の一人であった。

> 「近世ヨーロッパにあっては、宗派の論理を超えるものとして人文主義の思想が力を得ていた。人文主義は、キリスト教以前のギリシア・ローマの古典に回帰することで、新しい価値原理を設定することを求めていた。人文主義は、個人と都市の独立性と存在を重視し、個人

や集団の自己保存と自己保全を最高の価値とみなした。また、その個人や団体の本質を理性に求めた。その論理にしたがえば、理性によって支配される文明的ヨーロッパが野蛮な世界を支配するのは不正ではない。それどころか、文明化するのは文明の義務である。「文明」が「野蛮」を制し、教え、支配する。文明の基準による戦争、野獣に対するような野蛮人への戦争を正当とする論理がこのような人文主義的思想のもとに成立した。」

（山内進編著『「正しい戦争」という思想』勁草書房、二〇〇六年）

アリストテレスが奴隷を肯定する差別の思想の濫觴と思われていることは前に述べたが、グロティウスはこれを引用し、「間違っていない」と念を押している。

グロティウスは近代の国際法の開祖といわれ、明治日本にも大きな影響を与えたことは周知の通りである。本稿はインディオに対する征服戦争は正義か否かのテーマに端を発していたが、今大切なのはむしろ非ヨーロッパ世界に対する一七世紀より以後のヨーロッパの植民地獲得戦争と二つの世界大戦における「正しい戦争」の理念に、グロティウスが決定的役割を果たしてきた事実である。

「人類のため」が他罰戦争の引き金になる

グロティウスは『戦争と平和の法』の最初の一文で、多数の国家と国民の法を包括的にまた一定の秩序に従って論じた者は今までひとりもいない、自分がそれを行うのは「人類」（humani generis）の利益のためである、と言っている。人間は個別国家の枠組みを超えて「人類」という「大共同体」を構成している。この共通利益を侵す国家に対して、国際社会のすべての構成員が起ち上がって正当に戦争を行使し、損害を賠償させ、刑罰を加えることは可能である、という考えに立つ。別のところで、圧迫されている一民族があれば圧迫者に対して戦争を行使することはできるし、そうすべきだと考える。特定の一民族を圧迫する悪い国家は攻略してよい、と。国家主権への侵害、内政干渉をあえて主張しているのである。人道的干渉は人間の権利であるとも言い、「正しい戦争」「刑罰戦争」を合法化してさえいる。われわれは「人類」という大共同体の中に生きるのであるから、苦しんでいる被圧迫民族が助けられるのは自然の願いに合致するゆえ、刑罰権の行使は「自然法」に従う行為なのだ、と。

オランダがスペインからの独立戦争を戦っていたあの激しい時代を生きていたからこのような考え、見方によれば危険な考えが出現したのだろうか。これが国際法学上、大きな地歩を占めるに至ったのはなぜか。高らかに掲げられた「人類」という言葉は人文主義の理性への信頼とキリスト教の信仰からの要請であることは間違いない。ただそれは余りにもキリスト教徒にとっての身勝手なロジックではないだろうか。いったいどこの誰が「人類」の名において善悪を判定し、あらゆる国家の上に立って、神のような裁きの主になる資格があるというのか。

よく考えればこれもそれもインディオのあの「食人」の話から始まっている。食人は単純な野蛮か、それとも知られていない民族の倫理性すらある習慣なのか。中世人のいわゆる「自然法」

は果たして本当に普遍的なのか。ただ確実なのは、モンテーニュが「人類」というような空虚な概念を思考の起点にはしなかったということだ。モンテーニュはヨーロッパ・キリスト教文明圏の共同幻想から最も遠くに立っていた人である。西洋の思想界では、彼の後にはショーペンハウアーとニーチェまでそういう人は現われていない。

私は先に、西洋の内部が安定し精神的秩序が成り立っている時代には戦争は各国の自由に任せられ、戦争を仕掛け合うのもお互い様で、善悪の区別はさして問題にされなかった。西洋の内部が宗教的に対立し始めた時代になって、グロティウスがアウグスティヌスの「正しい戦争と不正な戦争の区別」観を見習いだした、と言った。私がここで暗示していたのは一九世紀と二〇世紀前半の国際政治の相違である。一九世紀に戦争は文明の秩序を前提に「決闘」に似て来て、ルール化され、ジュネーヴ条約（一八六四年）やハーグ陸戦法規（一八九九年）が制定されたりした。ところが第一次世界大戦を経て、国際法の考え方に変化が訪れた。明らかにドイツを念頭に、不正な国家を処罰する考え方が出現し、グロティウスの復活が図られた。「人類」の名における正義の戦争観が堂々と語られた。あらゆる国家の上に立って、神のような裁き手となるアメリカ合衆国という新しい時代の「ローマ教皇庁」が世界政治を裁量するようになったのである。現代政治によるグロティウス利用の危険については本書がまたあらためて取り扱うことになるだろう。

地球の分割占拠の遠因となったジョン・ロックとトマス・モア

もうひとつの問題は、「自然法」に従えばこの世のすべてのものは最初は「共有」であったという、インノケンティウス四世のあの認定だ。誰かに「占有」されればもう侵略できないが、「占有」されていない空間は誰もがこれを占有し得る。ほとんど人のいない空地は侵入してもよいのだ、と言っているようなものである。

ジョン・ロックが『統治論』の中で驚くべきことを言っている。つまるところアメリカは先住民のものではなく全人類のものであり、植民はすべての者に開かれている。大地のほとんどは荒れるに任され、共有状態にある。これを私的所有化するのは征服でも掠奪でもなく、労働である。土地はただ占有しているだけでは所有化されない。アメリカには広大な大地がある。先住民は大地を占有しているかもしれないが、土地を囲い込まず、耕さず、ただ狩猟するだけの人々は、その土地に対する所有を主張できない。労働が投下され、生産が実行されない、そのような土地は荒野であり、無主物であるにすぎない（山内進『文明は暴力を超えられるか』筑摩書房、二〇一二年）。

ロックのこの思想はニューイングランドの植民地政策に合致し、一八、一九世紀のアメリカに於けるインディアン対策に影響を与えたといわれる。オーストラリアやカナダのケースにも当て嵌まるだろう。これがまた植民地主義を一つの解放理念と見た当時の世界の流行思潮でもあって、満洲開拓は紛れもなくその影響下に行われたと考えてよいだろう。

トマス・モアの『ユートピア』といえば一五一六年刊で、イギリスの植民地開拓がまだはっきりは始まっていない時代に属する。その中に「ある国民がその土地を利用することなく遊ばせ、荒れたままにしておきながら、自然の法則からしてその土地に養われるべき他の国民に利用も所有も禁じているのは、戦争のきわめて正当な理由になる」という言葉が引用されている。モアによれば植民地獲得を正当化するユートピア人の論理だという。度会好一(わたらいよしいち)『ユダヤ人とイギリス帝国』(岩波書店、二〇〇七年)は、現代でもこの言い分は死に絶えていないことを示している。『ユダヤ人の歴史』を書いたイギリス出身のイスラエル人、ユダヤ学の権威といわれるシーセル・ロス(一八九九―一九七〇)は、「パレスチナのアラブ人は不届きにもその国土を放置し、広大な部分を耕作されない荒地になるまで劣化させていた」と書いていて、植民主義シオニストの正体を暴露しているが、この言い分は一六世紀『ユートピア』のイギリス人の妄想と同じである、と批判している(長谷川真・安積鋭二訳、みすず書房、一九九七年)。

ヨーロッパの拡大の歴史はスペインとポルトガルから始まり、イギリスに引き継がれ、そしてアメリカに手渡された。これが大筋であることは見易い。中世末期においてヨーロッパ人は、大地は球形であり、西回りでインドに到達可能ということは知っていたが、自らとインドとの間に途方もなく大きな大陸が二つも存在することを予想していなかった。好奇心を呼ぶ広大な未知の空間の突然の立ち現われに全文明をあげて浮き足だった。それが近世ヨーロッパの歴史そのものである。このあと約四〇〇年以上にわたって地球全体にラインを引いてこれを分割し、占拠することに熱中した。しかしそれには理論武装が必要であり、弁解や口実も必要だった。アイデアのほとんどすべては中世に培われたもので、古い倉庫の中から拾い出されてきた。中世ヨーロッパが新大陸によく似ていたからでもあるし、ヨーロッパ人が自らの中世像をアメリカの近代史の中にもち込んで、自画像を塗り立てたからだともいえなくはない。

科学革命と魔女裁判

　何度も言ってきたことだが、ヨーロッパは一八世紀の半ばに至るまで、世界史の片隅の存在にすぎなかった。飢餓と疫病（ペスト）と暴力と迷信に苦しめられ、オスマン・トルコという外部勢力の侵入におびえつづけ、世界史の中心の位置を占めることはできなかった。「大航海時代の幕開け」という輝かしい足跡があったではないか、という人もいるであろうが、それは一九世紀から二〇世紀における後づけの議論で、当時の実勢を反映していなかった。一六〇〇年代の南北アメリカ大陸の人口はわずかに数百万人、旧大陸の人口は約六億であった。貧困のどん底にあったヨーロッパがいかに新大陸に幻想を抱いたにしても、そこをめざしてのすべての活動は世界の主要舞台からははるかに遠かったとみていい。

　この同じ時期、一六―一七世紀はイスラム勢力が最高潮に達した時代だった。ヨーロッパ人がキリスト教の閉ざされた終末思想という世界観の内部に逼塞（ひっそく）していた間に、イスラム世界は拡大し、東はインドネシアから西は地中海の端のイベリア半島、さらに西アフリカに至る広大な地域を支配下に収め、外側からヨーロッパを包囲しつづけた。まず一四五三年のコンスタンティノープルの陥落、すなわちビザンツ（東ローマ帝国）の滅亡はよく知られた歴史事件であり、一六世紀にはオスマン朝は神聖ローマ帝国（ドイツ）に侵入して、一五二九年にウィーンを包囲した。ウィーン陥落には至らなかったが、そのあとヨーロッパの政治に口出しし、揺さぶりをかけるほどに食い入ることに成功した。ハプスブルク家（ドイツ、スペイン）とブルボン家（フランス）の対立と抗争の一翼に関与したオスマン朝の意向を無視しては、ヨーロッパの宮廷政治は動かなかったといわれる。東地中海の制海権もこのイスラム教徒の大帝国に握られ、地中海からインド洋に抜ける海路——陸路はもとより——もキリスト教徒の自由にならない時代が久しく続いたことは再三述べてきた。

ヨーロッパの宮廷にはその頃シナマニアがたくさんいて、イスラムと中国文明に対する計り知れぬコンプレックスにおびやかされていたのが当時のヨーロッパ世界の現実であった。

ヨーロッパが本格的に世界史の主要舞台に登場してきたのは、やっと一七〇〇年代終わり頃から一八〇〇年代にかけての時期である。江戸時代もすでに半ばを過ぎている。

先立つ一五〇〇—一六〇〇年代（一六—一七世紀）に何か決定的なことが起こっていたのだろうか。この二世紀間はヨーロッパのどん底時代であったが、精神史上の二大重大事件があった。

ひとつはコペルニクス（一四七三—一五四三）、ガリレオ（一五六四—一六四二）、ケプラー（一五七一—一六三〇）、そしてニュートン（一六四二—一七二七）等の名と結びついている、約一五〇年間の「科学革命」である。もうひとつは、今では誰も語ることもはばかられる、ヨーロッパ全土を狂気のごとく吹き荒れた「魔女狩り」の嵐で、一六〇〇年代を中心にして前後約三〇〇年間もつづけられた魔女裁判の奇怪である。無残な業苦にさいなまれ、命を落として行った犠牲者の数は三〇万人とも三〇〇万人ともいわれる。

前者は現代の科学精神の起点をなし、輝かしいその発見の数々はわれわれの文明のすべてを支えて来たといっても過言ではない。ヨーロッパをヨーロッパたらしめた力の源泉はまさにこれである。後者もまた、ヒトラーやスターリンの加虐政治の非組織的・原初的恐怖のテロリズムのいわば原型であったと見えなくはない。いったい「科学革命」と「魔女狩り」は光と闇という、相互に正反対の方向へ顔を向けている無関係な現象だといえるのだろうか。正反対の現象にも見える反面、ヨーロッパ近世という年代的にもほぼ同一の時代に起こっただけに、同じ事柄の異なる二面と言えないこともない。どちらもキリスト教が自己を問い直した、脱中世の時代の信仰革新と切り離せない関係に端を発しているのである。

コペルニクスやケプラーなどの天体科学者たちの仮説と中世の神学

宗教と科学は正反対の方向を向いているというごくありふれた俗説を示すエピソードに、聖職者たちの避雷針忌避事件がある。落雷は神の怒号であり、天の大砲であるから祈禱より他に防ぐすべはないと久しく考えられていた。ヴェネチアにある聖マルコ寺院に避雷針を据えることは信仰の観点から望ましくないと聖職者たちに忌避されていて、一七六一年と六二年の二度にわたり神の雷に懲らしめられた。すでにそれより一〇年も前にベンジャミン・フランクリンが雷の電気的本質を明らかにしていた。一七六六年に避雷針が取り付けられた。それ以来あの有名な大寺院にもやっと神のご加護が下るようになった。自然の力を制御するには熱い加持祈禱の念願よりも一片の科学知識のほうが有効だと、ようやく人々は悟った。近代史にはこんな出来事が多数の場面で相次いで生起したのである。

以上は宗教と科学は異なる本質を具えていて対立し、永続的なせめぎ合いを宿命とする関係だというありふれた観念を示しているにすぎないであろう。しかし一六―一七世紀のあの天体研究家たちは決して反宗教的でも非宗教的でもなかった。彼らが抱いた仮説は中世の神学を母胎にしていた。宗教的信念のなかに科学活動の導き手となったものがあった。宗教と科学は対立し合うどころか互恵的でさえあった。

コペルニクスが太陽を中心にして諸惑星がその周りを回っていて、地球も惑星の一つであり、自転もする。さまざまな星々や惑星の運動は地球の自転と公転の組み合わせによるものであるとするいわゆる「地動説」を唱えたとき、当時の教皇庁はこれをとがめ立てするどころか褒め讃えさえした。当時コペルニクスはポーランドの北の町で働いていたが、ローマのシェンベルクという枢機卿から「宇宙についての新しい理論を打ち立てた」ことについて賞賛する書簡を受け取っている。とかく忘れられている重大な事実である。

その頃までに支配的であった考え方は紀元二世紀のプトレマイオスの「天動説」だった。〝コペルニクス的転換〟というのはものごとの考え方を一八〇度ひっくり返すときに別分野でも比喩的によく用いられてきた言葉だが、一六世紀における天体観察のデータには限界があって、天動説にしても地動説にしても、どちらでも天体の現象を説明するうえではほぼいい勝負で、両説はまったく等値であった。どっちを用いても天体現象はそれなりに説明できた。座標軸を交換しさえすれば両説はしごく簡単に相互交換ができるので、コペルニクスの地動説は明日にはプトレマイオスの天動説に入れ替えて考えることもできたのである。両者は数学的にまったく等値であった。「恒星の年周視差」という難しい観点を取り入れ、地動説に有利な観測データが手に入り、ようやく「地動説」に不動の地位が与えられるようになったのはなんと一八三〇年代のことだった。とすればコペルニクスは最初はいったい何を根拠に太陽を中心の座に据える気になったのであろうか。現代の学者をも大いに悩ませている大問題であるらしい。

　コペルニクスは太陽を宇宙の灯火であるとか、宇宙の精神であるとか、宇宙の支配者であるとか呼んでいる。「見える神」とも名づけていた。そういう記録が残っている。近代天文学の祖コペルニクスの思考回路がきわめて神話的であったというこの事実ほど興味深い逆説的事例はないであろう。

　もとより周知の通りコペルニクス理論の不完全さは一六一九年までにケプラーの天体観察によっていち早く補正されてはいた。火星の運動に重点を置いたケプラーは、火星が太陽をその焦点の一つにもつ楕円軌道で回っていることを突き止め、軌道は一定時間内に一定面積を描くこと、さらにすべての惑星の周期（太陽を一周回る軌道に要する時間）の二乗はその惑星の太陽からの平均距離の三乗に比例するという法則を発見した。コペルニクスが軌道は必ず円形であるという誤った仮定のために、観測データとの間に食い違いが生じた点を修正したのである。コペルニクスの不完全さはこうして一七世紀の最初の二〇年間にケプラーによる詳細な研究で世間の広い認知を得るようになってはいた。ただし「恒星の年周視差」という現象は証明されていなかった。

地球が太陽の周りを公転しているとすれば、ある特定の恒星をある位置で見たとき公転面に対する見込み角が、ちょうど半年経った別の位置でこの恒星を見込む公転面に対する角度とは異なるはずで、地動説が正しければそういう視差が出てくるはずだという議論があり、後に恒星の観測を通じ、このデータが証明されたのは、今からわずか一九〇年ほど前のことにすぎないのである。

このように科学の研究が実証データを少しずつ積み重ねて進歩して行くのは当然であり、何もそこに疑問はないが、狙いを定めて研究に向かうときに、人間的あいまいさが参加し、協力しているということが興味深いのである。

科学思想の先駆者だった神学者カルヴァン

地動説の真理性を疑わない今のわれわれも、「朝、六時三五分に陽は上る」とか「明日の日没時間は七時二〇分だ」などという表現を平気で受け入れ、いわば天動説で生活しているのである。聖書の記述が、発見される科学上の常識といちいち食い違うときほど近世の科学者を当惑させたことはなかったであろう。彼らは例外なく敬虔(けいけん)なキリスト教徒であり、断罪されたガリレイでさえ、教会の命に従順に従って屈辱的な罰を受け入れている。

創世記第一章の天と地の「六日間の創造」は一日二四時間の六日間を指すのではなく、単に長い時間を指し示すものであり、例えば「大空の上の水」は雲のことにすぎない。聖書は、字義通りに受け取られるべきではなく、なにかを誇張したり、詩的ないし寓意的記述であるとして考えるべきである、等としきりにいわれた。各時代の聞き手にふさわしく「適応」された形式や用語で語られたものが聖書であって、それぞれの読者にふさわしく解釈されればよいのである。

このような柔軟な姿勢で聖書直解主義を批判し、一六―一七世紀の自然の科学的研究の発展の障害になるような硬直した観念を予め取り除こうとした自由な思想家の筆頭に挙げられる人は、かのジャン・カルヴァン(一五〇九―六四)であった。原罪を直視し、過激なまでに純化された教義を貫こうとしたプロテスタントの中の最高度の急進派が、他方ではこのような自然科学の囚われのない自由な推進者の代表であることは何かを物語っていると言えないだろうか。

カルヴァンは自然科学による創造の詳細な研究を通して、神を知ることができるとした。自然研究は天と地に美しい秩序の存在することを教えてくれる。自然の整然たる法則を知れば知るほど神の偉大さを知ることになる。そのような調和的自然観、神と天地の一致を見る思想家は当時少なくなかった。しかも彼らの神学思想のほうはたいてい相当に過激だった。アイザック・ニュートン(一六四二―一七二七)はおそらくその典型であろう。日本の子供でもその名を知る「万有引力」の発見者は、ピューリタン革命の嵐の原思想ともいうべき「前千年王国論」の信奉者であった。しかもキリストがまず地上に再臨したのちに至福の千年王国が訪れるという、明日にも神が地上に降り立ち、法悦と動乱が同時にやって来るというあの「前千年王国論」の論者だった。宗教上の多くの草稿を残したばかりか、「ダニエル書と聖ヨハネの黙示録の預言に関する考察」（一七三三年）と題したラディカルな論文さえ出版している。ニュートンが取り上げたこの二著作こそ、ほかでもない、千年王国論の基本文献中の基本であることはすでに詳説した（243―244頁参照）。

ニュートンは自然界を探究するにつれ、地上と天体の力学の解明に伴い、宇宙が一定の法則によって動く偉大な機械であると考えるようになった。しばしばニュートンの「機械的世界観」と呼ばれた。世界が機械である以上、「設計図」が想定された。設計者はいうまでもなく神である。神を単なる時計製作者に貶める(おとし)のかという非難もあるにはあったが、「理神論」と呼ばれる大きな意味をもつ次の時代の新しい宗教的展開を切り開いた。一八世紀にかけて、「理神論」はさまざまな思想家たちに引き継がれた。ニュートンの強調する、世界の秩序正しさに特別の意味を見いだす思想は、次の世紀の理性尊重のイギリス社会に受け入れられた。

ここで大切な点は、天体研究に始まった一六―一七世紀の「科学革命」は、自然と世界の数学化という原理に集約されるとみてもいいことである。それは豊穣な自然と世界を計量化し、数式と分類に定型化し、境い目をきわ立たせる結果を招来することである。そして、そのような機械論的解明と組み立てが、一方で人間の理性の所産ではあるが、それが神の摂理の実現であると考えられていたのである。

「純粋（ピュア）」であらんとすることがこの時代の精神の特徴であった。しかし自然と世界、もちろん人間も、永遠に不純で、不可測で、計量不可能なものではないだろうか。

「魔女狩り」は「純粋（ピュア）」をめざす近代的現象だった

バビロン、フェニキアなど古代オリエントには豊穣神信仰があった。たいていは女神である。これらは地母神、あるいは太母神として地中海世界を支配していた。ユダヤ教とそこから派生したキリスト教は豊かな自然に根づいた多神教とは違って戦闘的な一神教で、地母神や太母神とどう戦ったのであろうか。ユダヤ教が耕地と森の豊穣神宗教である古代オリエントの宗教との戦いの中から、かの「魔女」の祖型が現われたと考えられている。しかし起源はそうかもしれないが、一六―一七世紀のヨーロッパに荒れ狂った「魔女狩り」は、古代の宗教感情の尾を引いているとはいえ、思えば「純粋（ピュア）」をめざすすぐれて近代的な現象であったと解すべきである。

一七世紀ドイツの小都市エルヴァンゲンが「魔女狩り」のパニックに襲われた。こともあろうに裁判官の一人が、自分の妻の振舞いを魔女として立証しなければならない立場に立たされた。彼の懊悩はいかばかりであったろう。妻の無実の証しを揃え、いよいよ公に宣言しようとした矢先、彼もまた同罪として逮捕され――魔女は女性に限られなかった――拷問の下に自白を強要され、妻もろともに処刑された。同時にそのとき関係の高等官吏も断罪され、財産を没収され、三名の聖職者も有罪を宣告された。
ヘットリヒという町では、司祭の妻が魔女として訴えられた。拷問の末、悪魔と契約したことを自白した。筋書き通りに自白させられたというのが正しいだろうが、いったん自白したとなると処刑は免れない。夫が聖職者である身に免じ、恩恵として斬首された後に焼かれることとなった。手続きその他の費用は夫の負担とされた（以上の事例は上山安敏『魔女とキリスト教』〔講談社学術文庫、一九九八年〕に依る）。

かつて魔女は目つきの鋭い、気味の悪い老婆のイメージだった。しかし実際に狩り出され処刑された現実の魔女の大多数は初めのうちは農村の罪のない平凡な女たちだった。あの女は畑の作物を枯らしたとか、牛のミルクを出なくしたとか、男を性的に不能にしたとか、赤ん坊を殺しその肉を食らった、等々ありとあらゆる噂を立てられ、世の不幸の原因が特定の女の責任に帰せられ、引き立てられた。

煽動したのは無学な民衆であったかもしれないが、心理的根拠や確信を彼らに与えていたのは一流の知識人や学識者たちだった。すべてはキリスト教の信仰の枠内で起こったことである。神を信じるものは悪魔の存在をも信じる者でなくてはならなかった。明日にも千年王国の出現を夢見た一六―一七世紀のヨーロッパ人は、仮想敵として何らかの悪魔の化身を必要とした。

いたる所の町々で火刑場を設営し火刑柱を立てるのに寧日ない有様だった。処刑が日常のことになっている地域はたくさんあった。民衆の間に、自分たちの平安な生活を脅かす魔女が存在することへの恐怖はさながら伝染病のように広がり、口から口へと伝えられた。狙いをつけられた運の悪い女性は逃れる術はなく、考えられる限りの残酷な仕打ちを加えられた。こうして殺されていった大半の人々は名もなく貧しい女たちであり、それを名誉も地位もある貴顕の士が信仰の名において確信をもって処断し、殺害しつづけたのである。魔女を焼く火の煙が昇らない日はなく、ここにもいた、あそこにもいた、というふうにして新しい犠牲者が発見されない日はなかったといわれる。

　このような波は時代と共に農村から町の中心部へと移った。裁判官や司祭の妻が魔女と見なされて裁かれたという先述のあのケースは、周辺の遅れた農村や山村に進んだ都市の聖職者や学識者が介入して引き起こすという魔女狩りのそれまでの一般的なパターンではもはやなく、いつの間にか拷問をする側の人、裁く側の人、あるいは町の名望家にまで魔女の嫌疑がかけられるという極限的状況に立ち至ったことを示す。

　過激な恐怖行動（テロール）はいつでもそれを始めた最初の者の身にはね返ってくるという、テロリズムの宿命のようなものがここにも感じられる。

　中世を通じ、ヨーロッパは安定したキリスト教支配の地帯では決してなかった。南方の地中海世界も、北方のゲルマン神話やケルト神話の世界も、民俗的な多神教の世界であって、ここにはキリスト教が生み出したような悪魔の観念はみられなかった。キリスト教は他の宗教の知らない「原罪」という意識——これは日本人の私にもどうしても分からない——を引っさげて、自然と和解している豊穣な森の文化や海の文化の諸宗教と立ち向かわなければならなかった。戦いは中世を通じて行われた。切っても切っても野草がはびこるように繁茂する異端の思想との防戦をしつこく重ねなければならなかった。

前にも書いたが、プロテスタントの運動とはキリスト教内部の浄化運動ではあるが、見方を替えれば、カトリックがゆるやかに許容していたキリスト教世界内部の異教的要素を撲滅し、排除する運動で、キリスト教世界の内に向けられたもう一つの「十字軍」であったといっていいのだ。悪魔を信じない者は神をも信じていない者だ、という合言葉はここから来る。それは「純粋（ピュア）」なるものをひたすら求める求心力になって行く。悪魔退治のために、南フランスの「カタリ派」のカルカッソンヌ城を攻め、虐殺に次ぐ虐殺を重ねた話は前にも記した。魔女妄想が人々の心に火を点けたのもこの同じ心の働きである。

ヨーロッパ・キリスト教文明は母なる大地、大自然と和解せず、これを征服し、支配しようとしてきた父権的なる文明である。魔女狩りが狂気のごとくに燃え広がった同じ時期に、天体研究が人類史上画期的な一歩を示したのは偶然ではない。これが牽引力となってヨーロッパは西方の閉ざされた一地方文明から世界文明へと引き上げられた。人はとかく世界文明へと上昇した光の部分のみからすべてを見ようとするが、背後に置き捨てられた歴史の闇の部分にこそその文明の原動力がある。裏の衝動が表の文明を支えるダイナミズムをよく見ておかなくてはいけない。

光は闇があって初めて輝くのである。闇が光を動かしている。としたら、われわれが「コペルニクスの転回」以来仰ぎ見てきたヨーロッパ文明の光の部分、あの世界の「数学化」は今日になお動かぬ先導的位置を占めているが、背後に死を蔵していないとどうして言い切れよう。光と闇は歴史という一筋のラインの中では一体化して簡単には区別がつかないが、見える者にはその区別ははっきりしているのである。

ガリレオ、デカルトの「自然の数学化」の見えない行方

ガリレオ・ガリレイは、ある物体をイメージとして描く場合、それがしかじかの形状をして境界と形態をもち他と比べて大きいか小さいか、しかじかの場所にかくかくの時刻に存在し、運動しているか静止しているか、一個か多数個かということだけですべて尽きる、と言っている。

わたしたちはその物質が白いか赤いか、音を出すか出さぬか、甘いか苦いか、芳香を発するか異臭を放つか、などの諸性質にまでは、わたしたちの感覚に伴っていなければ到達できない。それらの諸性質は単に感覚主体のなかに所在するにすぎない。感覚主体が遠ざけられると、それらの諸性質はすべて消え失せてしまうのである、と言っている（「偽金鑑識官」山田慶児・谷泰訳、『ガリレオ』世界の名著21、責任編集・解説／豊田利幸、中央公論社、一九七三年）。

ここに近代自然科学の物質概念がきわめて明確な定義で示されているといえる。それは色も匂いも味も音もなく、冷たさとか暖かさとかもなく、ただ形と運動とだけが存在するという、死せる世界である。われわれが知っている自然とは別である。しかもこの死せる物質の世界こそ近代

科学の基本をなし、さらに現代を生きるわれわれの常識となっている世界のイメージをつくりあげている。

近代哲学の祖ルネ・デカルト（一五九六―一六五〇）もまた、世界を数学の方程式に還元し、形とその変化、位置とその変化という幾何学と運動学とですべて言いつくせるとした。

物質にはもちろん固有のさまざまな性質があると、われわれの一般的物質観ではとらえられている。しかしデカルトによるそれは主観に映じた影にすぎない。色、音、匂い、味、手触りなどの感覚的性質はただ人間の精神のなかにだけあって、物そのものに固有の性質だとはいえない。物の運動によってわれわれの脳内に生み出された変化、物の人間に及ぼす作用の結果が感覚的性質なのである。

デカルトにとって、この場合の物は単に外の世界の自然物だけではなく、精神ではない物のすべてを意味する。だから人間の身体もまた物である。したがって身体的感覚、例えば手足の痛みも、手足のなかにではなく精神の中にのみある。ここに詳しくは書けないが、『省察』や『哲学原理』で述べているデカルトのもの言いはみごとなまでに首尾一貫している。彼によれば物の大きさ、形、位置、運動さえ理解できれば、少なくとも感覚的世界のすべてが理解できるということになる。

「自然の数学化」というガリレオとデカルトのひき起こした自然学上の革命的影響はこのうえなく大きかった。その意味はいま述べたように、感覚的性質を物から排除して人間の「意識」あるいは「精神」のなかに押し込めたことである。自然に対するこの革命的考え方は、今にしてみるとそもその起源において「誤解」であったと言い得るであろう。バークレイ、ヒューム、カントなどが相次いで批判や懐疑を加えたことは哲学史の上でよく知られる。

けれども哲学史の上での批判や懐疑とは関係なしに、ガリレオ、デカルト両名による「自然の数学化」は、われわれの日常の暮らしの世界を無視するかのごとく、その外で、独立した自然科学の方法論として、離れて独り歩きを始めた。色、音、匂い、味、手触りなどの感覚的諸性質を人間の主観のなかに閉じこめることで、自然世界を「人間的あいまいさ」から切り離してしまう措置は、科学にとっては便利このうえない方法だったからである。かくて自然はただ幾何学的・運動学的にのみ死物として線引きされ、区分けされ、数値化されて、その死物世界が「客観世界」として有無をいわせぬ勢いで人間の目の前に突きもどされてきた。

「自然の数学化」に無理があることは素人がちょっと考えても分かることである。色、匂い、味、音をいっさい排除した死せる抽象世界は、あるいは観念のなかでは成り立つものであるかもしれない。しかし、実際には考えられない。なぜなら無色透明も、無味無臭も、無音静寂も、感覚的性質であるということが見落とされているからである。眼で見ることがなければ何も分からない。眼が色を知っていなければ無色も、透明もない。人間の感覚から完全に切り離された線と点から成る図形――コンピュータの画面でよく試みられるが――といえども、眼で見るという人間の表象能力を前提としなければ成立しないのである。

ショーペンハウアーは眼のある生物が地上に出現したときをもって、宇宙開始のときと言ったが、「知覚」や「認識」の主体と切り離した別のところに、外的世界を想定し、色のない幾何学的形状を想像したりすることは、人間として今では不可能なこと――透明も色であるし、透明を仕切る線も色である――と考えられている。

ガリレオ＝デカルトの二元論はかように理論的には否定されている。けれども、理論はともあれ、実際には現代の自然科学はガリレオ＝デカルトの仮説に沿って一大発展をとげてきている。これは覆しようのない事実である。

しかも自然を数量的・幾何学的・運動学的要因に分解し、観察し、定式化する方向の高度化と緻密化へのエネルギーはまことにとどまるところを知らない勢いである。極小世界へは素粒子の解析、極大世界へは宇宙の開発というこの二つの方向への、いっそうの細分化と遠方化への精密分析欲は終わりを知らない。

しかも人間は人間の身体も細部に分解し、物体化し、やがて人間の精神もまた脳生理学の対象として物質の法則に従わせる。すべては自然を「死物」として探究していることに、研究者自身が気がついていないからだ。自然は、人間の長い歴史のなかでこのように乱暴に他者として扱われてきたことがあるであろうか。人間にとって自然はいったい何であったし、何であり得るのか。

近代以来、自然に加えられている仕打ちは未曾有のことである。「自然の数学化」という一六、一七世紀以来のこの蛮行にくらべれば、近代の他のいっさいのこと、核戦争も環境汚染も――これらはその結果でしかない――取るに足りない小さな現象にほかならないのである。

「最後の魔女裁判」は一六九二年のアメリカ

一六九二年、ニューイングランド（北米）マサチューセッツ州のセイラムでわずか九歳の少女の証言に基づいてヨーロッパと同じ残酷な尋問と拷問の「魔女狩り」が始められた。感受性の強い少女が占いゲームに深入りして、目が虚ろになり、奇妙な振舞いをした、というのが発端だった。

このとき同州知事のコットン・メイザーという世間から信頼されていた人物が起ち上がった。彼はアメリカから選ばれた最初のロンドン王立学会会員であった。科学者として国際的に認められ、評価の高い人物だった。このような人士が牽引者となってアメリカ版「魔女裁判」が開始されたのである。

最も知性のある科学的時代の先端を行く指導者が悪魔の存在を信じることにおいても熱狂的であり、徹底したところはヨーロッパの場合と同様である。三人の被告から始まったセイラムの魔女裁判はわずか半年の間に二〇〇名の容疑者をニューイングランドに植民して来た新移民の中から選び出し、うち三〇名が死刑を宣告された。一九名が絞首刑となり、一名が圧死、二名が獄死した。逃亡者が一名あり、妊娠のため死刑延期になって助かったのが二名いた。

アメリカの魔女裁判はセイラムを最後に終わった。ヨーロッパでは一八世紀にもなおこのテロ裁判はつづいた。最終の記録はイギリスが一七一七年、フランスが一七四五年、ドイツが一七七五年、イタリアが一七九一年、一番遅くまでつづけられたのはポーランドの一七九三年であった。日本は江戸時代の真っ盛りで、脱宗教の世俗社会が成立し、宗教が政治を大きく脅かす事態は克服されていた。キリシタン排斥が防衛問題であった深い理由が肯ける。

ガリレオやデカルトに発した幾何学的精神の誕生は、人類の空間意識を変えた。それまで陸地の拡張だけを考えていた西洋の自国領土拡大勢力は、陸も海も一つにして等置し、その上に縦横にラインを引くという発想に転じ、地図や地球儀の発達とも歩調を合わせて、新しい意識革命を引き起こした。地球上に経度、緯度のラインを引き、子午線をつくり、北回帰線を設けるなどの線引きの作業がそれで、「新大陸」の発見と深くつながっていた革命的試みである。

自分の立つ大地を球体であるとつきとめ、全体を客体として対象化することを可能にした科学的地理学並びに製図学の確立は素晴らしいことではあるが、ただ今日ここで私が問題にしているのは、それがどんなに客観的で中立的であろうとしても、価値中立的にはなり得ず、そもそも地球にラインを引いたときから政治的であることを避けられなかったという事実なのである。

ロンドン郊外のグリニッジを標準に子午線を設定したのは科学的な理由によるからでも、単なる偶然でもない。明らかに世界の支配権をめぐる政治的動機に発していた。フランスもドイツも永い間これに抵抗した。パリの天文台を子午線の起点にするという計画をフランス政府が諦めたのは放棄したのは二〇世紀に入ってからであった。同様にベルリンがグリニッジ標準時を認めたのはやっと一九一六年である。地球の表面に先に線(ライン)を引いたほうが勝ちで、人類はイギリスがかぶせた網の中に閉じ込められたのである。

第四章

欧米の太平洋侵略と江戸時代の日本

慌ただしくて余りに余裕がなかった日本の近代史

平成二七年（二〇一五年）には戦後七〇年首相談話というのがあり、ひと騒ぎが起こった。国家の歴史を七〇年ひと区切りにするということにはさして理由はないものの、私は小学校四年生（一〇歳）で敗戦を迎え、八〇歳になっていた。私には七〇年目は節目であった。たいして起伏もなく、あっという間に過ぎ去った七〇年というのが私の印象である。日本という国家の歴史も同様に破綻もなく、あっという間に過ぎてしまった思いがする。

そのうち六〇年くらいはわずか三年半の戦争の思い出、反省、記憶の呼び戻し、歴史論争などに明け暮れた。小説もテレビも言論も学界も戦争のことにうつつを抜かした。生命が安全になった長い時間よりも、生命が脅かされた三年半の体験にひたすら生命感を覚えていた。日本人はじつに逆説的な歳月を過ごしたものである。純文学の文芸作家は今の私たちの生活を描くと不定型（アモルフ）になり、戦争時代を描くと人間の輪郭は明瞭、表現も平明になった。それほど過去への意識は強烈だった。つまりそれくらいこの七〇年は長閑（のどか）でぼんやりした時間であったともいえる。静かにして須臾（しゅゆ）に過ぎ去った感が深い。

もし私が明治維新のときに一〇歳で、そして八〇歳を迎えたとしたらどうだっただろうと、ふと空想してみる。この架空の人物は一九三八年まで生き延びた翁である。長寿というだけで尊重されたであろう。三〇代で日清戦争、四〇代で日露戦争に出会っているが、この人物に日露戦後七〇年はあり得なかった。一九三八年は国家総動員法が公布された年であり、東京オリンピックが返上された年であり、近衛首相が「国民政府を相手にせず」と言い切ったあの年である。翌年に日米通商航海条約の破棄がアメリカから一方的に通告されている。

私たちは時間の錯覚の中を生きている。七〇年といってもとても同じ時間ではない。人は為すこともなくダラダラと怠惰に過ごした時間、退屈でたまらない時間は、ちょうどその中に居るときには長く感じるものだが、ずっと後になって思い出してみると、そういう時間はいかにも短く、あっけなく感じられるだろう。例えば生まれて初めて一カ月の海外旅行をした人を考えてみてほしい。その一カ月はあっという間に過ぎ、なんと短く感じられることであろう。しかし帰国して、再び平凡な毎日の生活を過ごすようになると、海外旅行の歳月を含むそのあたりの時間帯がなんとなく長く感じられるものである。個人の生活にとっても、また国民の歴史感覚においても同じことが言える。

明治、大正、昭和を八〇年生きた翁と私が「同じ時間」を過ごしたとはとうてい思えない。また試みに遊び心で、明治維新からさらに七〇年遡ってみると、一七九八年で、松平定信の寛政の改革から五年後ということになる。ロシアの船が北辺に姿を見せ、林子平（しへい）が『海国兵談』を書いて国防強化を主張したのが一七九一年、幕府に訴えるが、平和ボケの幕閣たちに聞く耳を持つ者はいなかった。佐藤信淵（のぶひろ）がカムチャツカを攻め取ること、イギリスを撃って支那を保全すべきことをひとり力説したが、やはり早過ぎて理解されなかった。ペリーの来航より半世紀も前から始まる一連の出来事である。世界史をみるとフランス革命からナポレオン戦争を経て、イギリスが徐々に海洋覇権に向かって行くあの時代である。

　私の生きた時間を三倍にしただけのわずかな歳月で、大変な歴史時代に入って行く。私たちは今いかに不思議な時間の感覚の中を生きているといえるのだろう。私が体験した平穏だった七〇年は余りにも軽い。何も起こらなかったがゆえに短く感じられる時代を今あらためてどう省察したらよいのだろう。

　つまり、私が注目したいのは、日本の近代史が外来文明にきわめて短期間のうちに襲われ、息つく暇もなかったに相違ないことである。これはよく知られた歴史事実である。しかし概念的に分かり切ったそこをもう一度見直したい。平和でのんびり過ごしていた江戸時代、そしてこの私たちが体験した七〇年。二つを並置してみたとき、真ん中に挟まれている七〇年とか一〇〇年とかいう歳月は、相次ぐ大きな激震に襲われた時代で、「痛ましい」という思いにまず見舞われる。けれども、同時に文明展開上の欠点や歴史の歩みにおける蹉跌（さてつ）があったとも思われる。認識判断の歪みも、進路選択の間違いもおそらくたくさんあったに違いない。そんなことに今いちいち気がついてどうなるのか。今になってそれらを個別に道徳的に非難しても、もうまったくナンセンスだと私には思えるのである。それくらいならのんびり過ごしてきたこの七〇年の私たちの経験を足場に、もう一回歴史感覚を洗い直してみるほうが大切ではないか。

　鎖国していた江戸時代に成熟した日本人の価値観、それに対し維新とか敗戦といった激動期の価値観は未経験で、不完全であり過ぎ、どんなに努力しても急激だった変化への対応には人間的限界がある。そこに着目して、ゆったり成熟した時間の中に獲得した価値観、あるいは考え方、日本人の生き方をむしろ再評価して、明治維新や敗戦以後のどさくさに生じた変化への対応の思想を、むしろ一時的な迷いの産物と見るべき秋だと言いたいのである。

歴史は連続している。維新や敗戦を切れ目にすべきではない。歴史には大きな波のような興隆と衰亡の区別があるのみで、政治上の体制の転換で民族の歴史が中断されて姿を替えたと考えるのはいたく早計である。

〝明治日本を買い被るな〟

本書の第二、三章で私は近世ヨーロッパ史を省察するため歴史を五〇〇年遡ってみる大胆な試論を綴ってみた。私は歴史家ではない。文学的エッセイストの歴史論である。

明治という時代は、先ほど言った慌ただしい出来事に相次いで襲われた短い期間で、それが先立つ中世・近世の西洋の長くどよめくような歴史とぶつかったわけだから、あらためて私は自分が綴ってきた歴史省察を今のテーマに振り当ててみるとどういうことが考えられるかを、まとめてみたい。誤解を恐れず私の仮説を簡潔に言う。中世および近世ヨーロッパは三つの要素から成り立っていたように思える。

くり返しになるが、一つは信仰である。明日にも神の再臨があるとする切迫した終末論的危機意識に裏打ちされた頑なに閉ざされた信仰である。二番目は暴力である。ホッブズが描いた、各人が自分で自分を守るしかない恐怖の無秩序である。暴力はヨーロッパの内にあり、外にも出て行った。そして三番目は科学である。これあることによってヨーロッパは現実世界を動かす力を手に入れた。何処に行くか行方も分からなかったこの文明は、科学が出現したおかげで世界に大きな覇を唱えることに成功した。

明治日本は西洋をめざしたといわれるが、あの暗い闇を抱えた、何処に行くか本当は行く先も分からなかった西洋の現実が、果たして明治の日本人に見えていたのだろうか。西洋の正体を誤認していたのではないか。

「明治の偉大さ」とよくいわれるが、どういうわけかこういう類いの言葉を日本人は大変に好きで、よく使うけれど、本当に偉大な時代だったのだろうか。激震に喘いでいた維新からの七〇年が、そんなに偉大な思想や精神を成熟に向かわせた時代だったとは私には思えない。どこか無理がある。人力には限界がある。私は考慮すべき明治の思想家は四人しかいなかったと考えている。福澤諭吉、中江兆民、岡倉天心、内村鑑三。この四人を挙げることに多分異論はないだろう。しかし私にとっては、皆どれもあまり魅力が感じられない。

福澤諭吉はいわゆる啓蒙家で、深い思索に欠け、私は熱心に読んだことがない。中江兆民は非常に早い時期にフランスに渡り、フランスの社会思想を紹介したという以上の意義があるのだろうか。岡倉天心も美術史叙述を西洋並みにした、という功績は分かるが、西洋という索引をどうしても必要とした人物である。その点では内村鑑三も同じである。彼は深淵を見ていた点で四人の中では一番大きな存在だが、それでもなぜキリスト教だったのか。私にしては今もってどうしてもよく分からない。

明治の日本人は西洋ばかりを見ていて、自分と世界全構図を見ていなかったのではないか。単眼だったのではないか。正確に言えば、西洋の表面だけを見ていて、幾層をも成す深淵に及ぶ構造とその上に頑健に築かれていた「政治」の岩盤は見えていなかったのではないだろうか。西洋の進出は政治意志そのものだった。しかも信仰がいっさいに優先し、明日の自己救済を求めて必死にあがき、焦っていた。

イスラム世界の勢いと大きさに気付いていなかった日本人

古代以来一八世紀までの長大な時間、キリスト教世界はイスラム世界と争闘しつづけ、地球上の要所をイスラム勢力に抑えられ、実際上は負け犬であった。

日本人は明治以来、ひたすら西洋を目標にし、西洋を追いかける意識を前面に出して歴史を展開していたため、イスラム教の世界制覇を視野に入れていなかった。これは西洋の世界制覇もじつは半分しか見ていなかったということと同じではないか。

東方から進出したイスラムの発展が西洋世界の誕生の決定的要因であったことは今では定説である。ゲルマン人とアラビア人とではローマ帝国に侵入したときの速度からして違っていた。ゲルマン人は何世紀もかかってやっとローマの縁に辿り着き、たちまちローマ文明に同化され、従属的になったが、明らかに数の少なかったアラビア人は数が少なかったにもかかわらず電光石火の速さで自らの宗教を伝播させ、ローマ帝国の壁を打ち破った。ゲルマン民族はキリスト教に対抗すべきローマ帝国からの信仰を何も持っていなかった。イスラム教はキリスト教とは旧約聖書を同根に持つ「一神教」であった。キリスト教はすでにローマの国教であり、ゲルマン民族はローマ化されたが、逆にイスラムに征服されたローマ人はすぐにアラビア化されてしまった、とアンリ・ピレンヌが書いている（『ヨーロッパ世界の誕生――マホメットとシャルルマーニュ』増田四郎監修、佐々木克巳・中村宏訳、講談社学術文庫、二〇二〇年）。

このパワーの差は千数百年もつづいた。アラビア人は西ローマ帝国とカロリング王朝を永い間馬鹿にしていた。西洋世界がイスラム世界を最大の敵として戦わざるを得なかった所以はここにある。だから例えば中世末にモンゴルが攻めて来たとき、西洋人はモンゴルよりもイスラムが憎かった。モンゴル軍と妥協してでも挟み撃ちにしてイスラムを討ちたかった。中世から近世にかけて何度もそういう場面があったことは、これまでにもくり返しお話しした。イスラムを異端と見ていなかったのかもしれない。中世キリスト教は異端に厳しいわりに異教徒に対しては往々にして寛大だったのである。キリスト教は西洋世界を全体として守り、そのうえで拡大しようとする集中と膨脹の両方の本能を具えていたように見える。全体意志を持っていたのだ。「神の国」は一つの政治体制であった所以である。

イスラム社会もキリスト教世界に対し死闘を演じていたわけだが、ずっと寛大で寛容だった。キリスト教徒のほうがはるかに不寛容で暴力的だった。明治維新のほんの少し前までイスラム世界の優位はつづいていた。明治から大正にかけての日本人はこういう世界実勢図を念頭に置いていたのだろうか。やっとこれを意識したのは大川周明である。第二次大戦の直前にあの人が登場して初めてイスラムは日本の思想の歴史の中に姿をみせるようになるのである。こんなことはどう考えてもおかしいのではないか。

西洋は一七世紀頃まで飢餓とペストと暴力と迷信とそして宗教内乱とに苦しめられ、世界史の片隅の存在にすぎなかった。「大航海時代」という輝かしい時代があるじゃないかという人もいるかもしれないが、それは近代西洋が勝利した暁の「後付け」の議論にすぎない。その時代にはそんなことは全然考えられなかった。一七世紀の南北アメリカ大陸の人口は一〇〇万単位で、それに対しそれ以外の大陸の人口は約六億だった。「大航海時代」はあとになってみると巨大な出来事だということに気がつくことになるが、やはりこれは「西洋の科学」というものの勝利が影響していると思う。それまではそう見えなかったし、実際そういうものではなかった。

一七世紀は徳川幕府が始まったときだが、イスラム勢力が最高潮に達した時代でもある。東はインドネシア、西は地中海の端のイベリア半島、西アフリカに至る広大な地域を支配下に収め、一四五三年にコンスタンティノープルを陥落させ、ビザンツ帝国を滅ぼした。そして一五二九年にはウィーンを包囲している。かくて一七世紀には最高潮に達している。東地中海の制海権はオスマン帝国に握られっぱなしで、西洋人は東回りで外洋に出ることさえできなかった。ポルトガル人とスペイン人の「地理上の発見」が、キリスト教終末思想に閉ざされた危機的世界観の内部の自己救済のイデオロギーに由来するものだったということは、本書がくり返し強調してきた。

こんなエピソードもある。白人キリスト教徒の少年、身体強健、眉目秀麗な少年たちを四〇戸に一戸の割合で奴隷として供出させ、イスラム教に改宗させ、軍事訓練を施した。強力な軍隊に育て上げるとともに、音楽教育も行って、演奏に合わせながら行進させ、軍楽隊というものを初めて世界に送り出した。オスマン・トルコの発祥である。その音曲を遠くに聴くだけで隣国の人々は慌てふためいて恐れた。「トルコ行進曲」はこのときに生まれたのだそうである。

七世紀前半から一七世紀まで約一〇〇〇年間地球を支配したイスラム勢力と、一八世紀にやっと鎌首をもたげ始めたヨーロッパとは、いったいどちらが開かれた普遍的な文明だったのだろうか。明治の日本人に、両勢力均衡の全地図は見えていなかった。江戸時代に地球が球体であることは周知されていたが、それも西洋から来た情報、イエズス会の情報に基づくものだった（マテオ・リッチの漢訳世界地図『坤輿萬國全圖（こんよばんこくぜんず）』一六〇二年）。開国と同時に日本が理想としたのは五大一等国、イギリス、フランス、プロイセン、オーストリア、ロシアで（アメリカはまだ入っていない）、西洋史を「万国史」として仰ぎ見、西洋の戦争と平和の取り決めを「万国公法」として学習した。ギリシア・ローマの古代文明はまずはアラビア人に継承され、西洋に伝えられたのに、ヨーロッパの古典だと思い込まされてこなかったろうか。ルネッサンスは相当程度にヨーロッパの自己僭称、どことなくプロパガンダの匂いはしないだろうか。一部にローマ人との混血地帯はあったとしても、中世ヨーロッパはギリシア・ローマとはつながっていない。ギリシア語は聖書の原語なのに、完全に忘れられ、消滅していた。

アメリカ二大陸への魔力をみじんも感じなかった日本人の限界

中世末期に西洋では大地は球形であり西回りでインドに到達することは分かっていたが、自らとインドとの間に途方もなく巨きな大陸が二つ存在することは当初まったく予想もされていなかった。好奇心を呼ぶこの広大な未知の空間の突然の立ち現われに西洋世界は浮き足立ち、やがて全文明をあげて立ち向かった。それが近世ヨーロッパの歴史である。

このあと約四〇〇年にわたって彼らは地球全体にラインを引いて、分割占拠することに熱中するが、それには理論武装が必要であった。アイデアのほとんどすべては中世に培われていた。中世ヨーロッパが「新大陸」に似ていたからである。これはギョッとするような話だが、「暴力」ということである。野放しの暴力と自由との関係である。ヨーロッパ人が自らの中世像をアメリカの近代史の中に持ち込んで、自画像を組み立てたという一面もないではない。

日本の起ち上がりは明治維新と日露戦争では必ずしもない。はるか以前から外の世界に関心を持っていた日本人が多くいたことは知られている。倭寇という海上勢力が動き出していた。一六一三年、支倉常長はヨーロッパ偵察外交をした。秀吉は朝鮮に出兵した。山田長政ほか多数の日本人が東南アジアに出て行った。倭寇が海賊というなら、ポルトガルもスペインも海賊みたいなものである。イギリスの軍船が海賊性という点ではいちばん圧倒する力を誇っていた。

一六世紀から一八世紀にかけてヨーロッパ人も日本人も海に躍り出て行く願望において共通するものがあったのに、彼らに強くあって、日本人に端から欠けていたものがある。とても大事な一点だが、日本の歴史家は気がついていない。見落としている。突如出現した南北アメリカ大陸の暗闇の魔力というものを感じたヨーロッパ人と感じなかった日本人との違いである。アメリカ大陸は日本の隣国なのである。ヨーロッパの歴史を始動させ、今も動かしているのは「新大陸幻想」である。

これだけはわが民族が歴史経験の中でただの一度も感じたことのない感覚である。整備され文明化されたアメリカに後から出かけて行って何かを感じたというのでは駄目である。そうではなくアメリカが無主地であったときに乗り込んで行くという日本人はいなかったということなのだ。鎖国になるより前の時代においてのことである。政治的企てがなかったのはもとよりだが、そういう予想もないし、予感もなかった。信長にも秀吉にもなかった。暗闇の魔力を想定する者はいなかったのだ。

これが先ほど言った、あの七〇年が苦しい激動の七〇年になってしまった根本の理由である。西洋世界がアメリカというものに総力を挙げて殺到していく長い時間に日本人は蚊帳（かや）の外にいた。西洋人の野心も夢もそしてまた狂気も、江戸・明治の日本人はつゆ知らなかった。

この欠落の感覚こそわが国の歴史の基本に据えてつねに意識しておかなくてはいけない。わが民族のもはや取り戻せない宿運かもしれない。彼ら西洋人は子午線だの回帰線だのと地球上にやたらラインを引くことに夢中になった。パスカルが「緯度が三度違うとすべての法律が覆る。滑稽な正義よ、川ひとすじによって限られるとは！」と言ったのは、地球の異変を感じていた証拠である。

私たちは西洋人のアジア侵略の非を歴史的犯罪と見なしているが、日本人がよく考えておかねばならないのは、西洋人にとってアジアとはインドと中国までであって、太平洋は端から欄外とされていたことだ。彼らが太平洋と極東を襲ったのは、ことの序でで、行きがけの駄賃だくらいの動機であったと思われることだ。

急進的宗教家だったニュートンの意外な面

江戸の日本人が西洋に魅せられた最大のものは科学である。科学は朱子学の概念を用い、当時「窮理の学」と呼ばれた。

世界万物の合理的説明を日本人も強く欲求していた。儒教も「理」を求める力は強い。しかしその「理」は形而上的抽象概念で、西洋の実験科学のそれとはかなり違うもののようだ。西洋の科学はそれなら実験と検証ですべて尽きる合理主義かというと、キリスト教の信仰を母胎としており、背後に宗教の闇を蔵している点ではやはり一筋縄ではいかない。

「科学と宗教」とは対立概念では決してない。一体化した相関関係にある。一六世紀の早い時期に始まった「天体」の発見と、一九世紀の『種の起源』によって大いに世を湧かせた「進化論」、この二つが科学と宗教をめぐる二大メルクマールと見ていい。

コペルニクス、ケプラー、ニュートン、ガリレオ等をめぐる天体論争と信仰の関係については言及したばかりなのでここではくり返さない。コペルニクスの地動説の背後に非合理な太陽神話があったと私は書いたが、ケプラーが実験ですぐ正確に正したので、今や天体の問題は純粋な数学や自然科学上の真理として理解されていて、誤解の余地はない。ところが『種の起源』のダーウィンだけは今でも簡単ではない。「人間が猿から生まれた？　とんでもない！」はヨーロッパではもう問題にする人はいないのに、アメリカでは今でも教育上の大きなテーマになって揺れている。アメリカは前近代的なところがある。

イギリスのピューリタン革命の流れを継承しているアメリカでは、「千年王国論」が政治の歴史に小さくない波動を引き起こしつづけている。「千年王国論」についてはもう一度簡略なまとめを再述しておく。

プロテスタントの革命的な思想の一つにこれがある。イエス・キリストがまず地上に現われ、激しい争いと変革の嵐が吹き荒れ、世界最終戦争（ハルマゲドン）も起こり、その後に真に幸福な王国が訪れ、一〇〇〇年間つづく。いっさいに先立ち神が地上に再臨するというのだから過激な思い込みにも似て、ラディカルである。これを「前千年王国論」という。他方、神は再臨されるけれども、それは遠い未来に約束されているだけで、千年王国が実現した後にゆっくり御姿を現わすという、かなり穏健な思想を「後千年王国論」という。イギリスのピューリタン革命もこの二つに分断された。クロムウェル派と長老派との対立などである。マルクス主義の運動にもこれを世俗化、通俗化した二派がある。明日にもプロレタリア革命が起こり、至福の無階級社会が来るというのは一種の「千年王国論」とみてよく、やはり二つの区別、すぐにも暴力革命を望む急進主義と進歩を信じて少しずつ変革する漸進主義の区別があるのはよく知られる。

　カトリックはこのようにはまったく考えない。図式的にまとめることが許されるなら、神が地上に再臨することは決してないという。そういうのは正しい考え方ではない。なぜならば千年王国は現在の教会の中にすでに存在しているからである。今、目の前の地上の世界にあなたが享受している教会と共に千年王国は存在している。教会は今でもキリストの王国であり、あなたは今でも神と共にあるのだから、あらためての神の地上への再臨はあり得ない、と。この「無千年王国論」は五世紀に聖アウグスティヌスによって理論化されて以来、カトリック世界では微動だに変えない。

　不思議なことに、子供でもその名を知っているかの万有引力の発見者ニュートンは、ピューリタン革命の嵐の原思想ともいうべき「前千年王国論」者であった。「ダニエル書と聖ヨハネ黙示録の預言に関する考察」という、例の世界最終戦争（ハルマゲドン）の必然性を証す論文をさえ書いている。科学者なのに最も宗教的に過激な思想を展開したのが、何とかのニュートンだったのだ。また、聖書の中にはいろいろ非科学的な記述が散見されるが、これは科学の発展の妨げになるから囚われないようにしましょう、としきりに聖書の矛盾を排し、自由な思想の推進を図ったのは、誰あろう、かのカルヴァンであった。プロテスタントの中の最高度の急進派である。ピューリタン革命を動かした非寛容なドグマと宗教権力の体現者が自然科学の最高の擁護者でもあったのだ。

これを見るだけで西洋における「科学と宗教」が単純な対立構造を形成していないことが理解されよう。江戸の日本人が考えた「窮理の学」とは著しいへだたりがあると思われる。

劣等人種の絶滅を叫ぶキリスト教徒

当然だが、ピューリタン革命の炎を心中に秘めて一三州の入植地を切り拓いた北米ニューイングランドの人々は、その後つくり上げたアメリカ合衆国の歴史において、「宗教と科学」のこの不可解な関係を引き摺っていた。前千年王国論、黙示録的な宗教幻想、終末意識は、独立戦争においても、南北戦争においても噴き出した。けれどもアメリカは広大なフロンティアに恵まれた未来ある期待の地でもあった。産業が興隆し、すべての人に富が行き渡るにつれて、過激な宗教思想は社会の表面からは少しずつ影をひそめていった。

しかし、何か危機が訪れると「千年王国論」が再び飛び出してくるのがアメリカという国でもある。しばらく穏やかになったり、また急に激しくなったり、その二つの波のくり返しの見られるのがアメリカ史である。ホリス・リードは『歴史における神の手』(一八四九年)という著書の中で、「世界史のあらゆる変化や革命に神の手を跡づける」ことができると述べ、そこにアメリカの使命が加わり、異教徒の征服や支配は意のままであるとし、「われわれは、現代の二大海洋国民〔英米〕に与えられた驚くべき神の手に驚嘆せざるをえない。かつては全東洋に宗教、学問、および文明を与えてきたインドのような国も、いまやアングロ・サクソンの手中に落ちいらなければならないのだ」（田村秀夫編著『イギリス革命と千年王国』同文舘、一九九〇年。以下同）。

「サミュエル・ボールディンの『ハルマゲドン』（一八五四年）はこう断言する。「ある政治的統治が、千年王国において、地上を覆うであろう。それは民主主義であろう。そうでなければ千年王国はないだろう。合衆国こそは、おそらくその先端の民主主義となるであろう」。「千年王国は、政治上は、主として白人種に限られる、キリスト教徒の共和主義の時期である」。そして「千年期における全地上を覆う民主主義の全般的な流布は、漸進的であろうし、その進行には、たとえばメキシコ人や太平洋の諸島民のような劣等人種の完全な絶滅をともなうであろう」。」

凄いことが書かれていた。黒人蔑視と有色＝劣等人種の征服が千年王国への道であると公言してはばからなかった。この高調した気分は第二次世界大戦に直結し、そこを経て今日にまでつづいている。

仏教は日本人の「無」の感覚にこの上なくフィットしている

一転して話は飛ぶ。江戸時代までの日本のことを考える。ご覧の通り、余りに違うものがそこに襲いかかって来たというふうに見ていい。大波が襲ってきた、と言ってもいいが、日本人の既成の観念の中にほとんどなかったもの、異質すぎるもの、動機も行動の仕方も自らの歴史の中からは判断のしようのないものが脈絡もなく到来したと考えられる。七〇年という短い時間——明治維新から日米開戦前夜までの——に起こったドラマがいかに激しかったか、想像に余りある。当時の日本人に同情するし、政治の間違いとか、失敗とかいろんなことが言われてきたが、しかし私に言わせれば日本の国内の責任などほとんどなかったと言ってもよいように思う。ことに最後は相手が理不尽すぎる。

そこで考えを転じて、そもそも日本は何であったか。これこそ今からわれわれが深く考えなければならない主題であろう。江戸時代までの日本は何であったか。襲って来たものとの間にともあれ巨大な落差があった。価値の上下の落差ではない。進歩のレベルの落差でもない。近代性ということでいえば襲ってきたものの前近代性・非合理性というものがむしろ今問われるくらいである。が、ともあれ、素性も由緒も知れない怪異なるものの幾重にも層となる他国の歴史の総体に、わが国は襲来されたのだ。

ここで一つの仮説を提出してみる。

日本は世界で最もイデオロギーを持たない民族である。わが神道は周知の通り、ユダヤ教やキリスト教やイスラム教のような一神教の宗教とは異なる多神教の民俗信仰であるが、しかしなぜ「神仏信仰」であり得たのかとずっと私は考えてきた。一時期を除いて、歴史上神仏の関係はうまくしっくり行っている。儒教は少し違う。儒教は皇帝制度や科挙という官僚選抜機構と深く結びついていて、中国の政治と切り離せない。火葬を禁じた葬式の仕方、財産分与の仕方、同性婚禁止など、習俗においても大陸とのへだたりは大きい。

儒教は日本人の道徳観に対しては大きな影響をたしかに与えた。『論語』は政治教本と私は思っているが、日本人はもっぱらこれを道徳教本としてのみ受け止めた。祖先崇拝などの宗教心理に儒教が関係したことは間違いなく、この問題に深入りする余裕は今ないが、仏教の存在はそれよりはるかに大きく、深く、神道と一体となってわが精神界の流れを形成してきた。

江戸時代は儒学が盛んになって、有名な儒学者がずらっと並んで大思想史を展開したようなイメージがあるが、調べてみると現実においては必ずしもそうではなく、儒者の地位は低く、精神的に主要な活動をしていたのは仏僧たちであった。仏教は幕府に庇護されていたので、堕落もしたが、〝超越的なるもの〟を求める日本人の形而上的欲求を満たす役割をも失っていなかった。

日本人は二つの神様を持つ。天皇という「生き神」とそれから天竺にある「超越神」。そうした二重の信仰というか、神様を二つ持つことにより、一神教の独善を避け、暢(の)びやかにバランスよく生きるうえで、日本の歴史にとっても個人の私生活においても、これは非常に大切な恵みであった。

日本は最もイデオロギーを持たない民族だと先に述べた。何でも外国から迎え入れる寛容な文化だが、原理主義的な宗教、イデオロジカルな教義は黙ってこれを脇に除け、近付けないできた。キリスト教もイスラム教も韓国儒教も、そしてじつは中国の儒教も静かに拒絶している。けれども仏教に対してはそうではない。なぜか。今挙げたすべての宗教は背後に政治制度、社会習俗、法的価値観を抱えている。しかし仏教にはそういうものが何もない。

不思議なことに仏教はすべての神学的展開を、最後の八世紀の密教に至るまで、発祥の地インドで果たして、そして忽然としてそこから消えてしまった。何もかも無くなった。教典も無くなれば、坊さんもいなくなった。後に植民地インドにやって来たイギリス人が立派な伽藍を見て、ブディズムの寺と聞いたが、そこに人影はなく、教典ひとつ置いてなく、何もないがらんどうの建物があるだけで、驚く。それくらいものの見事に仏教はインドの地から姿を消してしまった。それでは、仏教は完全に消えたかというと、もちろんそうではなく、ネパールで、チベットで、中国で、そして日本で、あるいはまたタイで深化発展した。インド的な政治イデオロギーも、インドの歴史文化も、インド人の社会習俗も何も附随して来ないし、受け入れた側に何の強制もない。

キリスト教はこれとは正反対で、イエルサレムの地でほとんどいかなる神学的展開もしなかった。やがて東西に分かれて、西ローマとビザンチンで大展開を遂げ、政治的一大価値体系を築き上げた。受け入れた他民族には存在そのものを奪うような哲学的システムを強制している。

二つの普遍宗教はそれくらいタイプが違う。日本人が遠いインドの仏教に何の抵抗もなく入信（にゅうしん）するのは、背後に社会的なものがくっついていないからだと思うのだが、いかがであろう。これは私の仮説にすぎない。仏教は日本人の「無」の感覚にこよなくフィットしているのである。

呉善花氏がついに韓国人のホンネを明かした

呉善花氏と『日韓　悲劇の深層』（祥伝社新書、二〇一五年）という対談本を出した。私の主宰するある勉強会で氏に講演をしてもらい、そのときの氏の言葉に考えてもいなかった観点を突きつけられ、足をすくわれるような感覚を味わったので、それをきっかけに対談本を作ろうということになった。日本は〝イデオロギーを持たない希（まれ）な国家〟という表現も呉氏の口から先に出ていた。

呉氏曰く、日本人というのはまったく分からない国民で、日本人の精神の軸、そう呼べるものがいったい何なのか、どうもはっきりしない、韓国人にとってはそれが謎であるだけでなく不安の原因なのだ、と氏は最初に打ち出した。それから韓国人の立場に立ってみると日本人はどう見えるかを次のようにまとめてくれた。

「韓国は朱子学の儒教社会であり、これが軸といえるだろう。日本人は神道なのか武士道なのか仏教なのか、いったい何だ？　ほかにもあるかもしれない。韓国人はそこで戸惑ってしまう。八百万の神々というが、太陽であったり樹木であったり、自然を敬うアフリカ人なら分かるが、いやしくも文明国ではあってはならないことだ。どういう精神性なのか、ここで韓国人は困ってしまう。頭が混乱するだけでなく、許せないということになる。韓国では先祖以外のものを拝むのは迷信の部類である。

日本の室町時代の頃、韓国は仏教も陽明学も棄てて朱子学だけを大切にするという転換を行なった。文治主義の徹底化を図った。ところが日本では、これ以後も野蛮な武士の戦いがいっこうに収まらない。どうにもならない国だ、と自分たちの先祖は考えた。日本人には価値とか道徳がない。」

こう述べた後、呉さんはさらに次のように強調した。

「デタラメな基準で生きている日本人はこれ（真の価値――引用者）が理解できないから、いつも頭を叩いておかないと彼らは何をするか分からない。考えを変えてしまう。常にきちんと教え込んでおかないといけない。韓国人が言うところの「歴史認識」とはこれであって、双方の国民がそれぞれ意見を主張しあって互いに歩み寄る、というものでは決してないのです。日本人がやることは韓国が主張するものを受け取るだけ。反論や異論などとんでもない。繰り返し繰り返し、韓国の言うことを、日本人は心して聞けということです。」

非常に明快である。この通りの高飛車な態度で現に朴大統領（当時）は日頃言いたい放題で発言しているのに私たちはうんざりしている。呉氏は、「韓国では現在の朴槿恵政権は戦後外交でいちばん成功した政治家である、という評価を得ている」と付け加えた。すさまじい話である。

反省とか、一歩退くとかがなく、イデオロギーに凝り固まって相手の存在を見ない。日本としてはそうなると譲歩はかえって不可能になり、沈黙するか、力で押さえ込むしかなくなる。

日本人は自分を含めて物事をできるだけ相対的に考え、世界にはいろいろな立場があるとまず理解することから始めるが、韓国人には自己相対化がなかなかできない。つねに自己中心的で、他者に照らして自分を省みるということがない。だから他との比較でも韓国人の関心はもっぱら「どちらが上か下か」になってしまうという。中国人も基本姿勢は同じようなものだ、と私は考えている。

日本人は自分を捨てて多角的にものを見る習性を強いられて来た。例の激動の七〇年、他者に負けたら生きていけない国だった。中国も韓国も動き出さなかった時代に近代日本はスタートし、欧米という鏡に自分を映して、自画像をたえず検証しながら、一歩ずつ歩むしかなかった。専断的に抑えこんでくる相手、自分の思い通りにはいかない相手を師表として仰ぎ見て生きるという矛盾に耐えた。不平等条約を解消するのにも長い時間をかけ、二度の戦争に勝利してやっと達成した。中国は一九三一年に不平等条約を一方的に無効と宣言し、受け入れられないとなると排外的な行動に出た。今の中国もビヘービアはまったく同じである。

西洋文明というものが学ぶべき手本として安定していた時代に、日本はいつか西洋のようになる、西洋化イコール近代化だという理想化の道を歩んできたが、韓国や中国にはそういう夢の時代がないのである。いいかえれば、自分を空しくして他に学ぶ、自分を「無」にする経験に乏しい。西洋名画展覧会が毎年いつもどこかで開かれている今のわれわれの都会風景は、韓国にも中国にもないのだ。西洋の文学や哲学や社会科学の目ぼしいものがことごとく翻訳される歴史も経験していない。日本人の理想としての既成のこの西洋像が今ぐらついて、根底から問い直す必要があるではないかと言っているのがもとより本書の趣旨ではあるが、さしあたりそれとは別件を語っている。

日本人は自分を小さくして外に学ぶ。自分を未決定状態のままにして、できるだけ相対的に物事を見ていこうとする。それが宇宙のなかの個としての人間のあり方だという意識がたしかにある。これは一方では日本人の弱さ、自己主張のなさになり、前述のように韓国人をいきり立たせる誤解の原因になる。しかし他方では古代以来、世界のありとあらゆる文明が東から西からこの列島に入ってきて、日本の中で渾然(こんぜん)一体となり、しかもここから先へは出て行かない世界文明の貯水池のような役割を果たすことを可能にしている条件でもある。

韓国人はだから日本はセコハン文明だと馬鹿なことを言いたがるが、いわゆる文明のオリジナル論は議論に値しない。キリスト教もアルファベットも西洋文明の基本をなすものだが、西アジアの起源である。文明とは伝播であり、受容であり、融合であり、そしてその中での創造である。

一〇世紀唐の崩壊から明治維新まで日本は実質的な「鎖国」だった

日本は奈良時代には盛んに中華文明を受け入れた。平安時代に入って一〇〇年ほど経つと「もはや中国から学ぶものはない」として遣唐使をやめてしまった（八九四年）。やがて間もなく唐が崩壊した（九〇七年）。それ以後東アジアには国際的緊張がなくなった。元会儀礼といって各王朝が「礼」を競い合う関係があったのに、それも衰退し消滅した（『国民の歴史』〔全二冊、文春文庫、二〇〇九年〕に詳述されている）。とともに日本国家も国際的争いから退いて、自閉的になり、驚くべきことに以後、天皇が権力の主流から外れた。

天皇とは別に上皇が登場し、さらに武家が出現してくる。王権が一歩退いて二次的になるという日本の独特な構造は、東アジアの礼的秩序をめぐる争いがなくなったという無緊張状態と切り離せない関係にあると私は思う。九世紀以後、明治維新まで、日本は実質的な鎖国状態にあったと言っていいのではないだろうか。内乱や内戦はあったが、元寇と秀吉の朝鮮出兵以外に対外紛争というものを知らない。これはやはり地球上では例外的な歴史である。

そうした歴史に育まれてきた日本人の心性をネガティヴに見ることももちろんできる。呉氏がまとめた韓国人の言うように、はっきりしないとか、主張が見えないとか、主体性のない国だとか、これだけ近代化をなしとげた国なのに何が理念的な核になっているのかまるで分からない、という苛立ちも分からぬではない。たしかにわが民族には規範や掟がない。ユダヤ人ならばトーラー、中国人ならば道、ギリシア人ならロゴス、インド人ならカルマといった明白な標識がない。あるときは仏教を取り入れ、あるときは儒教を取り入れ、またあるときは西洋を取り入れる。「理念的な核」がたしかにまるでない。しかしないことがわが日本民族の最大の強みではないだろうか。権力を持たない天皇と、遠い天竺にあって日本人の生活や政治を縛ってこない御仏と、この生き神と超越神のバランスの中で自分を「無」にするということは、西洋流にいえば自分を「自由」にするということなのだ。韓国人は朱子学を今でも精神の核としているということだが、これはえらい不自由で、不幸なことではないだろうか。

日本人の生き方はどこに原理があるのか分からない、薄気味が悪い、不思議だ、だからどこへ向かって行くのか分からない国だと韓国で見られているというお話だが、でも日本の歴史を見ているとじつに驚くほどの主体性が認められるのである。何でも受け入れるように見えて、ある種のものは黙って拒絶し、あるいは歴史の片隅に置き去りにして行く。私はこれからそうした対象を吟味し、研究していきたい。

朱子学という言葉が出たが、江戸時代の儒者は非常に早い時期に朱子学を超えるという方向、朱子学否定、あるいは反朱子学の日本型儒教を展開している。朱子学が陥り易い道徳主義、人治主義は、近代的な法意識にとかくに逆行する。道徳的に立派な統治者だったから国はよく治まった、という観念は、ややもすると裁判における有罪か無罪かとか、量刑をどうするかといった決定をも法ではなく人の判断で決める傾向を助長する。中国や韓国に見る法意識の欠如は、日本から見ていると目を蔽いたくなるほどのひどいレベルである。両国はいまだに法治国家ではない。法はそのときどきのご都合主義に屈服している。

日本が近代西洋並みの国家になろうとしてきたことはもとよりわれわれの議論の前提で、両国に向けてはそのことをきちんと言えばよい。だが、すでに述べた通り、既成の西洋の概念そのものがいまガラガラと崩れている。近代西洋はもう基準にならない。そういうもう一つの別の問題を私は取り上げてもきた。両国の知らない日本特有の孤独な課題の存在をこれからも取り上げて行くつもりである。

武装しないでも安全だった「朱印船」の不思議

ポルトガル船団がインド洋をわがもの顔に往き来していた時代があった。一六世紀中葉にアルフォンソ・デ・アルブケルケ提督の名で知られるポルトガル海軍は、アフリカ東岸からマレー半島のマラッカ海峡にまで及ぶ広大な海域を牛耳っていた。公海の航行自由の観念のまだ言われていない時代で、いち早く海の帝国を築こうとした。一五四三年に種子島に鉄砲が伝えられたのもそのときの流れである。

アラビア海やベンガル湾岸沿いの町々が攻撃され、港々に出入りする商船が暴力的に管理され、略奪されるのを、インド内陸のムガル帝国がなすすべもなく温和(おとな)しく黙認しているのはなぜだろう、と私は本書で疑問を呈しておいた覚えがある。後に〝ポルトガルの鎖〟と名づけられた武力による海上の囲い込みが実施され、貿易船はすべて通行証(カルタス)を備えていることが命令されていた。インド大陸内のイスラム教徒やヒンズー教徒がいくら寛容であったとしても、遠征中のポルトガル海軍となぜ戦おうとしないのだろうか、と私は疑問に思った。

ところが、同じような不思議なことが日本の近海にも起こっていたことを最近ある翻訳書から知って、考えさせられた。秀吉の死後間もなく「朱印船」として知られる新しい海上交易が行われだした頃のことだ。日本船籍でも西洋人に舵取りが委ねられていた朱印船は、火砲をいっさい積んでいなかった。ポルトガル船やオランダ船は砲を搭載することが義務づけられていたのに、日本の商船は将軍の命令で武装が禁じられていた。まるで憲法九条下の現代日本のごとくである。ところが事情はがらりと異なる。ムガル皇帝と同じように当時の日本政府も、大がかりな武装を施した新型船を建造するよりも、非武装の商船航行のほうが安あがりで、合理的と考えていたのである。

「たとえば一六一〇年、いましもオランダとスペインの海上戦の真っ最中であったマニラに、一隻の朱印船が到着した。すると戦闘が一時中止され、日本の中立船はその間を悠然と帆走していったという。」

（ジェフリー・パーカー『長篠合戦の世界史——ヨーロッパ軍事革命の衝撃 一五〇〇〜一八〇〇年』大久保佳子訳、同文舘、一九九五年）

え、なぜそんなこと？ と思うかもしれない。非武装船のこの堂々たる不可侵性にわが国の二五〇年に及ぶ優位と迂闊さ、合理性と手ぬかりという長短両面の矛盾がさながら象徴されていたかに見える。

「ごくまれにヨーロッパの船が——ほぼ例外なくオランダ船——朱印船を攻撃または略奪す

ると、乗っていた日本人はけっして自分で阻止しようとはせず、長崎に戻って事の顚末を行政官に報告した。報告がくるや、長崎にあったオランダ商品とオランダ船は全部差し押さえられ、嫌疑について調査がおこなわれ、賠償が申し渡され、罰が執行された。朱印船は重装備を固めてはいなかったけれども、きわめて有効な法的救済措置で保護されていたのである。利益の大きい日本との交易に参加したいと思えば、将軍のパスポート（赤い印璽のある朱印状――引用者）を神聖不可侵のものとして尊重せざるを得なかった。

ムガル皇帝や日本の将軍家は、海上を支配しようとする露骨な意図を持たなかった。」

（前掲『長篠合戦の世界史』）

たまにはヨーロッパの船に勝負をしかける国もあったようである。スマトラ島の原地民族アチェ王国がその一つで、やがて一九世紀にオランダと密林内で死闘を演じることになる勇猛果敢な種族だった。また、国姓爺（こくせんや）の名で近松門左衛門の人形浄瑠璃や歌舞伎にもなったシナの海賊王、鄭成功が戦力を立ち上げたのも、一七世紀の中頃だった。鄭は日本人を母として平戸の商館近くで育ったことで知られるが、一六五五年にその戦力は軍艦一〇〇〇隻、兵力一〇万余を数えるまでに至っている。オランダに占拠されていた台湾を解放したのも鄭だった。

この間に徳川幕府が海禁政策に踏み切り、日本人の海外渡航と帰国をも禁じたのは一六三五年だった。翌年、長崎の出島が完成し、ほどなく平戸を閉鎖している。オランダとのみ交易することに正式に決定した。

世界の他の地域が争いもない平和で安定した時代に入っていたからなのではない。むしろ反対である。ポルトガル、スペインからオランダ、イギリスへと海上の覇権が移りつつある激しい時期で、謎めいていた南北アメリカ大陸への進出の夢が西洋各国を揺さぶってもいた。日本が対外戦争のために武装する必要を認めないという政策に踏み切ることができた理由は、どうやら日本の内部にはなく、地球上のある種の偶然が重なって、日本列島を外からは見えないブラックホールにしてしまった特殊な条件下に起こった出来事であったと私には見える。周辺が平和だったからそれに釣られたのではない。鄭成功はスペインやオランダを相手に一六六二年の死まで西太平洋の海に嵐の渦を巻きつづけていた。日本の国内の武威が低いレベルだったからでもない。信長と秀吉の時代のパワーは世界最強の陸軍であったとよくいわれている。なぜ一六世紀の巨大な軍事力が、一七世紀に入って間もなくほぼ完璧な域の武装解除を引き起こしたのだろう。

日本史の謎であるとともに、これは世界史の謎でもある。徳川幕府が全国の鉄砲をかき集めてお寺の釣鐘に鋳造し直したなどと伝えられる武力放棄は、対外的危機意識の突然の消滅と、対内的治安意識のにわかな高まりが同時に起こった現われであることは間違いない。ことに前者は、朱印船がマニラ沖で諸外国船の戦闘を一時中止させ、悠然たる中立船として扱われたという先の譬え話に代表的に象徴されているではないか。東アジアの海域への外国船の接近といっても当時は数が少なく、ポルトガルもオランダもまだ力が弱く、列島が侵略される恐れはないし、他方、物産と金・銀・銅の埋蔵の優位がわが国の安全を保障していたのである。

鄭成功の死後その息子の軍勢が一六八一年の海戦で敗北してから、西太平洋は静かになった。世界全体の海におけるヨーロッパの力による均衡状態が確立したからとも考えられる。南北アメリカ、アフリカ、インド洋はもとよりマラッカ海峡に至る南アジア周辺の海はヨーロッパ人が支配するものとする。ただし極東アジアはその圏外に置くという秩序である。これは無言のうちに日本を世紀のブラックホールにした偶然の条件である。日本が一七世紀に最強だったオランダ一国からのみ情報を得つづけたのはそれなりに賢明だったと思うが、やがてオランダの時代は終わり、一八世紀になるとイギリスとフランスが太平洋に進出してきた。それでも幕府は「オランダ風説書」のみをひたすら頼りにした。

私はそもそも江戸時代の日本人は自国を取り巻く海、とりわけ太平洋がどういう存在であるかをほとんど認識できていなかったのではないかという疑念を抱く。

日本人に初めて地球が丸いことを教えたマテオ・リッチ

海はたしかに目の前にある。土佐の人も、越後の人も、備前の人も自分の海を見ている。けれどもおおよそ一八世紀前半頃まで、日本という国土全体を一つのまとまりのある国として考える意識はまだはなはだ薄く、地理的な形状も不明確で、従って目の前に見える各人の海を日本を取り巻く一つづきの海洋として把握することは、まだほとんどできていなかったのではないかという推論が成り立つ。

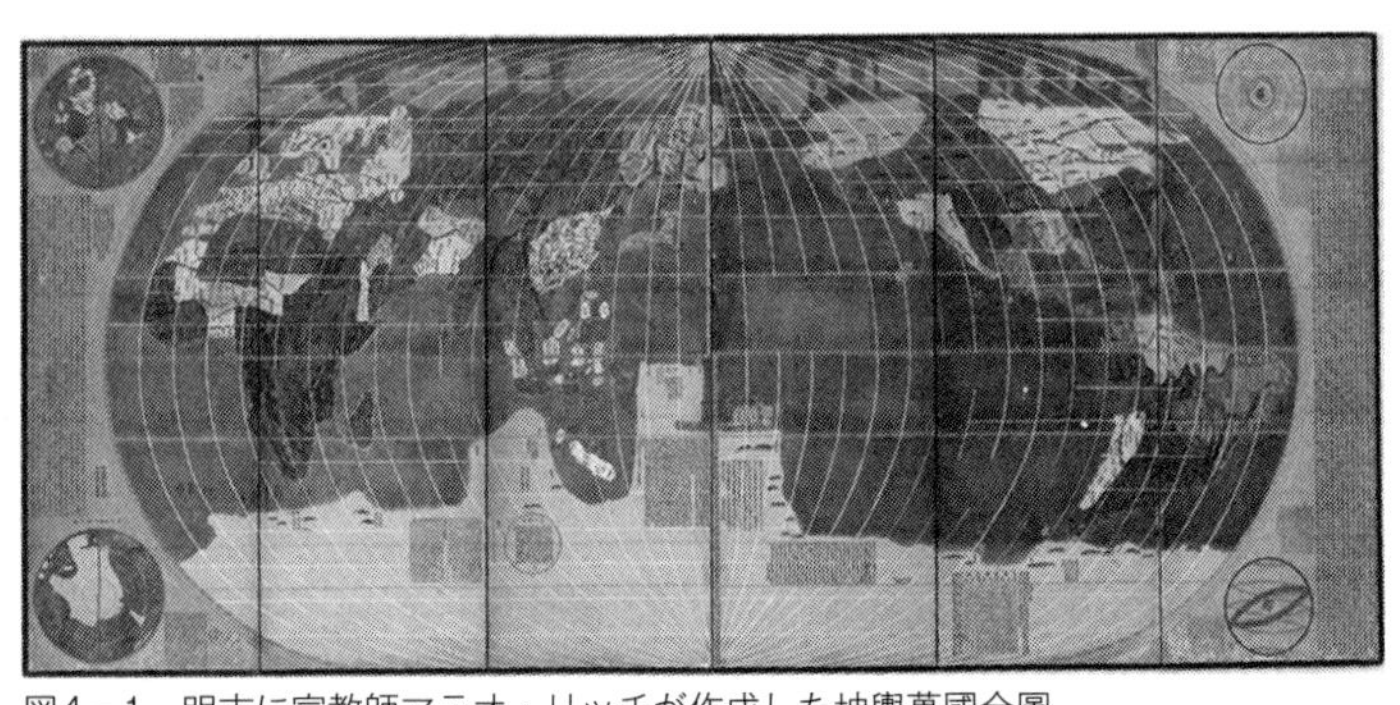
図4－1　明末に宣教師マテオ・リッチが作成した坤輿萬國全圖

「海禁」政策をとっていたのはシナの明王朝においても、半島の李王朝においても同様であった。ただシナには宣教師が入国を許されていた。地球が球体であることをアジアに知らせたのはイエズス会士のマテオ・リッチであった。一五八二年に渡来したリッチは、地理学史上名高い『坤輿萬國全圖』を一六〇二年に北京で刊行した。木版六幅で、縦一・八メートル、横約四メートルの大判の地図である。世界の輪郭を楕円形として表現するという、当時ヨーロッパの製図法として最新の方式を採用していた。しかし中央を占めるのは日本列島であり、シナ大陸であった。そして右側半分に太平洋があり、奇異なのはまだ噂でしか知られていなかったオーストラリアが南半球半分を覆う巨大な大地として描かれている点であった。ヨーロッパ中心の構図になっていないのは、シナの知識層に受け入れられ易くするためであったという。

楕円形であるから四隅が空いていて、リッチはそこに天体図の九重天図と天地儀、南極と北極を天空から見た半球図、以上四つを付図として掲げ、左右の空白にリッチ自身の序と跋を漢字漢文で記していた。そして世界全図には一〇度間隔に経度・緯度のラインを引き、五大州（アジア、ヨーロッパ、アフリカ、南北アメリカ、メガラニカ）から世界が成り立っていることを示していた。

メガラニカ（墨瓦蠟尼加）とはオーストラリアと南極大陸を一つにしたような先述の未確認の巨大な大陸のことである。リッチは色分けされた各国の地名をそれぞれ音訳して漢字で表記していた。収録された世界の地名はおよそ一一〇〇余であった。日本についても七道と諸国の国名が挙げられている。今日でも「亜細亜」とか「欧羅巴」とかの地名、「赤道」「南極」「北極」などの地理学用語が日本で用いられているのは、伝来したリッチのこの地図に由来するのである。

ヨーロッパの大航海時代の成果を盛り込んだ世界地図がこうしてアジアに伝わり、シナでまず出版され、ほとんど間を置かずに日本にも伝えられたからといって、関心をもつ知識層は別として、一般人の世界認識が急に変わるものではない。どちらかといえば日本人は素直に世界地図を受け入れたのに対し、シナ人は抵抗した。シナの地理学者たちは今まで世界の四分の三はシナが占めているともっぱら主張していた関係で、簡単にこれを認めなかった。

日本人が南蛮渡来の情報に早くから接し、心の準備ができていたからともいえようが、魂の救いは西方浄土から海を越えて渡ってくるという太古以来のこの国民の心性、自らを空にして遠い外つ国の良き文明に学ぶにしくはない、という伝来の精神的態度に比して、自分の国を世界の中心存在であると信じて動かないシナ人の我執は、この問題でも心を開くことが簡単ではなかった。

マテオ・リッチは漢字で書いた自分の仕事が海の向こうで日本人から尊重され、歓迎されていることを伝え聞いて大変に喜んだという。リッチの世界地図が舶来する以前にわが国にはすでにヨーロッパ式世界地図が紹介されてはいたものの、アルファベットは読めないので、南蛮屏風のための絵柄として用いられていたにとどまるようだ。それゆえ漢字表記のリッチの『坤輿萬國全圖』はたいへんに珍重され、日本の地理学に、また世界認識に、著しい影響を与えたとみていい。のちに新井白石ももっぱらこれを利用したし、一六四〇年代以後にわが国の手で各種の世界簡略地図が刊行されたときのその種本はリッチの同地図であった。

〝未開の溟海〟太平洋の向こう側は新井白石も考えようがなかった

それにもかかわらず、と私は敢えて言いたいのだが、日本人の海に関する観念、ことに太平洋についての距離感覚はまことに頼りないものであった。長崎に居住し、海外図書の閲覧だけでなくオランダ人から直かに情報を得ていた西川如見(じょけん)という人がいて、『増補　華夷通商考』(一七〇八年)や『日本水土考』(一七二〇年)などを著した。いずれも当時最新の知見をまとめたものだというが、太平洋をただ暗い空間として恐れるのみで、アメリカへの方向感覚さえ定かではなかった。

「日本の東は溟海遠濶世界第一の処にして、地勢相絶す。故に図上には亜墨利加洲を以て東に置くと雖も、地系還って西方に接して、その水土陰悪偏気の国なり。地体渾円の理を按ずるときは、則ち当に亜墨利加を以て西極に属すべし。」

（西川如見『日本水土考・水土解弁・増補華夷通商考』
飯島忠夫・西川忠幸校訂、岩波文庫、二〇一八年）

（日本の東方は世界一大きい海原が遥か遠くなみなみと水を湛え、人知の及ばぬ地勢である。だから地図の上ではアメリカはわが日本の東に位置するといえども、大地を逆に回って西の果ての地として理解するほうがよい。その地理風土は災厄を奥に秘め、正常とはいえない国である。大地の形が理論上球体であるというのなら、アメリカは西の最果ての国と見なすべきである。）

太平洋は何か恐ろしく巨大で、その向こうにあるアメリカのことはさっぱり分からない、もうお手上げだ、と端から降参しているのである。日本人にとって文明は歴史上つねに西のほうからやって来た。ならば分かり易い。西のほうへどんどん進んで行って、わけの分からないアメリカのことは後回しにしよう、地球が丸いのなら西へどんどん行けばいずれは出合えるだろう、それまでアメリカのことは考えないようにしたい、そう言っているように読める。

世界地理の知識において一七世紀末から一八世紀にかけてわが国で最も視野が広くかつ最も見識が高かった知識人は、いうまでもなく新井白石であったことに異論はないだろう。その彼にしてこと太平洋とその方面の知見に関する限り、西川如見の認識とほとんど大差はなかったのだ。

白石はよく知られている通りイタリア人宣教師シドッチの取り調べを機縁にして世界を知ろうとする探求心に燃え、『西洋紀聞（せいようきぶん）』と『采覧異言（さいらんいげん）』の二著を著した。前者は秘本とされて人目に触れることも少なく、刊行されたのは明治になってからだったが、後者は数少ない体系的な地理書として当時から広く読まれた。シドッチや長崎のオランダ人からの聴き取りによる白石の世界総論は、ヨーロッパ、アフリカ、アジア、南アメリカ、北アメリカの順に叙述された。シドッチの説明があやふやなのに気づいて、「メガラニカ」を省いた見識はさすがである。が、問題はアメリカに関連して、ひいては太平洋に関連しての彼の関心と知見の程度である。『西洋紀聞』はその題名からして〝ヨーロッパ事情伝え聞きの本〟ということであるからヨーロッパの一七カ国にも触れ、南北アメリカについてはわずかにメキシコ、カナダ、ブラジルの三カ国に記述が限られるのは当然であるかもしれない。しかし『采覧異言』はシドッチ以外の人の伝聞も多く採用されていて、ヨーロッパは二五カ国、南アメリカが一一カ国、北アメリカが一三カ国という構成になっている。アメリカへの関心も急に高まっていることが目を引くが、北アメリカはメキシコ、キューバ、ドミニカ等々の中米がほとんどで、わずかに「角利勿爾尼亜(カルホルニア)」が目を引くのみであり、他は地名も定かではない。考えてみれば幕政を引退してから著述家になった新井白石の活動期(一七一六—二五年)には、アメリカの歴史の展開もまだ混沌とした初期の薄明の中にあった。

当時、シナ大陸とアメリカ大陸とを結ぶ太平洋航路は存在しなかった。それは当然である。一八五三年のペリーの浦賀来航時にもまだ開かれていなかった。ペリーを乗せた蒸気船は喜望峰を回ってインド洋経由で日本にやって来たのである。スエズ運河が開設されたのもやっと明治維新の翌年である。

太平洋が日本人にとっても西洋人にとっても長い期間いかに深い暗い茫々とした未開の溟海であったかが思い知らされる。西洋でもその頃までは南と北に大きな二つの海が別々に存在するなどと考えられていた。太平洋は一つの海だと世界に知らせたのは一七六八年から八〇年の間に三たび行われたジェームズ・クックの探検航海の成果であった。さらに日本人に一つの巨大な大洋としての海原の存在を教えたのは、一八〇四年に長崎に来航したロシア使節レザノフであったらしい。ごく大雑把にいえば、一八世紀まで日本人はその最上部の指導層においてすら、自国の西については多少の知識を持っていたが、自国から東については、現代人が太陽系惑星圏の外を見ているのと同じような無限定なものへの眩暈（めまい）にも似た感覚であったであろう。

序でにいえば、ジェームズ・クックはロシアと結んで秘かに日本の軍事侵略を企図していたが、徳川幕府の知るところではなかった。西に比べて東の太平洋のほうは広すぎて知識不足であった日本人のこの姿勢は、二〇〇年後の第一次、第二次世界大戦にまで根深く尾を曳いていたように思われる。

地球の果てを見きわめようとする西洋人の情熱は並外れていた

これに比べヨーロッパ人の行動力は比較を絶していた。野蛮な冒険心と黄金をめざす海賊行為が基本にあったとしても、地球の果てを見きわめたいという情熱は並外れていた。スペインを出て大西洋を西へ進んでアメリカ大陸の彼方にも海があることを知った最初のヨーロッパ人の名はバスコ・ヌネス・デ・バルボアといった。彼はパナマ付近を西進し、一五一三年に地峡横断に成功して、渺茫（びょうぼう）たる太平洋が目前に無限に広がるのを見た。この美しい壮大なる海洋はスペイン領であると宣言した。

バルボアの名が後世に轟かないのは、独立国を作ろうとし、強欲と暴虐と放肆な行為もあって、スペイン国王から反逆罪に問われ、現地で処刑されてしまったからである。かくて西回りの太平洋航路を開発した栄誉は、フェルナーオ・マガラーエス（一般にマゼランと呼ばれる）の名に帰せられるのである。

この余りに有名な冒険家の事跡については今さらここで語らなくてもよいだろう。ただ彼は、南米大陸の端（マゼラン海峡）を越えて一五二一年にフィリピンに到着し、スペインの植民地樹立を計画するが、到着後ほどなく反乱部族の討伐戦で毒矢を射られて死亡してしまうのである。フィリピンまで辿り着いたという以上の功績はじつは彼にはない。残された部下が数々の冒険を経て三年かけてスペインに帰り着き、世界一周を果たし、マゼランの名を高からしめた。

このほぼ同じ彼の航路を通って、一五七七—八〇年に第二回目の世界周航をなし遂げたのは、イギリスの海賊王フランシス・ドレイクであった。じつはイギリスはスペインやポルトガルに負けない地球探検の実行者を輩出していた。

マゼランとドレイクの世界周航

彼らの中には太平洋もインド洋も横切らないでアメリカ大陸に行く航路を発見するという離れ技をやってのける者もいた。すなわちイギリスから北西に進んでアラスカの北からベーリング海峡を抜けてカムチャツカ半島より日本のほうへ出てくる北西航路がその一つだ。この航路で正式に成功が記録されたのは一五〇八年である。非公式にはコロンブスよりも早い北米大陸への上陸があったかもしれない（本書198頁参照）。

アフリカの南端、喜望峰を回ってインド洋を横切って太平洋へ入る航路を開発したのはもちろんポルトガル人である。何度も述べてきたように、アルフォンソ・デ・アルブケルケ提督率いるポルトガル海軍はインド洋の海上権を抑え、一五一〇年ゴアを攻略し、翌年にはマラッカ海峡を制圧した。マレー半島とスマトラ島に挟まれた海峡、シンガポールへ抜けるマラッカの重要性は今も昔も変わらない。アルブケルケがここに目を付けたのは香料の島モルッカに狙いを定めてのことである。島をめぐってまずはスペインと争うが、一五八〇年にポルトガルがスペインに併合され、両国が同じ国になる頃に新興国オランダが登場し、イギリスを交えて、一七世紀にアジアの海は騒然としてくる。日本や中国の船も入り混じって航行した海域なので、ヨーロッパの船が当時はまだ必ずしも絶対優位だったわけではないが、興味深いのはこの四カ国が地球規模で行動していることであり、無限の空間に挑戦するかのごときあの数学的情熱を秘めていることである。それでいて太平洋の中央から北へは行動が及んでいないことである。

マゼランもドレイクもその航路を見ると、南太平洋を西へ進んで、モルッカ諸島やフィリピンに辿り着いている。マゼランを苦しめたのは太平洋の予想をはるかに超えた広さであり、食糧の欠乏だった。太平洋の広さの恐ろしさは本当は日本列島から見て東側にある。彼らは近づいていない。当時の日本人も南の海のヨーロッパ人の動きは見ていたし、南の島々には果敢に進出してもいた。しかし列島から見て東側の太平洋はまったくの闇だった。ヨーロッパ人からの間接情報もなかった。あり得るはずもなかった。このことがわが国の近代史の孤独に深く関係したことは間違いない。日本列島は永い間、人影も、船影も、島影も見えない、何日かかっても陸地に辿り着きそうもない北太平洋という無の深淵につながる絶壁上に横たわっていたのである。

一六〇〇年代は〝オランダの世紀〟

一五五七年、ポルトガルがマカオを略奪した。マゼランの死後一五七一年、ミゲル・ロペス・デ・レガスピがフィリピン統治を再開し、三二〇余年ものスペイン支配が始まった。この二事件は今日のアジアにいまなお影響が及んでいる。

一五七九年、イギリス人トーマス・スティーブンスがインドに回航し、東方貿易への初めての関心を示した。同年、ポルトガル船が平戸に来航。一五八一年、オランダがスペインからの独立を宣言（独立の達成は一六四八年、ウェストファリア条約）。一五八二年は本能寺の変、九〇年が秀吉の天下統一。そして八四年に天正遣欧使節がスペイン王フェリペ二世に謁見している。

オランダ人は初めリスボンに出入りし、ポルトガル人からアジアの物産を買い受けて商売をしていたが、一五八〇年にスペインがポルトガルを併合した結果、オランダ人のリスボンへの出入りが禁じられた。そのため、オランダ人は勇躍決意し、自らアジアの海に進出して、直接物産の取引をすることとした。ここからオランダの時代が始まったのである。コルネリウス・ハウトマン率いるオランダ商船隊がジャワに到達したのは一五九六年である。

オランダは造船技術に秀でていた。また北欧を含むバルト海域の貿易で他国を寄せつけぬほど成功し、アムステルダムは世界金融の中心地となった。後に一七世紀は「オランダの世紀」と呼ばれたほどである。一六〇〇年にイギリスが、一六〇二年にオランダが東インド会社を設立したが、一六四〇年代にはオランダの船舶数はイギリスの一〇倍にも達していた。成功の理由の一つに日本が供給した金・銀・銅の独占貿易がある。周知の通りオランダが独り占めしたことは他国の羨望の的だった。

一六〇〇年にオランダ船リーフデ号が大分海岸に漂着、乗っていた英人ウィリアム・アダムスが家康に重用され、三浦按針(あんじん)と呼ばれたことは有名な事件である。同じ頃オランダ船はマカオ付近の中国海岸にも到達したことが記録されている。一六〇一年にはタイに商館を設けることを取り決め、カンボジアにも到達し、メコン河の河口に入港した。一六〇五年、オランダ船はオーストラリアの西海岸を遠望し、一六年には同地への探検隊を派遣している。一六〇九年に平戸に入港。同年、平戸に、翌一〇年にはジャカルタに、それぞれ商館を開設した。

一六〇三年に徳川幕府が開かれた。

支倉常長の欧州探訪は一六一三―二〇年のことである。

アンボイナ事件と幕府の外交失敗

この頃日本人はさまざまな形で海外に遊飛していた。あのアルブケルケ提督が一五五七年にリスボンで出した本に日本人と思われる人間像が描かれている。「彼らは信義を重んじ、相手の虚言に気がつけば直ちに取引を中止して立ち去る。他国に留まることを好まず、植民地を作らないし、持たない。きわめて言葉少なく、本国の事情を多く語らない。彼らは勇敢で、マラッカでは畏敬されている。マレー人は狡猾で信実に乏しいが、彼らは高貴の種族にして善良なる風習の民族である、……」

アントニオ・デ・モルガ『フィリピン諸島誌』(一六〇九年)には「日本人は意気ある人民で、性質は温良であり、また勇敢である。自国固有の服装をなし、綿布の着物をつけ、長さは脛の半ばに達し、前は開く……腰には大小の刀を佩き、髪は少ない。風采動作は高尚であり、儀式と礼節を尚び、名誉を重んじる。大いに尊敬すべき民族であり、かつ困苦欠乏において果断な人々である」と評されている。

一六〇四年シンガポールの近くのビンタン島沖で日英海戦があった。日本人の乗る小船をイギリス人の海賊が襲った。ただしだまし討ちを企て、饗応接待している間に日本船を奪取しようとするのに日本側は気がつき、激烈なる戦闘が開始された。数倍のイギリス人を撃破し、船長を倒した。

　スペイン支配下のルソン島のマニラには日本人が多く居住し、日本人町もあった。一六〇六年にここの住民がスペイン官吏と衝突し、一大椿事に発展しかけることが起こった。カトリックの神父が調停し、こと無きを得たが、こうした一連の日本人の絡む事件に、徳川幕府は自国民保護の明確な国家意思を必ずしも示さなかった。とかくに軟弱な外交姿勢が目立った。このときもフィリピン政庁にあてて「近年貴国に到る日本人、悪逆をなす輩は、呂宋（ルソン）の法度のごとく成敗さるべきなり」との申し状を送った。海外にある日本人は悲憤やる方ない思いだったといわれる。

　内乱をくり返していた当時のわが国にはまだ南蛮紅毛人に対する統一的国家方針というものがきちんとできていなかったためかもしれないが、今のわが国の外交にも通じる事無かれ主義、曖昧主義だったとするならば、これは考えさせられる問題である。

　このことの正否を占うにふさわしいアンボイナ事件（一六二三年）という、日本人もまき込まれた南の島の国際紛争を取り上げてみたい。

　香料の産地モルッカ諸島（現・マルク諸島）の位置をいえば、ニューギニアとセレベス島（現・スラウェシ島）の中間の海に並ぶ一群の島々である。その南部にアンボイナ（現・アンボン）という中心地がある。一七世紀初頭にはイギリス、ポルトガル、オランダの三国による最も激しい係争地だった。そこに辣腕のオランダ東インド会社総督ヤン・ピータースゾーン・クーンという人物が登場する。クーンは機先を制してアンボイナを攻撃し、在留するポルトガル人、イギリス人を虐殺した。そのときおよそ二〇人の日本人も共謀者と見立てられ、殺害された。事件のあらましは以上の通りである。イギリス人で殺されたのは一〇人余だが、国家の受けた打撃は大きく、イギリスは香料の島モルッカを諦め、今のインドネシア地域一帯から手を引き、これを転機にしばらくはインド経営に専念することとなったほどである。オランダの強さとイギリスの敗退を印象づけた事件だった。

クーンは植民地王国確立のために命を捧げた人で、オランダにとって記念すべき総督であったが、現地住人を多数虐殺し、独占・排他を貫いて、インド駐在のあるイギリス高官は「クーンをイギリス古代の極刑たる絞首架刑に掛けたとしてもなお飽き足らない」と言ったと伝えられるほどに嫌われ、恐れられていた。

西洋各国のアジア支配に際しては、どの国にも必ずクーンのような人物が歴史の実行家として登場する。イギリスからも後にラッフルズという人物が出てくるように、例外はない。クーンは〝分割して統治せよ〟の植民地支配の鉄則に忠実で、ジャワの回教王国の力を殺ぐのに王室内のお家騒動をさんざん利用するなど、武力よりも術策と狡猾によって勝ちを収めることにも決してぬかりはなかった。

マタラムという国の王が、ジャワの主権者は自分であるからオランダ使節を派遣するようクーンに求めると、クーンは「総督はマタラム王の友人であるも、その下僕たるを欲しない」と応答し、オランダ政府以外のなにものにも服従しない意を示した。ただちにマタラム軍による海上からの猛烈な夜襲がかけられた。クーンはわずかの手兵で奮戦し、そのときは一時的に難を逃れたが、翌年の再度の襲撃で病を得て、死去した（一六二九年）。

クーンの一連の政策はイギリスの深刻な怒りを買った。アンボイナで多くの原住民（戦前には土人という語が当てられた）が虐殺されても抗議しなかったのに、一〇人のイギリス人殺害に憤慨し、そのために英蘭戦争が起こったのかとさえ思えるほどである。オランダは一六五四年に賠償金六〇〇〇ギルダーを支払ったが、完全な諒解には至らなかった。アンボイナの和解は二度目の英蘭戦争の後に締結された一六六七年のブレダ和平条約成立後と言われている。イギリスがそれほどにも執拗に報復した案件であったが、日本人が二〇人も殺されたのに、徳川政府は抗議ひとつせず、沈黙したままだった。オランダからは「土人の死」と見なされていたに相違ない。このことは日本の国内にある感情の高まりを引き起こしていたと想定される事件がつづいて台湾で起こった。

オランダがポルトガルやスペインと争って台湾を占領し、二つの城塞を築いたのは一六二二年、アンボイナ事件の前の年である。しかし日本はこれより先に台湾中南部で中継貿易を営んでいた。オランダが勝手に新たに入りこんできて、輸出入品に一割もの高関税を課したので、日本人は毅然として反対して、承服しなかった。日本人に台湾統治の意思はなく、自由貿易だけを求めていたと考えられる。オランダは日本の勢力を畏れ、日本人にだけは関税を免除したが、関税を除く諸税は納めなければならないと命じた。後から乗り込んできたオランダ人に納税を命令される理由はまったくないと考えた日本人は、オランダの主権を認めない態度を貫いた。

それにもかかわらず一六二五年、台湾に入った日本商船は税として絹を没収され、船主は長崎奉行に訴えた。幕府は朱印船に課税することは許されないとの書状を送ったが、効果はなかった。長崎の代官に末次平蔵という人物がいて、シナ大陸に絹や物資を送る船を中継地台湾に出したが、オランダはこれにも関税を要求、日本とオランダとの対立はここに決定的となった。一六二六年、かのクーンが登場し、特使を日本に派遣して来た。特使の名はピーター・ヌイツ。平戸を経て江戸に入り、将軍閣老に接し、日本船の渡航禁止を陳情したが、末次平蔵の強硬な反対意見などもあり、幕府の議は決せず、ヌイツは空しく帰国した。

ところがここから情勢は急変するのである。翌一六二七年、末次の船が台湾に入港すると、ヌイツはこれを港に抑留した。前年の失敗に対する報復と思われる。一六二八年、船長の一人が脱出して帰国し、事の次第を末次に語ると、豪気な彼は大いに怒り、復讐の計画を進めた。日頃から目をかけていた濱田彌兵衛という長崎の町人――勇気と義俠心のある男に相談するや、つねづね幕府の軟弱な態度に不満を抱いていた濱田は、兵を大坂で募り、大砲数門、小銃二〇〇挺を準備、四七〇人の乗組員をのせた船二隻をもって、台湾に向かった。台湾ではヌイツが甚だ恐れおののき、防備に汲々とした揚句、卑怯な策をこうじていた。

通商を申し出て来た濱田彌兵衛に向かって、ヌイツは、濱田自ら上陸して台湾総督に請願するのが慣例であると返書で言ってきた。そこで濱田は部下五人とともに上陸し、ヌイツの官邸に赴くやいなや、たちまち捕縛監禁されてしまった。しかもその間に日本船が襲われ、武装解除をさせられた。濱田は自分は何も求めないですぐに帰国するから釈放せよと要求したが、ヌイツは傲然と拒否した。その瞬間、濱田はいきなりヌイツに飛鳥のごとくとびかかり、右手の短剣を胸に当て、左手で髯（ひげ）をつかみ、仲間の手を借りてヌイツを高手小手（たかてこて）に縛り上げた。騒げば息の根を断つと脅しのポーズのまま六日間交渉がつづけられた。ヌイツの息子を含む五人のオランダ人を人質とすることを承諾させ、多額の賠償を支払わせて、濱田彌兵衛一行は意気揚々として日本に帰国した。

事件は末次平蔵を通じて幕府に報告された。今回ばかりは濱田らの豪胆な行動は正当であるということを幕府は認めた。平戸の貿易禁止が通告された。驚いたのはジャワ本島にいるオランダ総督クーンである。あの剛直果断の男が日本の決定にだけは手が出せない。別の特使を日本に派遣し、謝罪したがうまく行かない。末次平蔵があくまで断乎たる強硬政策を主張し、台湾における二つの城塞は日本貿易の障碍であるから、これを日本に引き渡すか破壊するかいずれかを求めると建議し、日蘭交渉は不調に終わった。

ジャワ本島のオランダ総督は日本との貿易を断つことだけはどうしてもできないと考えたのであろう、日本に譲歩して事件の張本人であるヌイツを日本に引き渡すことにした。一六三一年ヌイツを人質にしたことで幕府側は折れ、オランダの対日貿易の再開が許可された。ヌイツは平戸で獄に投じられたが、先に人質として連行されていた息子はその二年前に病歿していた。これもまた歴史の嵐の影に潜む悲劇の一例である。さらに一六二九年にクーンが、そして翌年（寛永七年）に末次平蔵が歿している。主役の二人が歿して、日蘭の嵐は鎮まり、次の時代へと移ることとなる。

一六三三年には早くも後に「第一次鎖国令」と呼ばれるものが出されている。三〇年代に「海禁」政策は完成する。これがなければ台湾は日本領になっていただろう。前に見た通り、その後オランダから台湾を解放したのは鄭成功だった（本書341頁参照）。

ふり返ってみると、オランダ政府は一貫して徳川幕府に対し恭順の意を表わし、低姿勢だった。日本人はいつも威張っていた。何も危機感を持たず、優柔不断でも安全だった。なぜだろう。スペインやポルトガルは宗教を押しつけて来たが、オランダは政教分離で、商行動と信仰とは切り離していたからだ、という説があり、それもそうだと思うが、果たしてそれだけだろうか。

埋蔵されていた金・銀・銅と太平洋のあの途轍もない広さがこの国を守り、呑気な行動を許してくれたのである。そして、この好ましい環境にときどき不安と怒りを覚える末次平蔵や濱田彌兵衛のような人物が現われてはまた消えるのも、今も昔も変わらないことに同じ日本人の姿であると感慨を新たにするのである。

世界に一枚しかない年表をお見せする

江戸時代の日本をとり巻く国際環境は前半と後半とでは大きく変化している。一六―一七世紀と一八―一九世紀のアジアの日本周辺の出来事を年代記風にまとめてみると、その違いが自ずと分かる。

一五一一年　ポルトガル、マラッカ海峡制圧
一五二一年　マゼラン、フィリピンに到着
一五四三年　種子島に鉄砲伝来
一五七七―八〇年　英人ドレイク、世界一周成功
一五八〇年　スペインがポルトガルを併合する。この頃オランダが登場し、イギリスを交えてアジアの南の海は騒然としてくる
一五八一年　ロシアのコサック兵団、西部シベリアに侵入
一五九〇年　秀吉の天下統一
一五九六年　オランダ商船隊、ジャワに到着
一六〇〇年　イギリス東インド会社設立。オランダ船リーフデ号、大分の海岸に漂着。英人ウイリアム・アダムス（三浦按針）が乗っている
一六〇二年　イギリスに間を置かず、オランダ東インド会社設立
一六〇三年　徳川開幕
一六一二年　イギリス船、平戸に入港

一六二三年　アンボイナ事件（英人と日本人とポルトガル人がオランダ人に虐殺される）
一六二八年　台湾事件（末次平蔵、濱田彌兵衛の活躍）
一六三五年　幕府、日本人の海外渡航並びに帰国を禁じ、いわゆる「海禁」政策発足。翌年、長崎の出島完成
一六四〇年　ロシア、ヤクーツクにバイカル湖以東の侵略策源地を定める
一六四一年　オランダ、ジャワとその周辺諸島の決定的支配権を握る
一六五一年　ロシア、イルクーツク市を創設
一六五五年　西太平洋における鄭成功の海軍勢力（艦艇一〇〇〇隻、兵力一〇万余）、最高潮となる
一六八三年　鄭民台湾は清によって制圧され、海戦に敗れ、ヨーロッパが世界の海のほぼ全域を監視干渉することとなる
一六八九年　露清間にネルチンスク条約
一六九八年　ロシアによるカムチャツカ半島の初探検が行われる

以上、一六―一七世紀の年代記をずっと順々に読んでいただくと、日本を取り巻く大航海時代の諸外国の一連の動きがひとつながりの物語のように読みとれるであろう。ヨーロッパの海洋勢力は太平洋の西南方面に集結し、互いに争いながら少しずつ力を強め、やがて西南全域に覇を唱

える。秀吉から家康への日本史の転換期に、ロシアがシベリアをゆっくり東進して来る。ロシアはまだ海上には出て来ない。日本はいわゆる「鎖国」（海禁政策）に入る。西太平洋の海上はしばらく日本人の母を持つシナ人鄭成功が暴れるが、永つづきはしない。太平洋の西南方面とはマラッカ海峡から香辛料の集散地モルッカ諸島にかけての地域だが、そこを中心に通商に励むヨーロッパ船団が、決して北太平洋、すなわち日本列島の東方海上には立ち入っていないことにあらためて注目しておきたい。

太平洋全域を眺めてみると、オーストラリアもインドネシアも地図上では太平洋の西側に片寄りすぎていて、東側は海ばかりがじつに広い。インド洋も大西洋ももちろん広いが、太平洋の広さはその比ではない。とりわけ北太平洋が目を引く。

地図ではなく地球儀を目の前に置いてぐるぐる回してみると、日本列島と北米大陸にはさまれた北太平洋の広大さにあらためて驚異の念を覚えるであろう。南太平洋ももちろん広い。しかしここにはタヒチ島をはじめ島々が点在しているが、北太平洋はハワイがぽつんと真ん中にあるだけで、何もない広漠たる空間である。

ポルトガルの船団はアフリカ南端の喜望峰を回りインド洋を渡って東進し、太平洋の西南に入った。マゼランはスペインを船出して、南米大陸の南端を回って太平洋を西進し、フィリピンに到着した。いずれも北太平洋にはまったく近づいていない。

このことはわが国の鎖国政策を可能にした地政学的条件の一つであったと考えられる十分な根

拠がある。すでに述べた通り（339—343頁参照）、日本政府は外国船団に恐怖を感じることはなく、平戸や長崎で交易を求めてくる外国に対し優越した態度で接遇し、南の海で何が起こっても涼しい顔をしていた。金・銀・銅の埋蔵に恵まれ、自分から危険を犯して海外へ出て行く必要はなかった。せいぜい台湾でオランダ人と衝突事件を起こした程度である。それもオランダ側がすぐに折れて出た。日本との交易権を失いたくなかった一心からである。もしも日本列島がフィリピンの位置にあったら、南蛮勢力は北からも東からも攻めることができた。しかし徳川幕府がどの程度気がついていたか分からないが、列島は北太平洋という不可侵海域に無言のうちに守られていたのである。

マゼランVSドレイクの「世界一周探検」は民族対決だったのか

フェルディナンド・マゼラン、フランシス・ドレイク、ジェームズ・クックという世界一周を果たした探検家のいくつかの航路を地図の上で確かめ、今私が申し上げた魔の海域としての北太平洋の文明論上の意味を明らかにしたい。

マゼランの航路（次頁、図4—2）は単純明快である。スペインが起点で、大西洋、南太平洋を横切ってフィリピンに到達し、既述の通りそこで不慮の死をとげた。一五二二年、部下たちがインド洋を回って帰国し、最初の世界一周航海としての名を残した。

彼らを苦しめたのは南太平洋の途方もない広さだった。すべてが予想に反し、食糧は底を尽き、

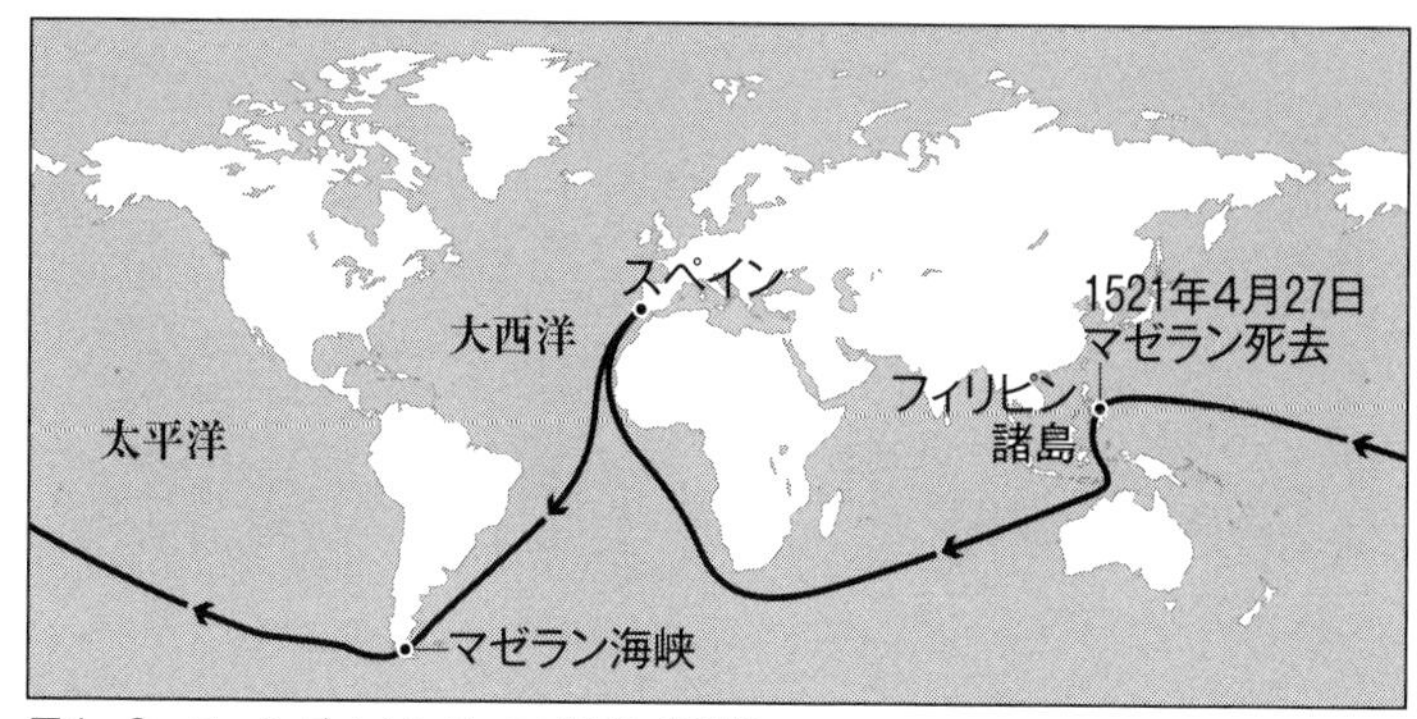

図4－2　フェルディナンド・マゼランの航路

図4－3　フランシス・ドレイクの航路

帆桁に張りつけてあった牛の皮を食べ、腐敗し黄色くなった水を飲んだという記録も残されている。壊血病と栄養失調で隊員はばたばたと死んだ。それは当時の他の航海者たちをもほぼ例外なく襲った運命だった。

英人フランシス・ドレイクはマゼランより約六〇年後に完全な世界一周を成し遂げ故国に生還した怪傑(かいけつ)である。スペイン帝国を打倒しようとしたこの時代のイギリス魂を最も激しく代表する一人だった。ドレイクの航路（前頁、図4―3）は見ていただければ分かるように、マゼランと違って、まず最初に南米大陸をチリやペルーの沿岸に沿って北上し、それから北米大陸をも現在のオレゴン州のあたりに立ち寄ってからようやくアメリカを離れ、太平洋を西へ向かった。各沿岸のスペイン植民地を襲撃するのが目的だった。スペインの船もろとも金、銀、貨幣、装飾品などの財宝を奪い、すべてをエリザベス女王への土産とした（一五八〇年）。その額は当時のイングランドの国庫財政よりも多かった。後年の英国海軍の先駆けともなった海賊ドレイクの物語は、すでに本書の一九八頁以下で取り上げた通りだが、彼の世界一周のその後の航路もまた、ご覧の通りモルッカ諸島などアジアの南西の海をめざし、北太平洋に近づくことを知らなかった。

以上は一六世紀の出来事である。一七世紀はヨーロッパ各国が互いの戦争で忙しく、それに伴いアジアの海も諸対立で荒れたが、地球規模の目立つ新しい航路発見の冒険は行われなかった。徳川幕府が安閑としていられたのはそのせいである。しかも北太平洋の平和はさらに約一〇〇年くらいつづいた。一七―一八世紀を通じて日本が例外的平和を守っていたのは四囲の国々が見て見ぬ振りをしていたからである。

一八世紀後半に現われた本格的世界探検家ジェームズ・クック

ただし新しい海洋探検者は一八世紀後半にやっと現われた。スペインに一歩遅れを取ったことを自他ともに許せないという対抗心を剝き出しにしていたのはイギリスだった。そのイギリスからジェームズ・クック、別名キャプテン・クックが登場した。彼は三度にわたる航海を試みた。第一回は一七六八年―七一年、第二回は一七七二年―七五年、第三回は一七七六年―八〇年である。第三回目でクックは初めて北太平洋に入ってハワイを発見した。

第一回航海以来、壊血病による死者を出さずに世界周航を最初に成し遂げることに成功したことが特筆される。クックの活動期間はちょうどアメリカの独立宣言とフランス革命と重なっている。日本は平穏そのもので、田沼意次が老中となり（一七七二年）、本居宣長が『古事記伝』の序「直毘霊（なほびのみたま）」を著し（一七七一年）、『解体新書』が完成した（一七七四年）。さらに浅間山大噴火・天明の大飢饉（一七八三年）へと続き、松平定信が老中となり（一七八七年）、寛政の改革の時期を迎える。

ここでジェームズ・クックの航路（379頁、図4―6）を点検してみよう。三度にわたる航海の最初の第一回は一五〇〇年前のマゼランや一〇〇年前のドレイクと同じように、南米ホーン岬を回って太平洋西南の海域を経て帰国し、第二回はその逆の航路を辿っている。どちらも南太平洋の南方面、ニュージーランドの周辺にひどくこだわり、第一回はそのあとオーストラリアの東海岸に到達し、ニューファンドランド島やニュージーランドの海図を作製した。ニュージーランドの北島と南島を分ける海峡を発見して、クック海峡と名づけた。

王室がこのとき彼を派遣した表向きの理由は、金星の太陽からの距離、日面通過の観測を目的とし、タヒチを選んで居館を建てさせたのも観測最適地だったからである。けれども、実際には別の目的があった。クックはオーストラリアとニューギニアが陸続きでないことを確認すると、一七七〇年八月二二日、オーストラリア東岸の英国領有を宣言した。イギリスの野心は明らかだった。

クックは第二回航海で、ヨーロッパ人として初めて南極圏に突入した。彼は南緯七一度一〇分まで南下し、もうあと少しで南極大陸を発見するところだったが、濃い霧とマオリ族の抵抗に阻まれそれ以上の進入を諦めた。しかしこれがいかに大胆な先見的偉業であったかは、次の人類による南極圏突入が半世紀後だったことからもうかがい知ることができる。

こうしてみると航海は困難で、冒険的で、危険を孕む行為であって、地球規模で競い合って動いていた当時のヨーロッパ人のパワーには何のかんのいってもやはり脱帽せざるを得ない。江戸の小春日和をのんびり愉しんでいた日本人は一〇〇年後に手ひどい目に遭うことになる。

クックの第三回目の航海は、図を見ての通り、ヨーロッパ人の今までのすべての航海をくつがえす内容を示している。これまでクックの大航海といえば南半球に関して語られることが多く、北半球を主目的とした最後で最大の航海であった第三回目は、初めて「北太平洋」に入り、ハワイを発見し、アラスカからベーリング海峡に及び、太平洋の全貌は彼によって明らかにされたといっても過言ではない。

それでは、一八世紀の日本列島周辺の年代記を見てみよう。先に挙げた一六―一七世紀のそれとの大きな相違、局面の変化に目を奪われるであろう。

世界に一枚しかない年表（二頁目）

一七〇七年　ロシア、カムチャツカ領有
一七一六年　吉宗八代将軍に
一七一九年　フランス、東インド会社創設。デフォー『ロビンソン・クルーソー』刊行
一七二二年　清朝、雍正帝即位。ロシア人千島を探検する
一七二八年　ピョートル大帝の意を体したベーリング第一次探検隊、いわゆるベーリング海峡を確認する。ロシア人、ラッコの毛皮交易の重要性に初めて着目
一七三四年　ロシア、中央アジア遠征隊、キルギス征服
一七三五年　清朝、乾隆帝即位
一七三九年　元文（げんぶん）の黒船。ロシア人シュパンベルクとウォルトン（ベーリング別働隊）、前年に

千島を南下し、ふと立ち寄るふうに日本本土に来航する
一七四〇年　バタヴィアでオランダ、一万人規模のジャワ島民虐殺
一七四一年　ベーリング、アメリカ大陸（アラスカ）を発見
一七四六年　フランス、マドラスからイギリスを駆逐する
一七四九年　ジャワのマタラム王国、オランダに屈服し主権を失う
一七五七年　プラッシーの戦い、英仏本土での交戦（「七年戦争」）インドに波及
一七六二年　イギリス、マニラ占領
一七六三年　イギリスがカナダ、ミシシッピ以東のルイジアナ、フロリダを獲得する（パリ条約）。フランスはカナダにつづいてインドも失う
一七六五年　ワット蒸気機関を発明
一七六八年　ジェームズ・クック第一次世界周航出発
一七七〇年　クック、ニュージーランドの三カ所に英国旗を立て、オーストラリア東岸を英領と宣言。フランス東インド会社解散
一七七二年　田沼意次老中となる。クック第二次世界周航出発
一七七三年　英人ヘイスティングスがインドを虐政により強制統治。イギリス東インド会社がインドでのアヘン専売権獲得。イエズス会解散
一七七四年　杉田玄白・前野良沢『解体新書』成る

一七七六年　クック第三次世界周航出発。ハワイに到達、アラスカ海岸を北上探査してベーリング海峡を抜ける試みに失敗してハワイに戻り、七九年不慮の死をとげる。アメリカ独立宣言
一七七七年　オランダ、ジャワ全土征服完了
一七八三年　ロシア、コディアック島（アラスカ）を占拠、北太平洋活動の拠点を固める
一七八四年　クック航海記刊行。世界中で読まれ、ラッコ毛皮交易の拡大に火を点ける
一七八五年　フランス、ラペルーズ探検隊、宗谷海峡を抜ける
一七八九年　ヌートカ湾事件。フランス革命

年表をどう作成するかは歴史叙述の要諦だから、以上はどこにもない年表である。

ご覧の通り今まで魔海であった太平洋の北半分が動き出した。一八世紀の前半はロシアの伸長、後半はイギリスの拡大が目立つ。一七世紀に輝いていたオランダが、ジャワ島にこだわりつづけ、手足を取られ、広い自由な活動ができなくなりつつある。北太平洋をめぐる競り合いにオランダは顔を出せない。フランスは北太平洋の探検競争に進出はするが、本国が革命騒ぎで不安定で、競り勝ったとはいえない。

フランスはイギリスとの大きな戦いに敗れ、カナダとインドを失う。英仏対立はアメリカの独立戦争とも関係してくるが、フランスのこの敗北は後まで尾を引く。スペインも北米大陸でイギ

リスと衝突する。トルデシリャス条約（一四九四年）という古証文を楯にアメリカの二つの大陸をすべてスペイン領と主張する頑迷さはさすがに認められない。イエズス会解散はスペイン没落の徴候であり、フランス革命の年に起こったヌートカ湾事件――近年にわかに歴史学的に重視され始めた事件――はイギリスがスペイン帝国を追いつめた国際的危機の一例だった。

オランダ一国にのみ門戸を開いていた日本は、こうした世界全体の動きをどこまで知っていたか。オランダが国際場裡でどのようにして力を失っていったかについてもおそらく知識を持たなかったであろう。北太平洋でロシアとイギリスがにわかに急激な速さで列島の近辺に迫るに至った理由がラッコという小動物の毛皮の獲得と交易にあったこともまったく気がついていなかったろう。オランダはその経済的争いに関しても場外にいた。日本の「鎖国」とは何であったかを新たに理解するためにも、北太平洋の歴史知識は不可欠である。

英露「北西航路」を開く野心と戦争、両国は名誉を賭けて戦った

いわゆるベーリング海峡が確認されるまで北米大陸はアジアの一部かもしれないと考えられていた。もし海峡の存在が確かめられ、二つの大陸はたしかに切り離されているのなら、大西洋の船がそこを通過して、北極海から直かに日本、中国、インドへ向かうことができるはずであろう。インド洋や南太平洋を航行する必要もないであろう。一八世紀のヨーロッパ人の熱い願いはここにあり、国家的野心でもあった。ロシアのピョートル大帝は晩年病床にあってこの思いをしきり

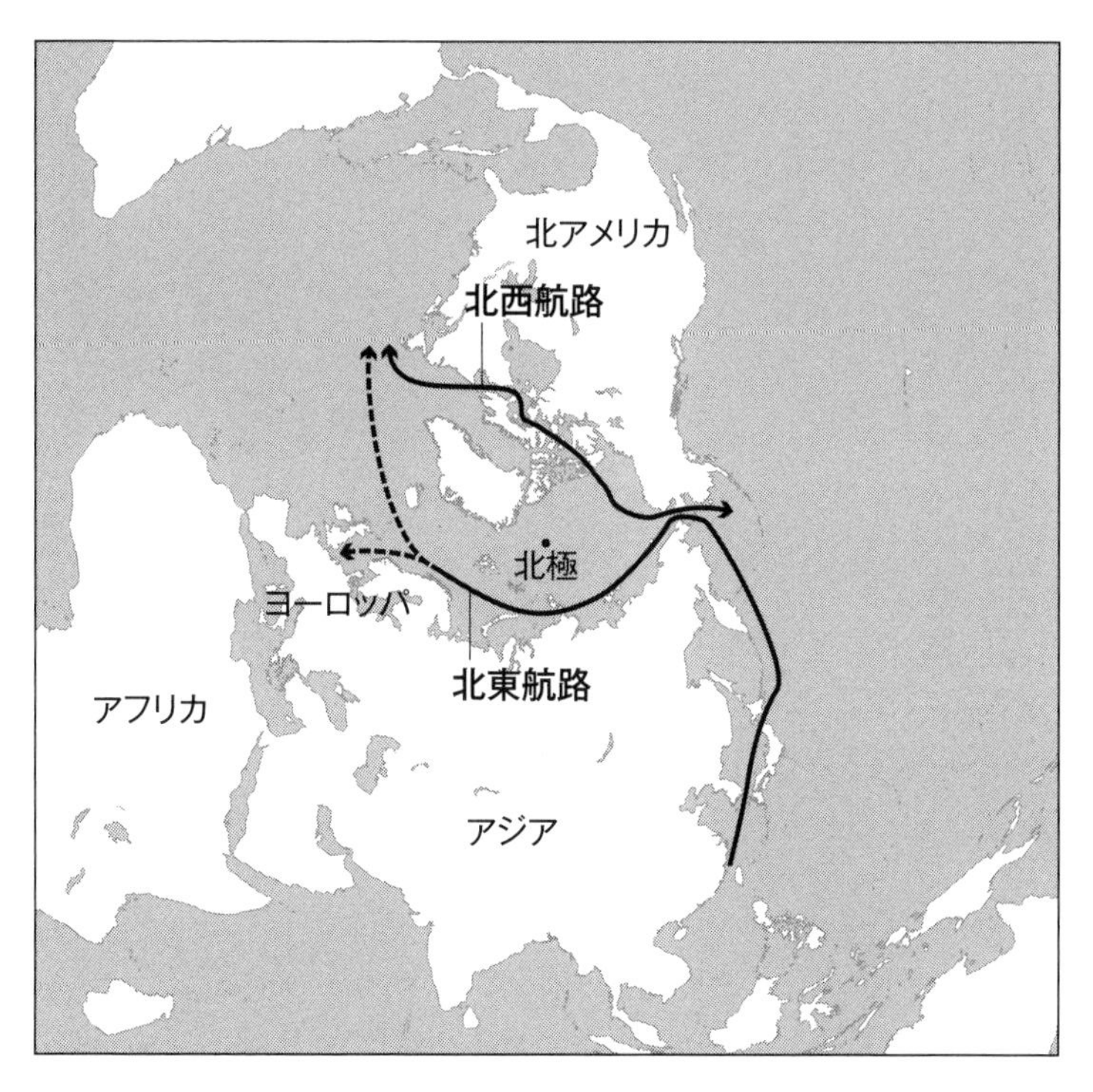

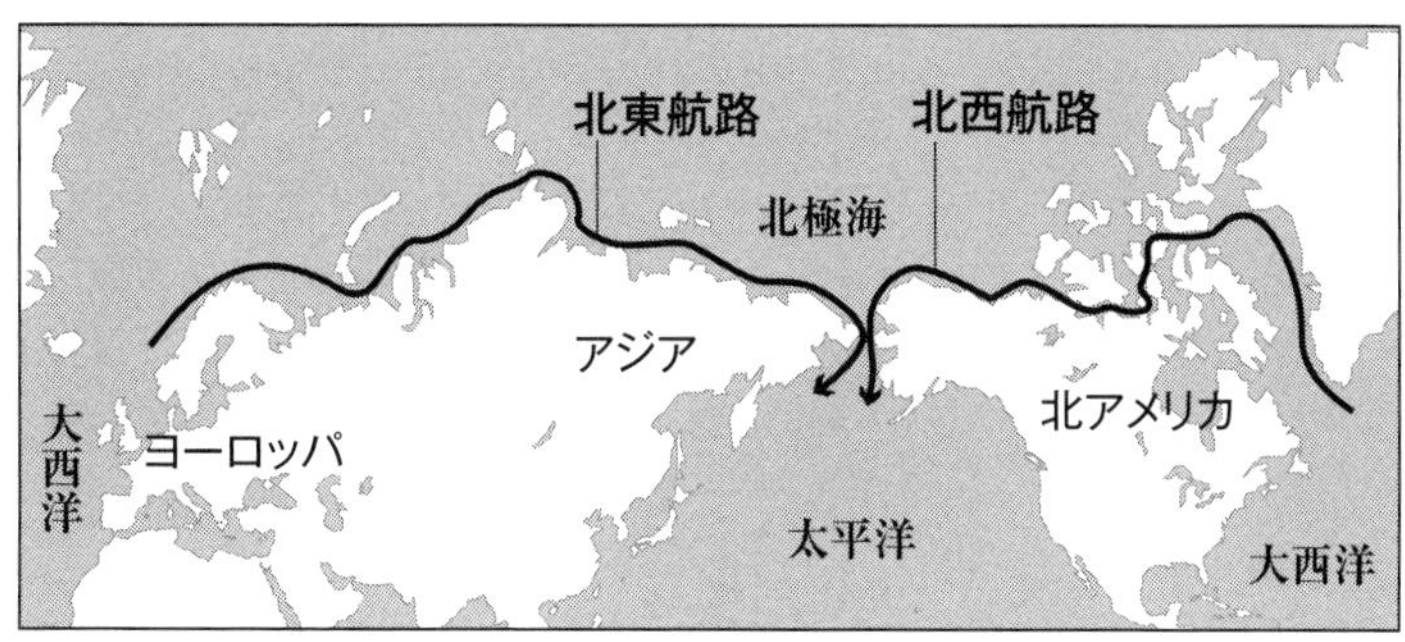

図4－4　北東航路と北西航路（上図は大塚夏彦北海道大学北極域研究センター特任教授、下図は高橋修平北見工業大学名誉教授の論考をそれぞれ参照した）

に吐露し、指示を与えたそうだ。

地図を見れば分かるように、カムチャツカを領有したロシアは海峡を北へ抜けるにはシベリアの陸路を主に使ってどんどん東へ進み、カムチャツカから船出すればよいのである。他方、イギリス人も逆の回路で同じ願望を激しく抱いていた。イギリスの港を出て北西に進み、グリーンランドの南を抜けてどんどん西へカナダとアラスカの北辺を進めばよい。なるほど地球は丸いのである。イギリス人はアジアへの航路発見でスペインとポルトガルの後塵を拝したことが何とも口惜しく、喜望峰だのホーン岬だのを迂回するあの長大な航路に代わる最短コースはないものかとずっと考えていた。北米大陸の北を回って大西洋と極東を結ぶ道があるに違いない、と早くに判断し、これを「北西航路（ノースウエストパッセージ）」と呼んだ。探検が始まったのはきわめて早い。一説にはコロンブスの時代にすでに噂はあり、記録にある最も早い試みは一五七六年である。それから五〇回を越えるチャレンジがなされてことごとく挫折した。それでもイギリス人は「北西航路」の発見を断念しようとはしなかった。ピョートル大帝はそのことを伝え聞いていた。対外戦争の危険のない一七二四年に、今こそ、科学方面における国家のこの栄光を追求すべきだ、と病床から叫んだそうだ。海路をもって大西洋から太平洋に抜け出ようとしているイギリス人より成功の可能性は高いに違いない、と。

科学と冒険心と愛国心と、それに経済的動機とが一体となった情熱はどの国にもいつの時代にもあり、二一世紀にももちろんある。限界への挑戦の情熱の場が、この時代の少し前まではインド洋と南太平洋であった。人類の地理的空間の大規模な移動の場は北太平洋に替わった。北極海経由の回路にとり替わった。それが一八世紀人の夢だった。ロシアとイギリスが夢を牽引した。ロシアとイギリスがユーラシア大陸を二分して政治的、軍事的に対決する次の世紀の「グレート・ゲーム」を引き起こす素地はすでにここにあった。そして、それは東アジアをも引き裂き、開国して間もないわが国が日露戦争に引きずりこまれる背景でもあった。

ベーリングの探検、千島にも及ぶ

探検船をオホーツク沿岸の港で建造するといっても、資材のいっさいをシベリア横断で運搬せねばならず、軍人、船員のほかにも船大工や鍛冶屋や地理学者等々を厳寒の地へ大挙して引き連れて行かなければならない。総指揮官としての指令を受けたベーリングは、一七二五年に第一次探検隊を編成して首都サンクト・ペテルブルクを出発した。けれども準備を整え、カムチャツカからいよいよシベリア沿岸沿いに目的地に向かうまでにも三年かかっていた。ピョートル大帝はすでに亡かった。一七二八年八月一六日シベリアの最果て、アジア大陸の最東端に出てどうやらそこを通過したようだ、というところまでは判断できたが、――つまり海峡であることは確かめられたが――天候が悪く、対岸のアメリカ大陸を確実に目視するまでには至らなかった。一七三〇年に十分な成果を挙げられずに首都に帰還した。

ロシア政府は当然ながらこの結果に満足しなかった。あくまでアメリカ大陸の発見と上陸にこだわった。ベーリング率いる第二次探検隊の目的にはそのほかにも日本との貿易関係樹立、海峡を抜け出た先の北極海側のシベリア現地調査などが加えられていた。そのために複数の別働隊が船団に参加してもいた。日本向けの別働船団は一歩早く一七三八年夏に千島列島を南下していた。

われわれが今地図を見ると、カムチャツカ半島とアラスカとに挟まれ、南側を弓なりのアリューシャン列島に囲まれた大きな内海のようにさえ見えるベーリング海を渡航するのはそんなにたいしたことではないようにさえ思える。しかし自然条件が南の海とは違い過ぎる。しばしば濃霧と風の向きで動かなくなる不完全な帆船である。それにシベリアを横断して人や資材を運ぶのにも三、四年を要している時代である。

第二次探検隊がアメリカ大陸に向けて出発したのは一七四一年であった。今度はシベリア沿岸を北上するのではなく、南の太平洋上をアリューシャン列島沿いに進み、ほとんどカナダ寄りのアラスカにいきなり接岸した。確実に大陸に足跡を残すことを目的としたかのようだった。けれども乗員は次々と壊血病に倒れ、帰路の困難を考え、大陸での滞在はわずか六時間だった。とはいえアメリカ大陸の発見であることは間違いなく、コロンブスに次ぐ偉業であったと言ってよいのである。ベーリングは帰路、無人島での越冬を余儀なくされた。彼はすでに半病人で、吹きさらしの穴ぐらに半身を埋めたまま絶命した。

なぜそこまでして海の探検に生命を賭したのか。それは言うも愚かであり、時代の運命である。それぞれの時代には異なるそれぞれの時代の運命がある。

日本列島に向かった別働船団は、うちシュパンベルク隊の三隻が宮城県牡鹿半島沖に停泊し、日本側役人と船上で交歓した。千葉沖に辿り着いたウォルトン隊は乗員を上陸させ、水と大根を手に入れ、茶を飲み煙草を楽しんで去った。よいと言うのに置いていった銀子ははるばる長崎奉行に届けられ、ロシアの通貨と鑑定された。そういう時代だったのである。事件は「元文の黒船」と呼ばれる。

幕末に次々と日本列島に近づいて来た外国船はとかく捕鯨船であると考えられてきたが、それは一九世紀に入ってからのことで、一八世紀まではラッコの毛皮交易船が大半であった。北太平洋の歴史に最も大きな影響を与えたのはあの海に住む小動物だった。それまではクロテンとかキツネといったシベリアの森林動物の毛皮がロシアの重要な輸出品だったが、ベーリング探検隊のおかげで、クロテンよりずっと高価で贅沢な毛皮であるラッコが太平洋に広く生息することが明らかにされた。

図4－5　描かれたラッコ像

ラッコの毛皮は西洋に持ち帰られたのではなく、清朝の満洲族の高位高官に高値で取引されたのである。この風聞は西洋各国にあっという間に広がった。総じてアジアに渡来した南蛮船は西洋の商品を売りに来たのではなく、例えばオランダ船は日本とシナの間を往復する海運業で稼いでいたと言ってもよいのである。富んでいたのはアジアであって西洋ではない。産業革命でこの関係は微妙に変わり始める。ラッコの毛皮交易船から捕鯨船への交替はこの変化を多少とも反映している。産業化を支える機械の潤滑油としての鯨油や、女性の着用するコルセット用の鯨鬚（げいしゅ）など、捕鯨業は基本的に西洋やアメリカの内部での消費を前提としていた。毛皮交易はそうではなかった。一八世紀後半から近海にロシア船が出没し、徳川幕府の危機感を高めたが、ロシア人の動機が日本人もラッコの毛皮を買わないか、シナ大陸にもっと売りたいので協力してほしい、というようなことだったと名だたる幕閣たちは気づいていたのだろうか。

ロシア使節のラクスマンとかレザノフとかは軍艦では来たけれど、内心では毛皮貿易の拡大を求めていた。ロシアが清朝との貿易を認められていたのは内陸のキャフタのみであったので、遠く広東貿易に参入したいと願っていた。毛皮を広東に運ぶその途中に日本がある。彼らもやはり物資補給地としての、さらに毛皮の新市場としてのわが国の開国を求めていた。一七九一年にはイギリスやアメリカの毛皮交易船が博多や小倉に来航している。ラッコの毛皮で一攫千金を狙う外国船は、イギリス、フランス、スペイン、アメリカと相次いでいた。ジェームズ・クックの航海記が刊行され、北太平洋の新しい富が世界中に広く知られるようになったからとも言われる。

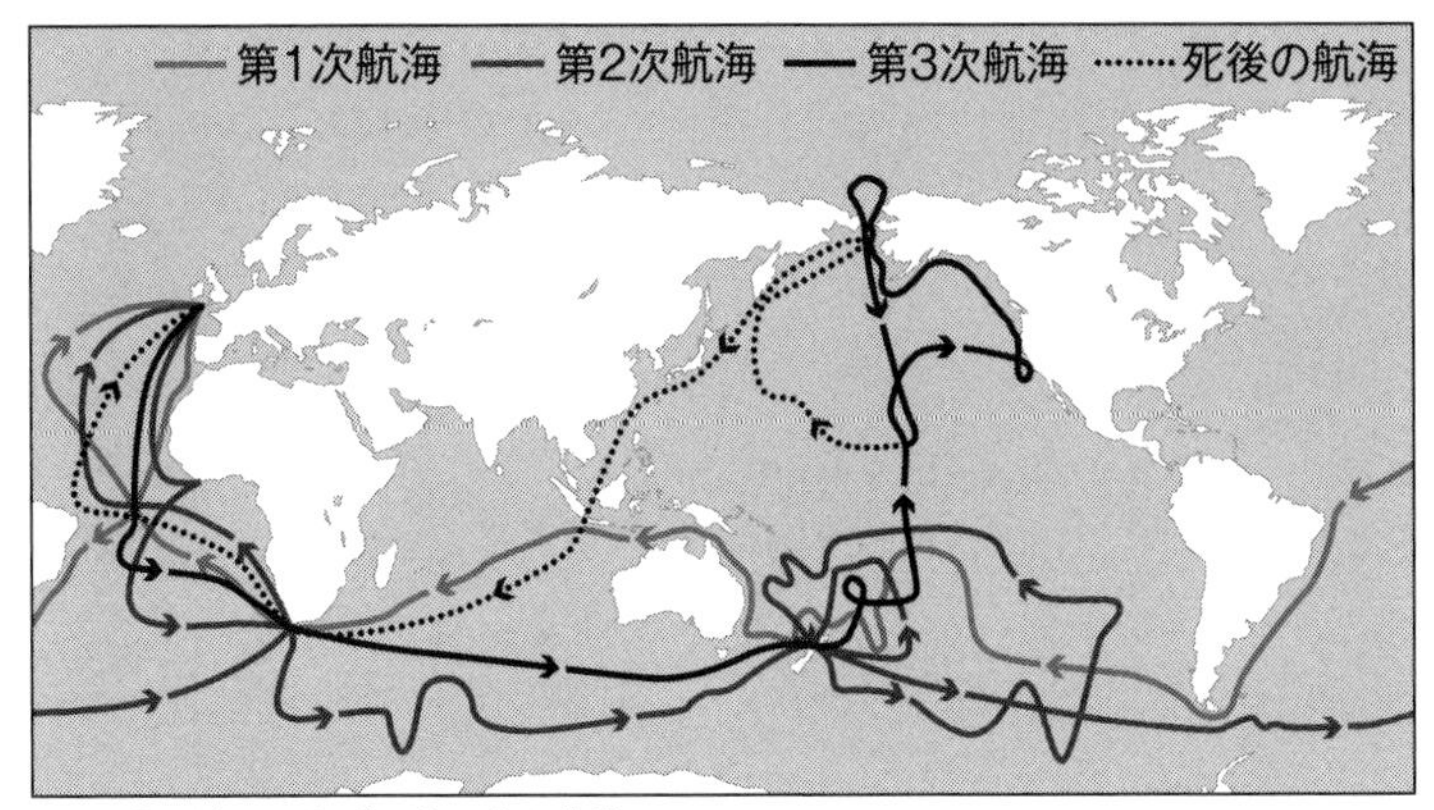

図4－6　ジェームズ・クックの航路

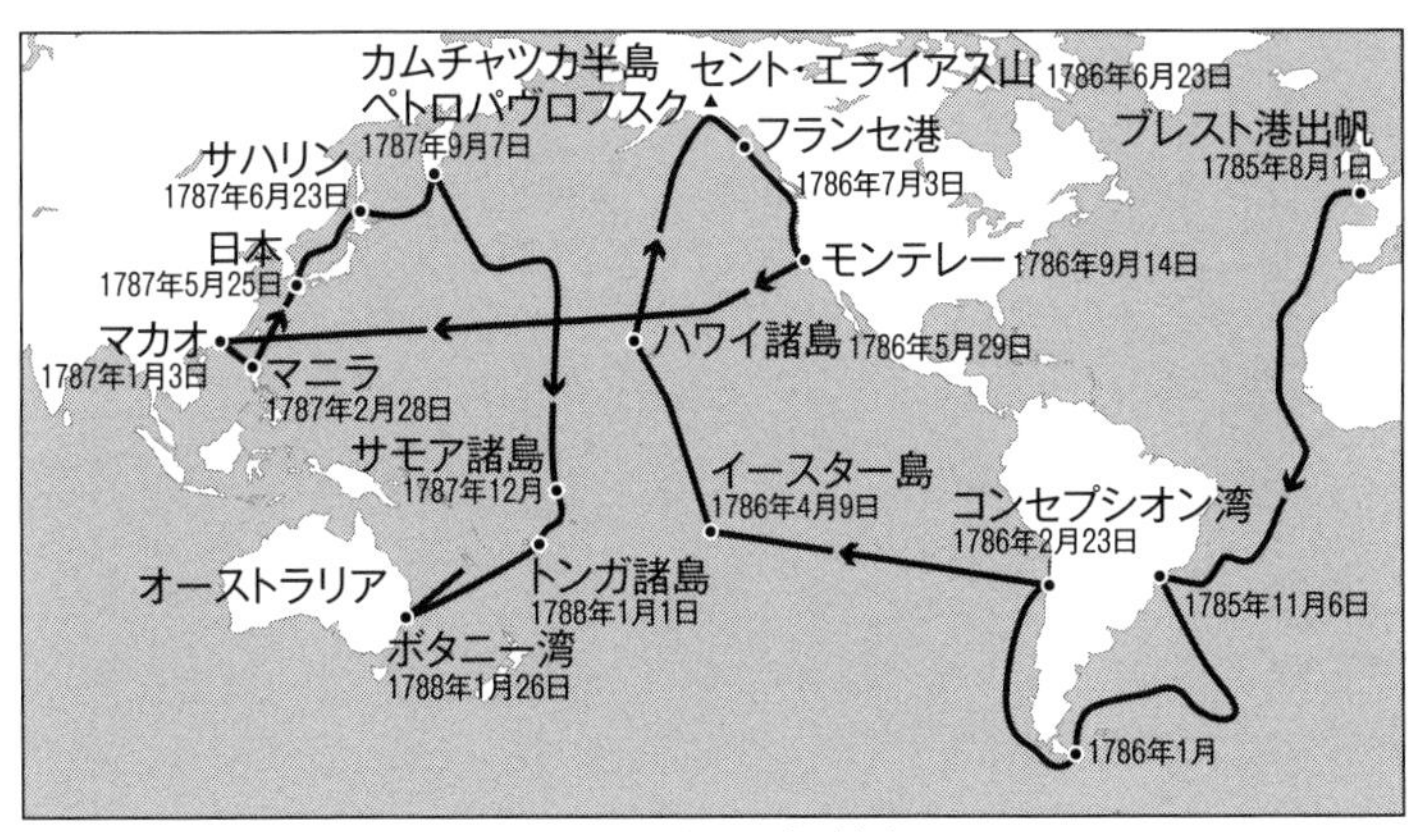

図4－7　ジャン・フランソワ・ド・ラペルーズの航路

ジェームズ・クックの第三次航海、初めて北太平洋に入った

一七七六年出発のクックの第三次航海はある特定の使命を帯びていた。例の「北西航路」をイギリス側から北西に進んで五〇回も挫折した従来の方針とは逆方向で試みること、すなわち太平洋からベーリング海峡に入り、そこから大西洋に抜ける航路を発見することである。前述の通りベーリングは第一回目にそれを実行し得たかどうかはっきり分からず、第二回目はアラスカの南部、大陸の中央にいきなり接近し、海峡には近づかなかった。今や海峡が存在することは明らかになっている。しかしそこを通過し、大西洋に出ることは誰もできていない。イギリス議会は成功者に賞金二万ポンドを与える決議をしていた。一七七五年にはその対象を海軍にまで広げた。これも時代に特有の熱気というものであろう。現在の宇宙開発などと変わらない。クックは支援者もいてそれに挑戦することにしたのである。この挑戦は結果として北太平洋の全貌を明らかにすることに寄与した挑戦であった。

クックの航路図をもう一度見ていただきたい。彼はまず手初めにはお馴染みのニュージーランドやタヒチの海域に立ち寄り、そこから北上し、初めて北太平洋に入った。西洋人としてハワイに到着した最初の人ともなった。どういうわけかハワイではたちまち神格化され、それが誤解を生んで不幸な結末を引き起こすことになるのだが、アジアと西洋との出会いの一例がもたらす、暗示に富む悲劇であった。ここでは大航海時代の探検者たちにとってもハワイがいかに遠かった

か、北太平洋がいかに未踏の地であったかにもう一度注意を払っていただきたい。

「鎖国」日本と「孤島」ハワイとは西洋人から見て永い間不可解な類似の存在だったのではないだろうか。この二つの王国は自ら努力することなくして海による安全、遠隔と孤絶という地政学的ともいえる有利さを享受していた。ハワイは一二〇年後にそれを奪われ、日本も追いかけるように存立を危うくする危機に出会っている。しかし現代のわが国に対しても私がしばしば口にする標語は、〝日本、この悠々たる孤独の国〟である。いまなお一六―一八世紀のイメージの延長線に置いて見ている。日本は「鎖国」を強いられたのでも、求めたのでもない。何もしなかっただけである。自然がそれを与えたのである。自分に関する政策を欠いている国、あるいは政策なしで放っておいても何となくうまくいく国というべきか。日本はもの言わず、黙っていても守られ、自ずと前進する国であるのかもしれない。

ジェームズ・クックはハワイを離れたあと海軍の命令書に従って北米大陸の沿岸を北上し、アラスカ湾をぐるっと回って、先端のほうがアリューシャン列島につながっている長大なアラスカ半島を海岸沿いに進み、ベーリング海峡に入った。ベーリングの残した測量記録がかなり正確であることに感服している。そして海峡を確実に抜けて北極海に出ることには成功した。しかし問題はそこから先である。例の「北西航路」を求めて東へ北米大陸の北辺を進む（イギリスから船出すれば北西へ、となるからこの語があるが、ベーリング海峡からイギリスに向かうには東へとなる）けれども、氷に阻まれて進めない。そこで次にはロシアの北からイギリスへ向かう「北東航路」

を求めて西へと海路を開こうとするが、すでに九月に入っていて、北極海は厚い氷に閉ざされていた。クックはやむなくここで前進を諦め、ハワイに戻って越冬することに決心した。しかしいったん「神」として送り出したクックの島への再来は島民の心を混乱させた。詳しい話は後に譲るが、不幸な食い違いと諍い（いさか）から彼は殺害される。遺体は探検隊に戻されなかった。宗教上の理由から遺体は先住民の長と年長者によって保存され、一部が戻されたとき肉が骨から削ぎ取られ焼かれていた。

探検隊はそのあとクックの遺志を引き継いで、「北西航路」をもう一度試みるが成功せず、日本列島の東海岸近くを通って帰国の途に着いた（379頁、図4—6）。

クックに次いでフランスのラペルーズ隊がやって来る

クックの航海記が刊行されると北太平洋がラッコの毛皮の宝庫であることがさらに知られた。シナの富裕階級への毛皮売却の利益が並大抵でないことはたちまち各国の垂涎の的となり、立ち遅れていたフランスもジャン・フランソワ・ド・ラペルーズが率いる船団を太平洋に送りこんだ。フランス政府は日本に重大な関心を寄せていた。近づいて調査し、いくつかの港に上陸するように指示していた。ラペルーズ隊は日本の西海岸を初めて調査し測量した。台湾、琉球諸島、済州島を海上から測量しながら通過し、日本海に入り、能登岬の緯度経度を完璧に調べ、クック隊の測量結果と合わせ列島北部の幅の広さを確定した（379頁、図4—7）。そして大胆にも宗谷海峡を通過しここをラペルーズ海峡と名づけた。そのあと樺太(サハリン)が島であることを確かめ、幾個所かで千島に上陸している。間もなくフランス本国は大革命の争乱に陥ったので、ラペルーズ隊につづく者はなく、フランスはこの後二度と北太平洋に大々的な進出を果たすことはできなかった。

ロシア人、イギリス人、フランス人、それにやがてアメリカ人も登場する北半球の探検競争が国益を賭けたものであることは明らかだが、測量データが公開されていることから分かるように、彼ら同士の間では近代的な国際関係のルールがほぼ確立していたと見ることができる。彼らは対抗心を燃やしつつ互いに尊敬し合っていた。ときに交戦しときに協力し合った。この感覚はアジアにはないものだった。

一七八三年に工藤兵助『赤蝦夷風説考』が出て密貿易の実情を訴え、蝦夷の開拓を幕府に進言しているが、一七八七年に老中となった松平定信には聞く耳がなかった。いわゆる寛政の改革、異学の禁へと進んだ。林子平の国際危機を乱打した血涙の書ともいうべき『海国兵談』が提出されたのもこの頃だが、著者の林は一七九一年に処罰されている。一年後にロシア人ラクスマンが漂流民大黒屋光太夫(だいこくやこうだゆう)を伴って根室に通商を求めてやってきた。ただ単にラッコの毛皮交易の話だったに違いない。一七九三年には松前で、幕府宣諭使との会談が行われた。世界はどんどん動いていた。定信が老中になった年、イギリスがオーストラリアに囚人を送り出し、先住民大量虐殺が開始された。

ヨーロッパ人のこの烈しい地球争奪の戦い、地上に線を引いて囲い込み線の外側へ一歩でも先を争って出ようとする熱病のようなパッションは人類に普遍的な情熱であるのか、それともヨーロッパ人、一七―一八世紀のヨーロッパ人に特有の情念であるのかはにわかには特定できない。ただガリレオとデカルトの幾何学的精神が大本にあると考えることには格別の無理はないだろう。科学とキリスト教の信仰と暴力は三位一体である。これは日本にだけでなく、中国にも、インドにもなかったものである。

「鎖国」をめぐる百論続出

現在歴史の教科書では江戸時代に「鎖国」という言葉を使わないか、あるいは使うとしても慎重に用いるようになってきている。私が『国民の歴史』第18章で「鎖国は本当にあったのか」を書いたのは平成一一年（一九九九）であった。その頃から「鎖国」に対する歴史検証は急速に進んでいるようだが、先見の明を誇るのではない。すでに朝尾直弘氏の『鎖国　日本の歴史17』（小学館、一九七五年）や荒野泰典氏の『近世日本と東アジア』（東京大学出版会、一九八八年）が出ていて、歴史学界の早い動きを私は学習していた。九〇年代に知ったロナルド・トビ『近世日本の国家形成と外交』（速水融・永積洋子・川勝平太訳、創文社、一九九〇年）も十分に先駆的だったし、川勝平太『文明の海洋史観』（中公叢書、一九九七年）や、永積洋子編著『「鎖国」を見直す』（山川出版社、一九九九年）や、大石慎三郎『江戸時代』（中公新書、一九七七年）や、速水融編『歴史のなかの江戸時代』（東経選書、一九七七年）等々、挙げていけばあの頃一生懸命に読んだ革新的で、魅力的な江戸研究の書物は枚挙に遑はなく、私はそれらを踏まえ、引例しつつ書いたのだった、「鎖国は本当にあったのか」と。

この問いは時代とともに当たり前になっていくのではないかとさえ思っていたが、しかし私の第18章に衝撃を受けたという人はその後も少なくなかった。つまり日本は江戸時代に「鎖国」していた、という漠たる固定観念は今でも消えてなくなっていないし、それにはそれなりの理由がある、と現在私は別様に考え始めている。

寛永一〇年（一六三三）から五度にわたって出されて、後年に「鎖国令」として一括された奉書や制札は、たしかに今にして見れば、単にポルトガルとの断交を意味したにすぎず、世界に対し国を閉ざす意識一般を内容としたものではなかった。幕府がキリシタン禁止令を決め、すべての貿易を国家統制下に置き、日本人の海外渡航を禁じたのは、日本の〝守り〟であると同時に〝余裕〟でもあった。国家安全保障の見地から当時ヨーロッパ諸国との関係に限界を設けはしたが、他国との交流を閉鎖しようとしたわけではない。明から清へと変わる大動乱期を迎えたシナ大陸の動きを横目に——一八世紀中葉には清と中央アジアのジュンガルとの戦争を固唾をのんで見守っていたが——日本は侵すことも侵されることもなく、四辺に独自の外交圏をつくろうと努め、それにも成功した。本書で何度も述べているが、日本船は安全の見地から南海へ渡航しなくなった。国内から輸出する金・銀・銅は最初の一〇〇年くらいは外国船を利用するうえで十分に足りた。

地球規模でものを見れば、一六―一八世紀はユーラシア大陸の東端と西端がほぼ同時期に長い暗闇からめざめたときにあたる。ヨーロッパの中世末から近代への展開に照応するのが日本の江戸時代である。どちらも永い間自分を抑えていた抑圧の世界に行方を遮られていた。すなわち西欧を抑えたイスラムと日本を抑えていた中国である。ここから、それぞれ自分を解放するという自由への方向を切り拓いて、どちらも自己自身への蓄積と集中を経て、世界史的に新しいステージに立つことを可能にした。ただし結果は同じでも、方向は逆だった。ヨーロッパは外へ向かって爆発し侵略したが、日本は自己へ向かって収斂（しゅうれん）し防衛した。どちらも異国の物産に対する依存を脱し、経済的自存を図ったが、動機は同じでも、方式は異なっていた。ヨーロッパは奴隷を用いたカリブ海の砂糖生産などのスケールの大きい三角貿易に現われるような方式だったが、日本は貧しい自給自足体制の農村における「勤勉革命」（速水融氏）、国産化のシステムの確立、富の内部蓄積によって自立を図った。

　一見したところ余りに見掛けが違うために、いかにも前者は積極的能動的で、後者は消極的自閉的にみえるが、区別はそう簡単ではない。今や日本とヨーロッパの文明の発展段階の到達したレベルがほぼ照応することから、歴史の並行性を認めるのはごく普通の見方である。ただ日本は短い歴史の中で余りにも無理を強いられた。その息苦しさの原因は江戸時代に「鎖国」をしていたためだ、という否定的判断や暗いイメージが引き起こされてきたのも疑いを容れないのである。しかし実際に国を閉ざす意志は日本にはなかったし、そんな必要もなかった。

国法としての「鎖国令」の真相

「鎖国」という言葉自体が江戸時代のほぼ全般にわたって用いられることはなかった。ケンペルの『日本誌』（一八〇一年）の to keep it shut up の一語を基に同書を『鎖国論』としたことに始まるといわれるが、一般には広く流布しなかった。それでもことあらためて幕府が、「鎖国」を日本古来の「祖法」と見立てて、正式に宣言するときが幕末にやって来た。ロシアの使節ラクスマンが一七九二年に日本人漂流民の大黒屋光太夫を連れて通商を求め、根室に来航したときである。幕府は緊張したようだ。老中松平定信は、特使を松前藩に派遣し、光太夫たちを受け取るとともに、通商の要求を拒否した。ロシア側がさらに望むのであるならば、長崎へ行くようにと言い、長崎入港を許す「信牌（しんぱい）」を与えた。これが次のロシア使節レザノフの長崎来航（一八〇四年）につながるのである。

ラクスマンに与えた文書には、かねて通信のない異国の船は海上にて打ち払うべきこと、新たな国との通信通商は許しがたきことが「いにしへよりの國法」であると明確に宣言されたが、このことが問題の始まりである。そんな「國法」は存在しなかったからだ。外国船に対する措置で、船は撃沈、乗員は殺害という強硬策をとったのはただ一回、一六四〇年のポルトガル船に対したときだけで、それ以外は穏便に取り扱われていた。江戸時代を通じ漂流した外国人や外国船が恐怖を感じるような行動を取らないように指示されていた。ラクスマンへの書面に強硬策が「祖法」であり「國法」であると宣言されたのは、松平定信のにわかに湧き起こった対外的危機意識の現われだった。この間のいきさつを詳しく研究した藤田覚『近世後期政治史と対外関係』（東京大学出版会、二〇〇五年）は、わが国が一八世紀の末葉に至るまで「鎖国」を国家方針としたことはなく、田沼意次の蝦夷地政策や松平定信のラクスマン、レザノフへの対応において初めて「鎖国祖法観」が形成されたいきさつを詳細に論述している。

すなわち一八世紀末葉において初めて「鎖国」という観念が必要となり、歴史事実に反してまでもそれを求め、内外に宣言し、これ以後それが徐々に実体化していったと考えるべきだろう。外国船との交渉をくり返すたびに、幕府は「鎖国」という自己認識を強めていった。そして一八五三年のペリー来日に際し、アメリカとの通商は「国禁」であり「国法」に反するのではあるが、しかし今回は例外的に「鎖国の祖法」を変更せざるを得ないと認識し表明したのは、明らかに幕府の辿った歴史にさえ反している。事実としてなかったことをあったことのように言い立てたのであり、幕末期の閣老たちの自己弁明の表現にほかならなかった。

幕府は慌てたのである。日本の外の世界は急速に動いていた。ラクスマン、レザノフとペリーの間には半世紀の時間差がある。ペリーは威嚇的な砲艦外交であったが、ラクスマン、レザノフが求めてきた通商の内容は、前に詳しく述べた通り、何ともはやほほ笑ましいラッコの毛皮貿易だった。

ベーリングの探険（第一次＝一七二五―三〇年、第二次＝一七三三―四二年）によって、ラッコという貴重な毛皮資源がロシアに知れ渡り、ロシア商人が未開発の北太平洋に進出した。毛皮を清朝の満洲人貴族に売って巨額の利益を手にしたいわゆるキャフタ貿易（キャフタ条約締結は一七二七年）は、主に内陸での取引だったのでロシア以外には最初知られなかったが、英人ジェームズ・クックの第三次探検（一七七六―八〇年）の航海記の出版により、世界中に知れ渡り、イギリス、アメリカ、フランスの船が相次いで北太平洋に現われ、ロシア人と競争するようになった。イギリス船もアメリカ船も毛皮を売ろうとして同じ頃、博多や小倉に寄港を求め、幕府から追い払われている。

このように一八世紀末に日本に接近したペリー以前の外国船は、基本的に毛皮交易にかかわる船舶であった。ラクスマンやレザノフは軍艦仕立てだったが、来航目的はそこにあった。日本の貴族にもラッコの毛皮を買ってもらいたい、広東で売りたいから取り次いでほしい、薪や水を途中で補給する便をも与えてほしいといった、まことに慎ましい、平穏な要求を携えてきたのである。それに対し松平定信らは、異国船は海上で打ち払うのがいにしえからの国法であると急ごしらえの理論をつくり、猛々しく応じたわけなのだ。

この光景は今にしてみると少し滑稽ではないだろうか。なにしろラッコの毛皮なのである。オランダは北太平洋における国際的通商戦争、ヘゲモニー（覇権）争いから脱落していた。オランダ一国に頼っていた情報の不備が幕府の判断をここにきて狂わせたのではないだろうか。

毛皮交易それ自体は一九世紀に入る頃には乱獲によるラッコの減少が理由で急速に衰退した。

日本に近づく外国船もしばらく下火になった。そのため幕末開国の物語の中でこの点は忘れられがちで、大きく扱われないできたのである。そして、同時にその頃から少しずつ、太平洋での活動を活発化させた外国船は捕鯨船にとって替わった。鯨油を採るのが目的の船で、これは燃料に用いられたり、機械油として用いられたりした。ラッコの毛皮はアジア人に売るのが目的だが、鯨油はアメリカやイギリスに持ち帰って利用するのが目的であった。この間に産業革命というものの影響が少しずつ現われてきて、アジアの経済優位の時代が幕を閉じるのである。ほんの五〇―七〇年くらいの時間差が大きな意味をもってくる。

深い眠りに入っていた日本は思わず「鎖国」に嵌まり込んだのだ

日本は「鎖国」していなかったと私は書いてきたし、歴史学界も最近はそういう見地に傾いているようだが、江戸時代を通じて、「鎖国」を意思しなかったのは事実だけれども、ほとんど他者の存在を気にしないで済むほどにも地勢的・環境的条件に恵まれていただけの話ではないか。開幕から二〇〇年経つか経たぬうちに、海上四囲の情勢が急速に変化することにも気にしないでのほほんとしていられたほどにも日本は深い眠り、じつは「鎖国」に嵌まり込んでいたというのが真相ではないだろうか。

本書の三七九頁で掲示したジェームズ・クック航路とジャン・フランソワ・ド・ラペルーズ航路の図をもう一度見ていただきたい。前者は一七七九年に日本列島の南の海岸、後者は一七八七年に北の海岸のそばを通過している。前者の測量データを基に後者は列島の幅を測量して帰国した。ついでに宗谷海峡を抜けている。さんざん虚仮にされていたのである。これでも「鎖国」はなかった、というのだろうか。

この迂闊さ、外の世界への無関心、小さな孔から外部の一点を見て世界全体を見たと思い込んでしまう非現実性、認識の幻想性は、今に至るも変わらぬわが国知性の欠陥である。当時の日本人は国際社会をそれなりに観察していたに違いないものの、じつは身体の運動や行動を伴わない観察はどうしても静的になり、傍観者的になりがちである。現代日本人にもその弊は残っている。江戸時代に余りにも地理的環境に保護されて、「鎖国」をも自己認識できないほどの深い「鎖国」がつづいていた歴史的帰結なのだと今にして思うべきではないのだろうか。

鎖国の自覚すらない「鎖「ヨーロッパ圏」意識」の救い難さ

ひるがえってヨーロッパにも鎖国意識があるのである。正確にいえば鎖「ヨーロッパ圏」である。彼らは日本人以上にそのことに無自覚であった。困ったことに自分たちの閉ざされた意識を文明の名において非ヨーロッパ圏に拡大し、それを普遍性の記号で表記し、非ヨーロッパ圏の人々が僭称された記号を受け入れて世界を語り、自分を位置づけるほかなくなっているのである。日本の歴史の学問は身動きできないほどそれに侵されている。近代史を展望する人で、F・ブローデルの地中海論やI・ウォーラーステインの近代システム論に呪縛されていない人を探すほうが難しい。ことに後者は「中核」、「周辺」、「半周辺」、「ヘゲモニー国家」というきわめて現実的な概念で近代史を経済史学的に説明し、スペイン、ポルトガルに始まりオランダ、イギリス、アメリカへとヘゲモニーが移動した近・現代世界経済の成立史を深く捉えている限りにおいては、十分に説得的であり、学問的である。日本の学者が呪縛されるのもよく分かる。

しかしここで視点を替えてみよう。

ヨーロッパ人の書く世界史はイスラム世界と戦った戦跡や、一五―一七世紀の大航海時代の活動や、南北アメリカ大陸への進出や、アフリカ黒人を奴隷化した残虐の実態については、それぞれ相応に言葉を惜しまない。しかるにインド以東のアジアへの侵略には綜合的な叙述がほとんどないのだ。ことに東南アジアや太平洋諸島への侵略の実態はブラックホールである。

つねづねそのことを私は疑問に思っていた。欧米人が一般に主張する世界像の背後に自分たちのエゴイズム、自己中心的な独善性を隠して、人類を代表する普遍主義者のような顔をして――例えばヘーゲルを見よ――、他の文明をもそれに巻き込んで支配的に語る口調に日頃うんざりしていた私は、最近、一冊の注目すべき訳書に出合って、ああそうだったのかと謎が解ける思いがした。その訳書とはP・J・マーシャルとG・ウィリアムズという未知の学者の「啓蒙主義の時代におけるイギリス人が見た世界認識」とでも訳すべきか、*British Perceptions of the World in the age of Enlightenment*, 1982, London, Melbourne and Toronto. で、訳書名は『野蛮の博物誌――18世紀イギリスがみた世界』（平凡社、一九八九年）である。訳者は大久保桂子氏である。

この一冊との出合いは私には小さくない出来事だった。他にも私の知らないイギリス研究の分野で大久保氏には教えられることが多い。そもそもつねに氏の翻訳する本の選定ないし着眼点は秀れている。この本もそうで、原著者は堂々とイギリスを表看板に立て、自分を文明の立場に置き、地球の他の部分を野蛮と見なした一八世紀イギリスの自己中心的世界像を隠していない。「当時のイギリス人の目に映じた世界の人類絵巻」と訳者があとがきで述べているこの本の目次を見ていて、私は征服者が世界をどんな順序で奪い取ろうとしていたかを悟った。第一章「世界のイメージ」はこれからこの本が取り上げる地域として「アジア　北アメリカ　西アフリカ　太平洋」と四地域だけを挙げている。南北アメリカとは書いていない。なるほど南アメリカはイギリスには関係がない。

第三章から第六章までのこの本の大半はアジアに当てられているが、中近東、インド、中国、中央アジア、東南アジア等々、すべてイギリスが一八世紀に関わった地域名だけである。そして、第七章は「北アメリカ・インディアン」に当てられ、第八章は「奴隷貿易時代の西アフリカ」となっている。イギリスの地球劫略史のクライマックスである。そして一番の問題は最終章である。すなわち、「地上の楽園?——太平洋探検（一七六〇〜一八〇〇年）」が第九章の表題である。

つまり「太平洋」は地球の他の地域から切り離されているのである。「アジア」からさえ切り離されている。ジェームズ・クックを中心とした探検家の見た謎めいた野蛮の世界、人食い人種と人身御供が大半の興味の対象となっていた怪しげな異世界、しかし人類学的興味をかき立てずにはおかない未開民族の神秘と信仰が文明人を拒絶する界域。それが同書の見立てる太平洋世界である。太平洋は余りに広く、近寄り難いので、つねに不確かな空想が先走っていた。原住民は獰猛で野蛮である。無気味なうなり声をあげ、人間というより雄牛に近い、などと書かれていた。そうかと思うと女たちはそれは美しく好ましい。永遠の楽園がそこにある、などとも記された。

ヨーロッパ人は中東から東へ向かうときにも最初は何ら科学的方法ではなく、聖書や古代ギリシア・ローマの伝承と関連づけてアジアの異民族を理解しようとさえしていた。まさに彼らの身にまといついている「鎖国」意識なのである。

古代の著作に登場する民族の住む地域ではそれでもよかったが、そうでない場合には何を拠り所にしたらよかったのだろうか。一八世紀半ばになってこれまでまったく知られていなかった地域、はるか彼方の大海原、太平洋の世界に向かい始めたときに、彼らは初めて衝撃を味わっていた。

七年戦争終結の一七六三年からフランス革命までの三〇年間において、とくにイギリスとフランスが「太平洋狂」の時代であったと書かれている。クックのような海洋探検家は新しいタイプの国民的英雄だった。遠征隊は帰国するたびに南海から多種類の標本を持ち帰った。魅力あふれる土地や出合った珍しい民族を紹介した記録、地図、風景画の出版ブームが起こった。そのとき彼らは何を先行する参考材料にしていたのかというと、聖書やギリシア・ローマの伝承ではもう説明がつかない。

『野蛮の博物誌』が第九章「地上の楽園?――太平洋探検」より前に第七章「高貴な野蛮人、野卑な野蛮人――北アメリカ・インディアン」、第八章「黒い肌の衝撃――奴隷貿易時代の西アフリカ」を設定していたことはきわめて意味深長である。ヨーロッパ人はアメリカやアフリカからかき集めた「野蛮人」のイメージを太平洋諸島の原住民に当てはめて、あれこれ考察し、判断したのだった。それでも太平洋はあくまで謎めいたブラックホールでなければならなかった。さらに、北アメリカや西アフリカの「野蛮人」、インディアンや黒人はすでに文明の開発で破壊され、汚されているので、未開民族の研究には太平洋の「土人」のほうがより有利であると考えられた。ニューギニアやニュージーランドが二〇世紀の構造主義者たちの強い関心を惹いた理由もここから説明できるように思える。

そして、じつはここが大切な点なのだが、一八世紀イギリス人の見た世界の中で、まだ探検されていない日本はほとんど言及されていないことだった。日本との貿易の将来性は期待されているから相応の文明は予想されていただろうが、彼らにしてみれば、ケンペルの『日本誌』が伝える以外に何も情報はなく、どう考えてよいか分からなかったのもまた当然だったかもしれない。

ここから私が言いたいのは、日本は未知の不可思議な謎の国でありつづけただけならいいのだが、文明を拒絶するその意志の堅固さは「野蛮の代表」に見えたであろうことである。太平洋の島嶼群との同質性は言わず語らずとも彼らの認識の内部に居坐りつづけたことであろう。

人間は自分が何であるかを知ることで半分は決まるが、他人が何であると考えているかで残りの半分が決まる。個人としての人間も民族としての人間もこの点は同じである。

ペリー来航の翌月に長崎に入港したロシア使節団の中に作家ゴンチャロフが同乗していた。彼はいよいよ日本を目の前にしたとき、一〇カ月にも及ぶ長い航海の苦労もやっと報いられると期待しつつも、この国は「鍵をなくして閉ざされたままの玉手箱」であり、「文明の監督」をあだこうだといって逃げつづけ、「自らの知性と法律で生き延びようとした家族の大集団」であり、「蟻塚の気まま勝手な国内法」を楯に「ヨーロッパ流の正義と不正義」の区別に対決しようとしている頑迷な国だ、と書き記していた。

しかしここで今一度立ち止まってもらいたい。ゴンチャロフのこの物言いこそが「鎖・文化圏」にとらわれた一方的、盲目的、自閉的、自己納得的、慣性的なものの言い方なのではないか。

クックの死――崇敬化の極みに起こった自己破壊衝動

キャプテン・クックが何百年もの間、国際的に孤立していたハワイ諸島に足を踏み入れたのは第三次探検のときだった。前章で述べた通り、それまでヨーロッパのいかなる船も立ち入ることができなかった魔界ともいうべき北太平洋に入ったのである。

ハワイには四つの神様、カネ、ク、ロノ、カナロアが存在するといわれる。カネ神は世界の創造主、ク神は戦いの神、ロノ神は収穫の神で、雲や風や雷などを司る神でもある。一〇月から翌年二月にかけての時期は海の彼方からロノ神が姿をみせる季節とされ、マカヒキと呼ばれている。

ちょうどこの時期に、見たこともない白い帆を一杯に膨らませた巨大な船がハワイの沖に姿を現わしたわけなのだ。誰かがあれはロノ神ではないかと口走った瞬間、噂はあっという間に島中に伝わったのであろう。こうしてクックとハワイをめぐる今や伝説となった不可思議な物語が始まるのである。

クック一行は一七七九年一月一七日の日曜日にマカヒキ祭のさ中に上陸し、帰還したロノ神として歓迎を受けた。これは紛れもない歴史上の事実である。ここから先に起こる解釈も、多岐に分かれる彼の死と死後の扱いをめぐるテーマとは区別されなければならない。

クックが幾人かの士官をつれて上陸するや否や、祭司たちが彼にかしずき、ロノ神の化身として、寺院内の複雑な儀式に立ち合わされ、彼が人生最後の日に至るまで現地人から礼拝にも近い尊敬を受けたことは動かせない前提である。つまり英人探検家の「神格化」が起こったのである。それなのになぜ彼は群衆に襲撃されるかたちで殺害されたのか。これが第一の謎である。

そしてまた、なぜ遺体はすぐに引き渡されず、頭蓋骨や腰骨は肉が削ぎ取られ、焼かれて、また手は塩漬けにされて渡されたのか。明らかに宗教上の儀式に則って食べられたのであるが、これが第二の謎である。合理的などんな説明も受けつけない謎である。

第三次探検の目的は「北西航路（ノースウエストパッセージ）」の発見にあった。クック一行はハワイの人々から神の一団として迎えられたときと同じ熱狂をもって見送られ、いったん島を離れた。北米大陸に沿って北上するが、ベーリング海峡から先は氷に阻まれ、探検を中断せざるを得なくなり、ハワイで越冬する目的で戻って来た。

しかし人々の感情はがらっと変わっていた。

クックたちはロノ神ではないのではないか。われわれに対するクックの接し方は少し傲慢ではないのか。神聖であるべきわれわれの墓地の木柵を勝手に毀すなどやりたい放題ではないか。隊員たちは女にすぐ手出しして風紀が乱れ困ったものだ。船のマストが折れて帰って来たというが、神の船ならダメージを受けるはずがないのではないか。等々、人間的な、余りに人間的な感情が島内に渦巻いていて、一団を敬愛をもって迎える感情はどこかへ消え去っていた。というような一連の話も、じつは物語作者のフィクションが入り混じっていて本当のところはよく分からないのである。

たくさんの本が書かれ、調査研究が行われた。私は真相を知りたいとは思わない。クックの殺害は間違いなく本人の傲慢から出た油断、群衆に背をみせて立った無警戒のせいで、偶発事故に近い。もちろん、「神格化」がひっくり返って逆になった群衆の怒りが背景にあるかもしれない。余りに急激に神聖化の感情が高まった挙句、今度は逆に余りに急激に感情が降下し、侮辱や敵意に近いところにまで気持ちが落ち込んでしまった。そういう苛立ちや傷つけられた群衆心理がたぶん作用しているのであろう。いろんな物語が出回っていて具体的には分からない。崇敬化の極み（きわみ）に起こった破壊衝動――それが西洋文化に初めて出合った太平洋の孤島に起こったドラマであることだけが、象徴的な意味合いを持っているといっていいのである。

スリランカの一文化人類学者の反撃

しかし問題はむしろここから始まったのである。最近スリランカの文化人類学者による大著が翻訳された。G・オベーセーカラ『キャプテン・クックの列聖――太平洋におけるヨーロッパ神話の生成』（中村忠男訳、みすず書房、二〇一五年）である。

ハワイ人は本当にクックを人の姿をした神とみなしたのか。たまたまマカヒキの祭りのさなかに上陸したので、祝祭の興奮につつまれ、熱烈な歓迎を受けたが、クックの「神話化」はハワイ人というよりも、文明の象徴としてヨーロッパ人の英雄を神に祀り上げるヨーロッパ人による「神話化」の働きではないか（次頁の図参照）。著者オベーセーカラはこれに **apotheosis** というギリシャ語由来の語を当てはめ、ハワイ人が自らの文化伝統に従って行う「神話化」には、**deification** を用いて二つを区別した。訳者は前者に、キリスト教教会が聖者を次々と称揚する「列聖化」の語を使用している。

そもそもロノの呼称は神だけでなく高位の首長にも用いられている。一連の出来事のヨーロッパ人による解釈はキリスト教的枠組みにとらわれている。近代化したその後のハワイ社会も残念なことに同じ解釈を取り込んでいる。しかしハワイ人の土着信仰は明らかに多神教である。ヨーロッパ人にはこれが分からない。自らを理性の徒とみなす彼らの文明観は、普遍的なヨーロッパ人という像をハワイ人に投影しようとする。私はこれをヨーロッパ人の「鎖国意識」と先に呼ん

図4－8 「キャプテン・クックを崇拝する原住民」（ガナナート・オベーセーカラ『キャプテン・クックの列聖』みすず書房）

図4－9 「キャプテン・クックの列聖」フィリップ・ウーヴァーマンによる版画（同上『キャプテン・クックの列聖』）

だが、オベーセーカラは怒りと情熱をこめつつ訳書で四〇〇余ページもの大作をもって西洋による非西洋の文化支配を学問的に精密に反証し、告発している。

天皇の人間宣言——同じ文明錯誤をここに見る

スリランカの一文化人類学者が西洋近代中心の世界史を覆そうとして、非西洋の世界像のそれ独自の価値と正当性を訴えている光景は、胸を打つものがある。

同書は人類学界にスキャンダラスともいえる論争を巻き起こした。とりわけ槍玉に挙げられたアメリカの人類学者マーシャル・サーリンズとの論争は一〇年にも及んで注目を浴びた。私は今、そこまでは言及できない。ただ以上を見て日本人なら誰しも思い出すことがあると思う。日本の神もまた多神教のカミであり、Godではない。第二次大戦後、占領軍は天皇に人間宣言を強制した。日本人は戦前、天皇をGodとみなして誤てる神観念で間違った歴史を展開したのだ、と言い立てた。われわれは天皇をキリスト教の神と同じように考えていたわけではないから、当時納得しない日本人も多く、時代とともに次第に誤解は解かれた。ロノ神話もたぶん同じような型のテーマであろう。欧米人の「鎖国意識」による被害の一つといっていい。

日本との〝雙生児ハワイ〟

一八世紀までの日本とハワイ王国はある種の相似形である、といえば、日本側ではなぜか傷つけられたような思いを抱く人が少なくないだろう。が、地球の広い地域から見て、日本に似ている国は当時ほとんど他に見当たらないであろう。私は奇を衒って、日本との〝雙生児ハワイ〟を吹聴しているのではない。日本史研究家が「南蛮」ばかりを見て南の海上の異国船打払いを歴史のドラマに仕立てたがるのに対し、なぜさして努力しないで幕府がイギリスやロシアから侵略されないで済んだのか、という秘密、北太平洋という地理的幸運がもたらすプラスとマイナスがその後の歴史のうねりを形成していることを見落としているのではないのか、と示唆することが本論考の結論の一つである。

第一の共通点は、日本とハワイ王国が北太平洋の孤島であることだ。第二に、どちらも国際的競争や闘争から免れていた。第三に、両者は一八世紀後半からようやく各国に標的とされ、最終的にアメリカに攻略されたことである。

太平洋は一万マイル四方の広大な海洋である。航海術の未熟な時代に探検はつねに不完全だった。永い間二つの海があると信じられていたほど未知の暗い海だったのが太平洋なのだ。ある島が確認されたかと思うと、別の場所に変更され、特定されたかと思うと、また位置不明になってしまう。火山島は岬と誤認され、海峡と湾はたびたび取り違えられた。

「一七五〇年の太平洋地図にはいくつかの群島が転々と記入されていたけれども、その名称は地図製作の流行で頻繁に変更されたし、またいい加減に描かれた海岸線は、もしかしたら大陸かもしれないという暗示をこめて、好奇心をそそるがまだ確認されてない場所の存在を予言しているかのようにみえた。」と、例の『野蛮の博物誌』の一節にある。

とりわけ北太平洋にはハワイ以外にほとんど島はない。途方もない広さである。一七七九年にクックの第三次探検隊にやっと「発見」されるまでハワイは文明世界に知られていなかった。

この未知の大海原に日本列島もまた約三分の二の身を横たえている。海はいわば天然の要塞である。逆にいえば日本からは渡航困難ということになる。現代でも北太平洋横断航路では海難事故が絶えないと聞く。抜群の性能を持つ新鋭コンテナ船でも大変らしい。日本史研究は歴史に与えたこの点の影響をもっと真剣に考察すべきである。

第二点は、日本史の宿命についてである。一〇世紀からこのかたわが国はある意味で実質的に「鎖国」だった。唐が崩壊してから以後、東アジアには覇権（ヘゲモニー）を争い合う激しい国際社会はなかった。皇室が権力の座から離れても成り立つ国内の構造の変化は、東アジアの無風状態と深い関係があると思うが、ここでは拙著『国民の歴史』二八六―二九八頁に詳細を譲る。

第三点はいうまでもなくヨーロッパ各国に狙われていた日本が、ハワイがアメリカに呑み込まれた半世紀後に、同様にアメリカに攻略され、封鎖されたことである。ハワイは砂糖の生産地として一八七〇年代にはアメリカ資本に事実上占拠されていた。政治的併合に対しては大隈重信外相を筆頭に日本政府は異を唱えたが、力及ばず、まさか自国が類似の悲運に見舞われることになるとはその当時は誰も予想もしていなかっただろう。

大きな物指しで計れば、大東亜戦争は、江戸時代にわが海域に立ち現われたイギリス、ロシア、フランス、アメリカ、そして唯一の交渉相手オランダが、最後にとうとう束になって襲いかかってきた事件ともいえるのである。ただ国力を持て余していたアメリカがいきなりわが国の正面の敵になった理由や事情はここでは踏み込まない。戦争が終わってからの日本の国内心理に、アメリカの力に対する屈服、卑屈なまでの崇拝が起こり、それを占領軍側が利用するという構造が発生したことのほうがむしろ重要だ。二世紀前のジェームズ・クックの「神話化」は、ハワイ民衆の心情によるものと、近代西洋側の価値の投影という二重性が認められることは前に見た通りである。同じことがわが国にも起こったのではないか。

昭和二一年（一九四六）頃にアメリカの軍司令部へ、日本からマッカーサーを救世主のごとく崇め、日本国民を卑下する民間人の手紙が続々と届けられた。

「米国代表マッカーサー閣下　塩見季太郎㊞

謹啓誠に申兼ね候へ共日本之将来及ビ子孫の為め日本を米国の属国（ゾッ）となし被下度御願申上候（以下略）

昭和二十一年二月十八日」

「マッカーサー元帥閣下

御侍史

八木長三郎　拝上

〔一九四六年〕二月十五日

（中略）

閣下が日本へ進駐せられてからは我国も面目を一新しつゝあります　閣下の御指導実に神の如くその眼光は実に日本社会の隅々まで徹し全謂（あらゆる）御指令は見事に一々的中し……到底日本の政治家共には及ばざる善政であることを感謝致して居るのでございます

真に然り　私は貴国が枉げて日本を合併して下されることによりてのみ日本は救はれるのであると確（ママ）く信じます（以下略）」

（袖井林二郎『拝啓マッカーサー元帥様――占領下の日本人の手紙』岩波現代文庫、二〇〇二年）

図4－10　1945年9月29日の新聞各紙に掲載されたマッカーサーと並んで立つ昭和天皇

朝日新聞

マ元帥〝選手の健闘賞揚

〝新日本初のテストを通過〟

飾る

古橋また超世界記録

八百に9分35秒5

大会の無形の收穫

國際電話

浜口

図4－11　国王のように扱われていたマッカーサー（「朝日新聞」1949年8月21日朝刊）

日本大衆のこの破廉恥な自己卑下を占領軍側が利用しないという手はないのだ。右の図を見ていただきたい。日本人を当時勇気づけた水泳界で新記録続出の古橋廣之進を〝新日本初のテストを通過〟という政治的評価のことばでほめ讃えたマッカーサーを、ごらんのように新聞は一面トップに掲げ、彼をまるで日本の帝王のように扱ったのである。この件に加えて私は当時新聞に出ていた、軍服姿の長身のマッカーサーと並んで立った、まるで小人（こびと）のような昭和天皇の写真（前頁、図4―10）をも思い出さずにはいられない。国民はいかに複雑な思いであの写真を見たか、誰も忘れてはいないだろう。

そして一〇年経つか経たぬうちに反米運動は激しくなった。六〇年安保騒動（昭和三五年）ではアイゼンハウアー米大統領の訪日を空港の狼藉で阻止した（ハガチー事件）。ジェームズ・クックの「神格化」と、島民たちの騒乱の中での彼の殺害を連想させる。そして四〇〇頁の図4―9が示すように、ヨーロッパ側が天国に舞い上がって行くクックを画像にして「列聖」の一人に加えようとしたと同じように、アメリカ占領政策はいまもなお目に見えないかたちでわが国のありとあらゆる公的文書の美しい理念の部分を形成しつづけているのである。

あとがき

長い本書を読み終わっていかがでしたでしょうか。中段はともあれ、最後の結論の段でおやっと意外に思われた方もきっと少なくないと思います。

何で一国家としての我が国をハワイ諸島と比肩するような扱い方をしたのか。いくら何でも冗談がすぎる、と。しかし私は歴史事実を踏まえていて、いい加減なことを書いたのではありません。ただお怒りの気持ちは分かります。

私一流のアイロニーのつもりもありますが、むしろ現代日本に対する私の苛立ちや怒りがこういうきわどい表現になったのだと思って下さい。たしか今年（二〇二三年）に入って二千億円をもかけた日本のロケット打ち上げが失敗しました。あれほど期待された民間航空機の製造販売を、今後放棄するとも発表されました、人口が日本の八割ほどのドイツにGDPで追い抜かれ、日本は世界四位に転落しました。全ての災いは人口減少にあるやに思います。しかし「少子化」問題は男と女の間柄の心の問題であるはずなのに、カネを積めば解決する問題であるかのように扱われていませんか。日本人はパワーを失っただけでなく人間的知恵まで失ってしまったのでしょうか。

それから最後に取り上げた「北太平洋」の海域としての特異性の指摘をどうお考えになりましたか。日本列島は久しく北ないし北東から攻められる心配がありませんでした。地球の情報のほとんどすべては南西からで、いわゆる南蛮ものでした。あの黒々とした広大な北の海は幕末にロシアの船がチラホラ立ち寄ってくるまで全く不安のない不可侵の世界でした。しかもロシアは鉄砲や火器とは関係なく、なんとあの小動物ラッコの毛皮が欲しくてやって来たのでした。

この呑気さ、のどけさ、安全性は、北方ないし北東方面への日本人の警戒心の欠落を久しいものとし、寛永の鎖国にも、憲法九条の改訂への国民の鈍感さ（危機感の足りなさ）にも関係があるように思えてなりません。ついでに言えば、日本の歴史学者は一般に地理への関心が薄く、地政学的見識にも乏しいと言われています。

さて、ここで本書の成立次第を略記しておきます。本書の元となった月刊誌連載（不定期）は、『正論』二〇一三年五月号から始まりました。第一章は一〇月号で終わり（計四回）、以下第二章は同一二月号から二〇一四年八月号（計四回）、第三章は同一〇月号から二〇一五年九月号（計六回）、そして第四章は同一二月号から二〇一六年一一月号（計四回）までの三年半、合わせて一八回という長期に及ぶことになりました。その間、私は思わぬ病にも襲われましたが、それについては「私の「幸運物語」――膵臓ガン生還記」（『正論』二〇一三年八月号）に詳しく記しました。

一読していただければ幸いです。

こうして本書は、出版事情がますます窮屈になって行くのと並行して進められたのですが、私の我儘に最大限の配慮をもって応じて下さった連載当時の編集長、桑原聡さん、小島新一さん、菅原慎太郎さんを始め、編集部の皆さんには心からお礼申し上げます。

また、書籍化を進める上でお世話になった筑摩選書編集部の大山悦子さんにも謝意を表します。

なお末尾になりましたが、本書は前著『あなたは自由か』とほぼ同時期に構想・執筆されたために、この二著に心ならずも類似の表現が散見されます。構成と論述の必要上、あえて重複をいとわなかった部分があったことをお断りしておきます。

二〇二四年一月二〇日　西尾幹二

主な参考文献

＊まず個別の文献を挙げる前に、一九六〇年代半ばから岩波書店によって刊行され始めた『大航海時代叢書』第Ⅰ期（全一一巻・別巻一）、第Ⅱ期（全二五巻）には、本書を構想し、論述を進める上で深い示唆を得た。このような大企画が先駆をなしていたことは、歴史を地球全体の視野のもとにとらえることをかねて唱えていた私を勇気づけるものであった。

＊「あとがき」に記した事情により、掲載書目は不十分なものとならざるを得なかった。ご寛恕を乞う次第である。

全体にかかわるもの

『地球日本史』全三冊・『新・地球日本史』全二冊、執筆者代表・西尾幹二ほか六五名、扶桑社・産経新聞ニュースサービス、一九九八―二〇〇五年／扶桑社文庫（但し三冊のみ）、二〇〇〇―〇一年。詳しくは『西尾幹二全集』第一七巻（713頁）参照

『興亡の世界史』全二一巻、講談社、二〇〇六―一〇年／講談社学術文庫、二〇一六―一九年

『GHQ焚書図書開封』全一二冊、徳間書店、二〇〇八―一六年／徳間文庫カレッジ、二〇一五―二一年

第一章　そも、アメリカとは何者か

Ernest Lee Tuveson: *Redeemer Nation: the Idea of America's Millennial Role*, University of Chicago Press, Chicago, 1968（アーネスト・リー・テューブソン『救済者国民』）

『西尾幹二全集』第一五巻、国書刊行会、平成二八年
アダム・スミス『道徳感情論』全二冊、水田洋訳、岩波文庫、二〇〇三年
『アダム・スミス』世界の名著31、責任編集・解説／大河内一男、中央公論社、一九六八年
星野彰男『アダム・スミスの経済思想──付加価値論と「見えざる手」』関東学院大学出版会、二〇〇二年
渡辺惣樹『日米衝突の萌芽──一八九八～一九一八』草思社、二〇一三年／草思社文庫、二〇一八年
ラインホールド・ニーバー『光の子と闇の子──デモクラシーの批判と擁護』武田清子訳、聖学院大学出版会、一九九四年
『藤田東湖』日本の名著29、責任編集・解説／橋川文三、中央公論社、一九七四年
堀米庸三編『中世の森の中で』生活の世界歴史六、河出文庫、一九九一年
『初期ギリシア哲学者断片集』山本光雄編訳、岩波書店、一九五八年
岩崎允胤『ヘレニズムの思想家』人類の知的遺産10、講談社、一九八二年／講談社学術文庫、二〇〇七年
ルイス・ハンケ『アリストテレスとアメリカ・インディアン』佐々木昭夫訳、岩波新書、一九七四年
田中美知太郎・藤沢令夫編『プラトン全集』全一五巻および別巻（総索引）、岩波書店、一九七四─七六年、七八年
『アリストテレス　世界の名著8』責任編集・田中美知太郎、中公バックス、一九七九年
今道友信『アリストテレス　人類の知的遺産8』講談社、一九八〇年
『ホメーロス　世界古典文学全集1』呉茂一・高津春繁訳、筑摩書房、一九六四年
ヘシオドス「仕事と日々」真方敬道訳、『世界人生論全集』第一巻所収、筑摩書房、一九六三年
ヤーコプ・ブルクハルト『ギリシア文化史』全五巻、新井靖一訳、筑摩書房、一九九一─九三年／ちくま学芸文

庫、全八巻、一九九八―九九年
フリードリヒ・ニーチェ「ホメロスの技競べ」西尾幹二訳、『ニーチェ全集』第一期第二巻所収、白水社、一九八〇年
フリードリヒ・ニーチェ「われわれの教育施設の将来について」西尾幹二訳、『ニーチェ全集』第一期第一巻所収、白水社、一九七九年
オルランド・パターソン『世界の奴隷制の歴史』奥田暁子訳、明石書店、二〇〇一年
ジャン・メイエール『奴隷と奴隷商人』猿谷要監修、国領苑子訳、創元社、一九九二年
今津晃『アメリカ大陸の明暗　世界の歴史17』河出書房新社、一九六九年
Richard M. Gamble: *In Search of the CITY ON A HILL*, The Making and Unmaking of an American Myth. Continuum International Publishing Group, 2012
山我哲雄『一神教の起源――旧約聖書の「神」はどこから来たのか』筑摩選書、二〇一三年
大西直樹『ニューイングランドの宗教と社会』彩流社、一九九七年
井門富二夫編『アメリカの宗教――多民族社会の世界観』弘文堂、一九九二年
マーク・R・アムスタッツ『エヴァンジェリカルズ――アメリカ外交を動かすキリスト教福音主義』加藤万里子訳、太田出版、二〇一四年
大西直樹・千葉眞編『歴史のなかの政教分離――英米におけるその起源と展開』彩流社、二〇〇六年
ハリー・ハルトゥーニアン『アメリカ〈帝国〉の現在――イデオロギーの守護者たち』平野克弥訳、みすず書房、二〇一四年
ペリー・ミラー『ウイルダネスへの使命』向井照彦訳、英宝社、二〇〇二年

カール・シュミット『リヴァイアサン――近代国家の生成と挫折』長尾龍一訳、福村出版、一九七二年
アンリ・ピレンヌ他『古代から中世へ――ピレンヌ学説とその検討』佐々木克巳編訳、創文社、一九七五年
堀米庸三『正統と異端――ヨーロッパ精神の底流』中公新書、一九六四年／中公文庫、二〇一三年
松岡泰『アメリカ政治とマイノリティ――公民権運動以降の黒人問題の変容』ミネルヴァ書房、二〇〇六年
松尾弌之『民族から読みとく「アメリカ」』講談社〈選書メチエ〉、二〇〇〇年
マイケル・ウォルツァー『アメリカ人であるとはどういうことか――歴史的自己省察の試み』古茂田宏訳、ミネルヴァ書房、二〇〇六年
堀米庸三『ヨーロッパ中世世界の構造』岩波書店、一九七六年
西村貞二『神の国から地上の国へ　大世界史10』文藝春秋、一九六八年
謝世輝『古代史の潮流――世界史の変革』原書房、一九九四年
紀平英作・亀井俊介『アメリカ合衆国の膨張　世界の歴史23』中央公論社、一九九八年／中公文庫、二〇〇八年

第二章　ヨーロッパ五〇〇年遡及史

渡辺惣樹『日米衝突の根源――一八五八～一九〇八』草思社、二〇一一年／草思社文庫、二〇一八年
『西尾幹二全集』第一八巻、国書刊行会、平成二九年
羽田正『東インド会社とアジアの海』講談社学術文庫、二〇一七年
ジョン・マンデヴィル『東方旅行記』大場正史訳、平凡社東洋文庫、一九六四年
バルトロメ・デ・ラス・カサス『インディアスの破壊についての簡潔な報告』染田秀藤訳、岩波文庫、二〇一三年

同『インディアス史』全七冊、長南実訳／石原保徳編、岩波文庫、二〇〇九年
同『裁かれるコロンブス』長南実訳、岩波書店、一九九二年
ファン・ヒネス・デ・セプールベダ『征服戦争は是か非か』染田秀藤訳、岩波書店、一九九二年
アリストテレス『政治学』山本光雄訳、岩波文庫、一九六一年
フランシスコ・デ・ビトリア『人類共通の法を求めて』佐々木孝訳、岩波書店、一九九三年
家島彦一『海が創る文明――インド洋海域世界の歴史』朝日新聞社、一九九三年／ちくま学芸文庫、二〇二一年
増田義郎『新世界のユートピア　スペイン・ルネサンスの明暗』中央公論社、一九七一年／中公文庫、一九八九年
フィリップ・ウェイン・パウエル『憎悪の樹――アングロVSイスパノ・アメリカ』西澤龍生・竹田篤司訳、論創社、一九九五年
S・グリーンブラット『驚異と占有』荒木正純訳、みすず書房、一九九四年
高瀬弘一郎『キリシタン時代の研究』岩波書店、一九七七年
井沢実『大航海時代夜話』岩波書店、一九七七年
J・R・シーレー『英国膨脹史論』加藤政司郎訳、興亡史論刊行会、一九一八年
角田順『太平洋に於ける英帝国の衰亡』中央公論社、一九四二年
西川吉光『覇権国家の興亡――ヨーロッパ文明と二十一世紀の世界秩序』萌書房、二〇一四年
イマニュエル・ウォーラーステイン『近代世界システムⅠ、Ⅱ』川北稔訳、岩波現代選書、一九八一年
布野修司『近代世界システムと植民都市』京都大学学術出版会、二〇〇五年
永積昭『オランダ東インド会社』近藤出版社、一九七一年／講談社学術文庫、二〇〇〇年

Carl Schmitt: *Der Nomos der Erde im Völkerrecht des Jus Publicum Europaeum*, Fünfte Auflage, Duncker & Humblot, Berlin, 2011
上坂昇『神の国アメリカの論理――宗教右派によるイスラエル支援、中絶・同性結婚の否認』明石書店、二〇〇八年
増井志津代『植民地時代アメリカの宗教思想――ピューリタニズムと大西洋世界』上智大学出版、二〇〇六年
蓮見博昭『宗教に揺れるアメリカ――民主政治の背後にあるもの』日本評論社、二〇〇二年
藤本龍児『アメリカの公共宗教――多元社会における精神性』NTT出版、二〇〇九年
松本佐保『熱狂する「神の国」アメリカ――大統領とキリスト教』文春新書、二〇一六年
西谷修・鵜飼哲・宇野邦一『アメリカ・宗教・戦争』せりか書房、二〇〇三年
橋川文三編『大川周明集　近代日本思想大系21』筑摩書房、一九七五年
小牧實繁・室賀信夫『大南方地政論』太平洋書館、一九四五年
小牧實繁『世界新秩序建設と地政學』旺文社設立事務所、一九四四年
リチャード・E・ルーベンスタイン『中世の覚醒――アリストテレス再発見から知の革命へ』小沢千重子訳、紀伊國屋書店、二〇〇八年
ジャック・ル＝ゴフ『ヨーロッパは中世に誕生したのか?』菅沼潤訳、藤原書店、二〇一四年
James C. Russell: *The Germanization of Early Medieval Christianity: A Sociohistorical Approach to Religious Transformation*, Oxford University Press, New York Oxford, 1994
山本有造編『帝国の研究』名古屋大学出版会、二〇〇三年
井野瀬久美惠『大英帝国という経験　興亡の世界史16』講談社、二〇〇七年

小林幸雄『図説イングランド海軍の歴史』原書房、二〇〇七年
アルフレッド・T・マハン『海上権力史論』北村謙一訳、原書房、一九八二年
西川吉光『覇権国家の興亡――ヨーロッパ文明と21世紀の世界秩序』萌書房、二〇一四年
クラウス・ベルクドルト『ヨーロッパの黒死病――大ペストと中世ヨーロッパの終焉』宮原啓子・渡邊芳子訳、国文社、一九九七年
ジャン゠クロード・シュミット『中世の迷信』松村剛訳、白水社、一九九八年
尚樹啓太郎『ビザンツ帝国史』東海大学出版会、一九九九年
アンリ・フォシヨン『至福千年』神沢栄三訳、みすず書房、一九七一年
アンリ・ピレンヌ『ヨーロッパの歴史』佐々木克巳訳、創文社、一九九一年
アンソニー・リード『大航海時代の東南アジアⅠ』平野秀秋・田中優子訳、法政大学出版局、一九九七年
飯塚一郎『大航海時代へのイベリア――スペイン植民地主義の形成』中公新書、一九八一年
永積昭『東南アジアの歴史』講談社現代新書、一九七七年
浅田實『東インド会社』講談社現代新書、一九八九年
C・クーマン『近代地図帳の誕生――アブラハム・オルテリウスと『世界の舞台』の歴史』船越昭生監修、長谷川孝治訳、臨川書店、一九九七年
パステルス『16―17世紀 日本・スペイン交渉史』松田毅一訳、大修館書店、一九九四年
マイケル・クーパー『通辞ロドリゲス』松本たま訳、原書房、一九九一年
村井章介『海から見た戦国日本』ちくま新書、一九九七年
村井章介『アジアのなかの中世日本』校倉書房、一九八八年

村井章介『国境を超えて――東アジア海域世界の中世』校倉書房、一九九七年
ジャック・アタリ『歴史の破壊　未来の略奪――キリスト教ヨーロッパの地球支配』斎藤広信訳、朝日新聞社、一九九四年
謝世輝『世界史の変革――ヨーロッパ中心史観への挑戦』吉川弘文館、一九八八年

第三章　近世ヨーロッパの新大陸幻想

『大航海時代叢書』第Ⅱ期17、朱牟田夏雄訳、岩波書店、一九八三年
竹田いさみ『世界史をつくった海賊』ちくま新書、二〇一一年
カール・シュミット『陸と海と――世界史的一考察』生松敬三・前野光弘訳、慈学社出版、二〇〇六年
アルフレッド・T・マハン『海上権力史論』北村謙一訳、原書房、二〇〇八年
トマス・ホッブズ『リヴァイアサン』全二冊、加藤節訳、ちくま学芸文庫、二〇二二年
ノルベルト・エリアス『文明化の過程』全二冊、赤井慧爾・中村元保・吉田正勝訳、法政大学出版局、一九七七年
マルク・ブロック『封建社会』全二冊、新村猛・神沢栄三・森岡敬一郎・大高順雄訳、みすず書房、一九七三、七七年
ヨハン・ホイジンガ『中世の秋』堀越孝一訳、中央公論社、一九七一年
イマニュエル・ウォーラーステイン『近代世界システム』全四巻、川北稔訳、名古屋大学出版会、二〇一三年
フェルナン・ブローデル『地中海』全五冊、浜名優美訳、藤原書店、二〇〇四年
太田牛一『信長公記　現代語訳』榊山潤訳、ちくま学芸文庫、二〇一七年

田中浩『ホッブズ研究序説』御茶の水書房、一九八二年
マックス・ヴェーバー『プロテスタンティズムの倫理と資本主義の精神』大塚久雄訳、岩波書店、一九八九年
A・D・リンゼイ『[増補]民主主義の本質——イギリス・デモクラシーとピュウリタニズム』永岡薫訳、未来社、一九九二年
田村秀夫『ユートウピアと千年王国——思想史的研究』中央大学出版部、一九九八年
同『クロムウェルとイギリス革命』聖学院大学出版会、一九九九年
同『イギリス革命と千年王国』同文舘、一九九〇年
同『イギリス革命とユートゥピア——ピューリタン革命期のユートゥピア思想』創文社、一九七五年
岩井淳『千年王国を夢みた革命——17世紀英米のピューリタン』講談社〈選書メチエ〉、一九九五年
岩井淳・大西晴樹編著『イギリス革命論の軌跡——ヒルとトレヴァ゠ローパー』蒼天社出版、二〇〇五年
『アウグスティヌス著作集』第十五巻、松田禎二・岡野昌雄・泉治典訳、教文館、一九八三年
クリストファー・ヒル『オリバー・クロムウェルとイギリス革命』清水雅夫訳、東北大学出版会、二〇〇三年
『聖書』新共同訳、日本聖書協会、一九八七年
ドストエフスキー『カラマーゾフの兄弟』全五冊、亀山郁夫訳、光文社古典新訳文庫、二〇〇六—〇七年
アルベール・カミュ『異邦人』窪田啓作訳、新潮文庫、一九五四年
デジデリウス・エラスムス『痴愚神礼讃』渡辺一夫訳、岩波文庫、一九五四年
『ルター著作集』第一集第七巻、ルター著作集編集委員会編、聖文舎、一九六六年
森有正『近代精神とキリスト教』河出書房、一九四八年初版、一九五〇年再版
『小池辰雄著作集』第七巻、小池辰雄著作刊行会、一九八四年

モンテーニュ『エセー』第一巻、原二郎訳、岩波文庫、一九六五年
ヘーゲル『宗教哲学講義』山﨑純訳、創文社、二〇〇一年
同『歴史哲学講義』全二冊、長谷川宏訳、岩波文庫、一九九四年
『マキァヴェッリ全集』全七巻、永井三明・藤沢道郎編集、筑摩書房、二〇〇二年
『ベーコン』世界の名著20、責任編集・解説／福原麟太郎、中央公論社、一九七〇年
フーゴー・グロティウス『戦争と平和の法』一又正雄訳、酒井書店、一九八九年
山内進『掠奪の法観念史――中・近世ヨーロッパの人・戦争・法』東京大学出版会、一九九三年
同『十字軍の思想』ちくま新書、二〇〇三年／増補版、ちくま学芸文庫、二〇一七年
同『文明は暴力を超えられるか』筑摩書房、二〇一二年
同『グロティウス『戦争と平和の法』の思想史的研究――自然権と理性を行使する者たちの社会』、ミネルヴァ書房、二〇二一年
同編著『「正しい戦争」という思想』勁草書房、二〇〇六年
山内進・加藤博・新田一郎編著『暴力――比較文明史的考察』東京大学出版会、二〇〇五年
トマス・モア『ユートピア』岩波文庫、平井正穂訳、一九五七年
度会好一『ユダヤ人とイギリス帝国』岩波書店、二〇〇七年
シーセル・ロス『ユダヤ人の歴史』長谷川真・安積鋭二訳、みすず書房、一九九七年
上山安敏『魔女とキリスト教』講談社学術文庫、一九九八年
『ガリレオ』世界の名著21、責任編集・解説／豊田利幸、中央公論社、一九七三年
『歎異抄』金子大栄校注、岩波文庫、一九五八年

『親鸞集 日蓮集 日本古典文學大系82』名畑應順ほか校注、岩波書店、一九六四年
『ルター 世界の名著23』責任編集・松田智雄、中公バックス、一九七九年
今井晋『ルター 人類の知的遺産26』講談社、一九八二年
沓掛良彦『エラスムス――人文主義の王者』岩波現代全書、二〇一四年
加藤隆『新約聖書はなぜギリシア語で書かれたか』大修館書店、一九九九年
『エラスムス/トマス・モア 世界の名著22』責任編集・渡辺一夫、中公バックス、一九八〇年
二宮敬『エラスムス 人類の知的遺産23』講談社、一九八四年
『アウグスティヌス 世界の名著16』責任編集・山田晶、中公バックス、一九七八年
宮谷宣史『アウグスティヌス 人類の知的遺産15』講談社、一九八一年
フリードリヒ・ニーチェ『偶像の黄昏/アンチクリスト』西尾幹二訳(イデー選書)、白水社、一九九一年
佐藤弘夫『日本中世の国家と仏教』吉川弘文館、二〇一〇年
小嶋潤『西洋教会史』刀水書房、一九八六年
マルク・ブロック『王の奇跡』井上泰男・渡邊昌美訳、刀水書房、一九九八年
堀米庸三『中世の光と影 大世界史7』文藝春秋、一九六七年/講談社学術文庫、一九七八年
堀米庸三責任編集『中世ヨーロッパ 世界の歴史3』中央公論社、一九六一年
鯖田豊之『ヨーロッパ中世 世界の歴史9』河出書房新社、一九七四年
佐藤彰一・池上俊一『西ヨーロッパ世界の形成 世界の歴史10』中央公論社、一九九七年
フランソワ・フュレ『フランス革命を考える』大津真作訳、岩波書店、一九八九年
ルネ・セディヨ『フランス革命の代償』山崎耕一訳、草思社、一九九一年

ジョルジュ・ルフェーブル『1789年――フランス革命序論』高橋幸八郎・柴田三千雄・遅塚忠躬訳、岩波書店、一九七五年
アルベール・マチエ『フランス大革命』全三冊、ねづまさし・市原豊太訳、岩波文庫、一九五八―五九年
今井宏『クロムウェルとピューリタン革命』清水書院、一九八四年
山内進『北の十字軍』講談社〈選書メチエ〉、一九九七年
金子晴勇『宗教改革の精神――ルターとエラスムスとの対決』中公新書、一九七七年
リヒァルト・フリーデンタール『マルティン・ルターの生涯』笠利尚ほか訳、新潮社、一九七三年
ハインリヒ・ボルンカム『ドイツ精神史とルター』谷口茂訳、聖文舎、一九七八年
後藤博一『ルターの「奴隷意志論」における人間と自由意志』キリスト教論藻第八号、神戸松蔭女子学院大学、一九七四年

第四章　欧米の太平洋侵略と江戸時代の日本

アンリ・ピレンヌ『ヨーロッパ世界の誕生――マホメットとシャルルマーニュ』増田四郎監修、佐々木克巳・中村宏訳、創文社、一九六〇年／講談社学術文庫、二〇二〇年
バーナード・マッギン『アンチキリスト――悪に魅せられた人類の二千年史』松田直成訳、河出書房新社、一九九八年
呉善花・西尾幹二『日韓　悲劇の深層』祥伝社新書、二〇一五年
ジェフリー・パーカー『長篠合戦の世界史――ヨーロッパ軍事革命の衝撃　一五〇〇～一八〇〇年』大久保桂子訳、同文舘、一九九五年

西川如見『日本水土考・水土解弁・増補華夷通商考』飯島忠夫・西川忠幸校訂、岩波文庫、二〇一八年
アンドニオ・デ・モルガ『フィリピン諸島誌』神吉敬三訳、箭内健次訳注、岩波書店（大航海時代叢書第Ⅰ期7）、一九六六年
仲小路彰『太平洋侵略史5』国書刊行会、二〇一〇年
荒野泰典『近世日本と東アジア』東京大学出版会、一九八八年
ロナルド・トビ『近世日本の国家形成と外交』速水融・永積洋子・川勝平太訳、創文社、一九九〇年
川勝平太『文明の海洋史観』中公叢書、一九九七年
永積洋子編著『「鎖国」を見直す』山川出版社、一九九九年
大石慎三郎『江戸時代』中公新書、一九七七年
速水融編『歴史の中の江戸時代』東経選書、一九七七年
藤田覚『近世後期政治史と対外関係』東京大学出版会、二〇〇五年
P・J・マーシャル、G・ウィリアムズ『野蛮の博物誌――18世紀イギリスがみた世界』大久保桂子訳、平凡社、一九八九年
ガナナート・オベーセーカラ『キャプテン・クックの列聖――太平洋におけるヨーロッパ神話の生成』中村忠男訳、みすず書房、二〇一五年
袖井林二郎『拝啓マッカーサー元帥様――占領下の日本人の手紙』岩波現代文庫、二〇〇二年
内藤湖南「應仁の亂に就て」『内藤湖南全集』第九巻、筑摩書房、一九六九年
尾藤正英『江戸時代とはなにか』岩波書店、一九九二年
石田一良『日本の開花　大世界史12』文藝春秋、一九六八年

石田一良『日本文化史』東海大学出版会、一九八九年
朝尾直弘『鎖国　日本の歴史17』小学館、一九七五年
朝尾直弘『日本近世史の自立』校倉書房、一九八八年
岩生成一『鎖国　日本の歴史14』中央公論社、一九六六年
洞富雄『鉄砲——伝来とその影響』思文閣出版、一九九一年
ルイス・フロイス『日本史』全五巻、柳谷武夫訳、平凡社東洋文庫、一九六三—七八年
ヴァリニャーノ『日本巡察記』松田毅一他訳、平凡社東洋文庫、一九七三年
ヒルドレス『中世近世日欧交渉史』上・下、北村勇訳、現代思潮社、一九八一年

西尾幹二（にしお・かんじ）

一九三五―二〇二四年、東京生まれ。東京大学大学院修士課程修了。文学博士。電気通信大学名誉教授。翻訳書にニーチェ『悲劇の誕生』（中公クラシックス）、ショーペンハウアー『意志と表象としての世界』（中公クラシックス）など。著書に『江戸のダイナミズム』『異なる悲劇　日本とドイツ』（文藝春秋）、『ヨーロッパの個人主義』『自由の悲劇』（講談社現代新書）、『ヨーロッパ像の転換』『歴史の真贋』（新潮社）、『あなたは自由か』（ちくま新書）などがある。『西尾幹二全集』（全二二巻、補巻二冊。国書刊行会）を刊行中。

筑摩選書 0275

日本と西欧の五〇〇年史（にほんとせいおうのごひゃくねんし）

二〇二四年三月一五日　初版第一刷発行
二〇二四年一一月二五日　初版第五刷発行

著者　西尾幹二（にしお かんじ）
発行者　増田健史
発行所　株式会社筑摩書房
東京都台東区蔵前二-五-三　郵便番号　一一一-八七五五
電話番号　〇三-五六八七-二六〇一（代表）
装幀者　神田昇和
印刷製本　中央精版印刷株式会社

ISBN978-4-480-01791-8 C0322

筑摩選書 0250

丸山眞男と加藤周一
知識人の自己形成

山辺春彦　鷲巣力／東京女子大学丸山眞男記念比較思想研究センター　東京女子大学丸山眞男記念比較思想研究センター 監修

戦後日本を代表する知識人はいかにして生まれたのか？　出生から敗戦まで、豊富な資料とともに二人の自己形成過程を比較対照し、その思想の起源と本質に迫る。

筑摩選書 0251

戦後空間史
都市・建築・人間

戦後空間研究会 編

住宅、農地、震災、運動、行政、アジア…戦後の都市・近郊空間と社会を考える。執筆：青井哲人、市川紘司、内田祥士、中島直人、中谷礼仁、日埜直彦、松田法子

筑摩選書 0252

寅さんとイエス［改訂新版］

米田彰男

イエスの風貌とユーモアは寅さんに似ており、ともに人間性を回復させる力を持つ。寅さんとイエスを比較する試みが大きな反響を呼んだロングセラーの改訂新版。

筑摩選書 0253

悟りと葬式
弔いはなぜ仏教になったか

大竹 晋

悟りのための仏教が、なぜ弔いを行っているのだろうか。各地の仏教を探り、布施、葬式、戒名、慰霊、追善、起塔などからアジア各地に共通する背景を解明する。

筑摩選書 0254

日本政教関係史
宗教と政治の一五〇年

小川原正道

統一教会問題でも注目を集めている政治と宗教の関係の変遷を、近現代の様々な事例をもとに検証。信教の自由と政教分離の間で揺れ動く政教問題の本質に迫る。

筑摩選書 0265

地方豪族の世界
古代日本をつくった30人

森公章

神話・伝承の時代から平安時代末までの地方豪族三十人の知られざる躍動を描き、その人物像を紹介。中央・地方関係の変遷を解明し、地域史を立体的に復元する。

筑摩選書 0266

世界中で言葉のかけらを
日本語教師の旅と記憶

山本冴里

「ぜんぶ英語でいいじゃない」という乱暴な意見に反論し、複言語能力の意義を訴える日本語教師が、世界各地での驚きの体験と記憶を綴る、言語をめぐる旅の記録。

筑摩選書 0267

意味がわかるAI入門
自然言語処理をめぐる哲学の挑戦

次田瞬

ChatGPTは言葉の意味がわかっているのか？ 現在のAIを支える大規模言語モデルのメカニズムを解き明かし意味理解の正体に迫る、哲学者によるAI入門！

筑摩選書 0268

歪な愛の倫理
〈第三者〉は暴力関係にどう応じるべきか

小西真理子

あるべきかたちに回収されない愛の倫理とはなにか。暴力の渦中にある〈当人〉の語りから、〈第三者〉の応答可能性を考える刺激的な論考。

筑摩選書 0269

台湾の半世紀
民主化と台湾化の現場

若林正丈

日中国交正常化で日本が台湾と断交したのと同じ年に研究の道へ進んだ第一人者が、政府要人、台湾人研究者とのエピソードを交えながら激動の台湾史を問い直す。

筑摩選書 0270

東京漫才全史

神保喜利彦

通説を覆す「東京漫才」の始まり、戦後のメディアと連動した復興、MANZAIブームから爆笑問題、ナイツの活躍まで余すところなく描く画期的「東京」漫才史。

筑摩選書 0271

エラスムス　闘う人文主義者

高階秀爾

稀代の風刺文学『痴愚神礼讃』を世に送り、宗教改革の狂乱の時代に理性の普遍性と自由な精神を信じ続けた人文主義者エラスムスを描き出す渾身の傑作評伝。

筑摩選書 0272

日本思想史と現在

渡辺　浩

過去にどのようなことがあったために、いま私たちはこのように感じ、思い、考えるのか。碩学による「日本」をめぐる長年の思想史探究を集成した珠玉の小文集。

筑摩選書 0273

漫画家が見た百年前の西洋

近藤浩一路『異国膝栗毛』の洋行

和田博文

黄金の1920年代、日本はヨーロッパ旅行ブームが始まる。いち早く洋行を果たした漫画家の旅行記を通し、百年前の日本人の異文化体験を再体験する。図版多数。

筑摩選書 0274

金正恩の革命思想

北朝鮮における指導理念の変遷

平井久志

北朝鮮が掲げる金正恩の革命思想とは何か。二〇一一年以来の金正恩時代における、指導理念の変遷を通史的に考察。北朝鮮ウォッチャーの第一人者による最新研究。